DIE ZELLE

Christian Fuchs,
John Goetz

**RECHTER TERROR IN
DEUTSCHLAND**

Vorwort
von Hans Leyendecker

ROWOHLT

Aus juristischen Gründen wurden die handelnden Personen
teilweise verfremdet.

Die Autoren und der Verlag danken der «Panorama»-Redaktion
und dem Norddeutschen Rundfunk für die Kooperation bei der
Entstehung dieses Buches.

1. Auflage Juni 2012
Copyright © 2012 by Rowohlt Verlag GmbH,
Reinbek bei Hamburg
Alle Rechte vorbehalten
Lektorat Christof Blome, Uwe Naumann
und Frank Strickstrock
Karte Peter Palm, Berlin
Satz aus der Minion PostScript
bei Pinkuin Satz und Datentechnik, Berlin
Druck und Bindung CPI – Clausen & Bosse, Leck
Printed in Germany
ISBN 978 3 498 02005 7

«Wir haben die jetzt bekannt gewordenen Täter nicht wirklich verstanden. Wir haben die Dimension ihres Hasses ebenso unterschätzt wie ihren Willen zur Tat. Die Ermordung von Menschen aus dem einzigen Grund, weil sie als ‹fremdländisch› empfunden werden, passt in die Gedankenwelt der rassistischen Täter. Das wussten wir. Und wir konnten uns das als Bombenanschlag oder als Brandstiftung vorstellen, aber nicht als eine kaltblütige Exekution. Dabei hätte man es durchaus besser wissen können: Schließlich kennen wir die historischen Vorbilder dieser Leute.»

Heinz Fromm, Präsident des Bundesamtes für Verfassungsschutz, am 27. November 2011

INHALT

DAS DESASTER

Vorwort von Hans Leyendecker

Eine Zelle – in der Natur ist das ein hochkomplexer Organismus, mit einem Nukleus und mit einer Kernmembran, die ihr Plasma umschließt, und Poren an der Kernhülle, durch die genetische Informationen an ihre Funktionsorganellen weitergegeben werden. Zellen haben ein Eigenleben, sie sind dennoch an bestimmte Strukturen gebunden und abhängig von Wechselwirkungen mit ihrem Umfeld.

So ähnlich muss man sich das Verhältnis der Zwickauer Terrorzelle zur Neonazi-Szene vorstellen. Auf jeder Entwicklungsstufe der Organisation, die sich «Nationalsozialistischer Untergrund» nannte, tauchten Leute vom rechten Rand auf, die den Mördern Uwe Böhnhardt und Uwe Mundlos behilflich waren. Da sind die Geldsammler, die Spender, die Beschaffer von Ausweispapieren, die Vermittler von Verstecken – und auch die Lieferanten der Waffen.

Die Zelle hätte ohne die breite Unterstützung nicht leben können. Irgendwo war immer ein brauner «Mikroorganismus», der weiterhalf. Dass ein früherer Vize-Bundesvorsitzender der NPD die anwaltliche Vollmacht eines untergetauchten NSU-Mitgründers besaß, passt zur Zelle.

Es ist unfassbar: Die Zwickauer Terrorbande mit all ihren Helfern und Boten hat zwischen 2000 und 2007 neun Migranten und eine Polizistin ermordet. Und schwer fassbar ist der Umstand, dass verschiedene Sicherheitsbehörden zwar mit riesigem Aufwand versucht haben, die Mordserie aufzuklären, aber bis zum Ende der Zelle im November 2011 nie eine Ahnung und schon gar keinen Durchblick hatten, was eigentlich vorging. Eine Neonazi-Bande konnte ungehindert mordend durch Deutschland ziehen, und die Ermittler erkannten die Mörder nicht.

Die Ermittler kamen früh auf einen Gedanken, der falsch war, und sie kamen nie mehr davon los. Sie leuchteten leere Höhlen aus, und statt eine neue Richtung zu suchen, verrannten sie sich immer mehr im selbstgewählten Höhlen-Labyrinth. Ganz kurz hatten sie mal die richtige Witterung aufgenommen, um dann wieder gewaltig in die Irre zu gehen. Elf Jahre lang hielten diverse Sonderkommissionen für einen Fall aus der tiefsten kriminellen Unterwelt, was sich am Ende als rechter Terrorismus erwies.

Das Versagen von Staatsdienern ist auch Staatsversagen.

Die krassen Fehlleistungen mehrerer Thüringer Sicherheitsbehörden ließen zunächst sogar den Verdacht aufkommen, es könnte eine Verflechtung zwischen den Ermittlern und den Mördern gegeben haben. Es war ein vorschneller Verdacht, aber die Behörden behinderten sich durch dieses Misstrauen zusätzlich selbst.

Richtig ist, dass auch die Medien, die über die Mordserie berichteten, über die Jahre beharrlich auf der falschen Spur blieben. Noch im Sommer 2011 warfen einige Blätter den Ermittlern vor, eine angebliche Spur zu vernachlässigen, die in das Milieu der organisierten Kriminalität führe. Medien waren es auch, wie in diesem Buch dokumentiert wird, die die in jeglicher Hinsicht furchtbar falsche Vokabel vom «Dönermörder» erfanden, die ein Unwort ist.

Aber es gibt Zuständigkeiten, und es gibt Verantwortung. Und zuständig waren nicht die Medien, zuständig war vor allem die Sonderkommission mit dem irreführenden Namen «Bosporus».

Verantwortlich sein heißt, die Bedingungen, Motive und Folgen unterschiedlicher Handlungsalternativen in Betracht zu ziehen und gegeneinander abzuwägen. Es fehlte nicht an gutem Willen und auch nicht an Einsatzbereitschaft – es fehlte an analytischem Vermögen und an Phantasie. So kam es zur Katastrophe.

Sie war kein Naturverhängnis, sie war nicht unabwendbar. Allerdings: War es nicht so, dass in den Parteien, Parlamenten und auch in den Medien, also in der Gesellschaft, die meisten sehr bald gelangweilt reagierten, wenn da jemand vor der Gefahr warnte, die von den vielen Neonazis ausgeht? Kennen wir, wissen wir. Neues Thema, bitte.

Es gibt seit einer Weile eine Kontroverse über die reale Zahl rechter Gewaltverbrechen seit der Wende. Journalisten, die sich mit dem Thema intensiv über Jahre beschäftigt haben, gehen von mindestens 148 Toten aus, darunter sind die zehn Opfer der aus Thüringen stammenden Terrorbande. Die Behörden zählen anders. Sie kommen auf 58 Morde. Die Fachleute beider Seiten streiten darüber, ob schwere Verbrechen, die Neonazis begangen haben, politisch motiviert waren oder nicht. Aber selbst 58 Opfer sind weit mehr, als der Terror der «Rote Armee Fraktion» (RAF) forderte, der das Land stark verändert hat.

Für Kriminalitätsbekämpfer ist das Verhältnis von Aufwand und Ertrag in kaum einem Bereich so ungünstig wie in der Sparte Terrorismus. Immer wieder mussten sich Fahnder verhöhnen lassen: «Sie wissen nicht viel über uns», spotteten RAF-Terroristen einst. «Sie haben nie wirklich durchgeblickt.» Seit 1985 konnten die Ermittler keinen der RAF-Anschläge mit insgesamt sechs Toten aufklären.

Spätestens nach den ersten vier Hinrichtungen türkischer Kleingewerbetreibender und dem Nagelbomben-Attentat in Köln im Sommer 2004 in einer Straße mit Geschäften türkischer Kleingewerbetreibender brauchte es allerdings nicht viel Urteilsvermögen, um in diesen Fällen Fremdenhass als mögliches Motiv zu favorisieren.

Die Beschreibung der Kölner Täter ähnelte jener im Fall Bosporus. Auch darüber hinaus gab es viele Ähnlichkeiten und sogar Parallelen. Aber die Erarbeitung einer Vergleichsanalyse zwischen dem Kölner Anschlag und der Mordserie wurde von den verantwortlichen Kriminalbeamten abgelehnt. Das war Ignorantentum: Man dürfe «Äpfel nicht mit Birnen» vergleichen, steht in einem der vielen Polizeipapiere. Anders als in den Mordfällen habe es sich bei dem Nagelbombenattentat «nicht um eine gezielte Aktion in Richtung Einzelperson» gehandelt; das Attentat sei «eine Art Globalverstoß gegen Türken» gewesen. Das klingt fachkundig, war aber grundfalsch. Viele der Ermittler waren Spezialisten für die Bekämpfung organisierter Kriminalität. Und sie vermuteten, hinter den Mördern steckten Drahtzieher aus dem Bereich der organisierten Kriminalität.

Verantwortung verlangt auch die Fähigkeit, sich selbst immer wieder zu hinterfragen, Kritik zu ertragen und sich mit ihr produktiv auseinanderzusetzen. Aber schon der bloße Versuch, die These von der organisierten Kriminalität in Frage zu stellen, löste heftigen Streit unter den Ermittlern aus.

Antworten auf die vielen Fragen nach Vorgeschichte, Pannen und Ursachen, also nach einer irgendwie nachvollziehbaren Erklärung für das große Desaster, suchen Untersuchungsausschüsse des Bundestages und der Landesparlamente in Sachsen und in Thüringen. Es gibt viele Fragezeichen, weil – nicht nur im Nachhinein betrachtet – die Fehler der Fahnder offenkundig sind.

Vor allem das Fehlen von Bekennerschreiben dient den Ermittlern selbst als Erklärung, warum sie nicht hätten erkennen können, dass eine Terrorbande die Morde begangen hat. Die Zwickauer Mörder verzichteten nach dem Morden auf jede Erklärung und verweigerten derart auch jeden Versuch einer Rechtfertigung. Sie verschickten zwar an einige der braunen Kumpane ein Pamphlet mit dem Kürzel NSU, aber sie blieben schattenhafte Gestalten.

In der Geschichte des Terrors hat es viele Geisterarmeen gegeben, aber eine Verbrecherbande wie den Nationalsozialistischen Untergrund, die alle Welt im Unklaren lässt über ihre Urheberschaft und Ziele, das war in Deutschland tatsächlich neu. Auch der Schrecken hatte zuvor immer seine Rituale gehabt.

Die letzte Generation der Rote-Armee-Fraktion ging absolut konspirativ ans Werk. Um keine Fingerabdrücke zu hinterlassen, versiegelten die Mitglieder ihre Handflächen mit Wundspray. Trotzdem sollte jeder sofort erfahren, dass es die RAF war, die Tod und Schrecken verbreitete. Die Terroristen verschickten Bekennerschreiben mit der Sorgfalt deutscher Notare. Sie verwendeten Briefmarken, die Frauenmotive zeigten; bei den fiktiven Absenderangaben hatte die Tarnadresse mit Bäumen zu tun. Als Stempel benutzten sie den roten fünfzackigen Stern. Wie von Sinnen schrieb die RAF seitenlange Strategiepapiere in Kleinschreibung und schlechtem Deutsch.

Wenn der RAF ein Anschlag von den Behörden oder den Medien zugeschrieben wurde, den sie nicht begangen hatte, meldeten sich die Terroristen aus dem Untergrund und machten klar, dass sie es diesmal nicht gewesen seien.

Auch der islamistische Terror, der Terror der IRA, der ETA und der Terror anderer Schattenarmeen maskierte sich gern mit öffentlichen Forderungen oder Verlautbarungen.

Aber der rechte Terrorismus, insbesondere der Terrorismus von Kleingruppen, verzichtet oft auf jegliche Rechtfertigung. Das war schon vor der NSU so. Die Tat, der Mord: das ist ihre Erklärung. Die Mörder freuen sich klammheimlich, wenn sie ihre Ideologie, den Fremdenhass, umgesetzt haben. Das reicht ihnen.

Dieses Buch entfaltet die Geschichte einer Terrorzelle mit vielen Details, auf deren Recherche die Autoren viel Energie und Sorgfalt verwandt haben. Sie berichten von Fanatikern und Wirrköpfen, aber auch davon, wie Gewalt entstehen und wohin sie führen kann, wie sich in einer Zeit des Umbruchs ein rechtsextremes Milieu herausbildet und die Herrschaft über öffentliche Räume übernimmt. Und wie Mittelschichtskinder aus ehedem geordneten Verhältnissen allmählich zu kaltblütigen Killern mutieren.

Auch wenn die Autoren sich mit Urteilen wohltuend zurückhalten, wird doch deutlich, dass der Staat und seine Organe in keiner Facette dieser Geschichte eine wirklich überzeugende Rolle spielten. Manchmal sind sie gar zum Fürchten: Ein hessischer Verfassungsschützer ist zufällig bei einem der Mord in Tatortnähe und meldet sich nicht bei der Polizei als Zeuge. Angeblich hat er den Mord nicht mitbekommen. Als die Fahnder bei ihm daheim nachschauen, finden sie Abschriften von «Mein Kampf», auf denen Stempel aus dem Dritten Reich und Unterschriften Adolf Hitlers nachgezeichnet sind. In seinem Elternhaus verwahrt er vier Schießgeräte und mehr als hundert Schuss Munition. Und als ob das alles nicht seltsam genug wäre, finden die Ermittler bei ihm auch noch Haschisch. Die Karikatur eines Staats-Schützers.

Es gibt, auch das zeigt die Entstehungsgeschichte der Thüringer Terrorzelle, besondere Probleme im Osten, aber Rechtsextremismus ist nicht allein ein Ost-Phänomen. Wenn «national befreite Zonen» ausgerufen werden, müssen die Demokraten um die Rückeroberung des öffentlichen Raums für die Werte der Demokratie und der Toleranz kämpfen. Es ist verheerend, wenn Neonazis junge Leute mit Kameradschaftsabenden ködern können, weil sich sonst niemand um diese Jugendlichen kümmert. Diese Feststellung gilt nicht nur für den Osten, sondern auch für den Westen. Es braucht im Westen und im Osten den Aufstand der Anständigen und die Professionalität der Zuständigen.

Was die Autoren über die Zelle zutage gefördert haben und in diesem Buch nüchtern und erhellend zugleich erzählen, ist ein wichtiger Beitrag zur Entstehungsgeschichte von braunem Terror und zugleich die ebenso wichtige Zwischenbilanz einer Affäre, die vom großen Versagen des Staates handelt.

TEIL EINS
DIE FLUCHT

1 Razzia

Es ist ein gewöhnlicher Montagmorgen im Januar bei Familie Böhnhardt in Jena. Der Vater ist schon auf dem Weg zur Arbeit, die Mutter liegt im Bett, und der 20-jährige Sohn Uwe Böhnhardt schläft noch fest. Alles ist ruhig in der Straße, als sie um 6:30 Uhr Sturm klingeln und mit den Fäusten gegen die Tür der Böhnhardts trommeln.

Davon überrascht öffnet die Mutter, Brigitte Böhnhardt, die Tür ihrer Wohnung in der 7. Etage eines Jenaer Plattenbaus. Vor ihr stehen sechs Polizisten der «Ermittlungsgruppe Terrorismus/Extremismus» des Landeskriminalamts Thüringen und der Kriminalpolizei Jena. Es geht wie immer um Uwe.

Als Uwe Böhnhardt von den Stimmen munter wird, erkennt er sofort, wer ihn da besuchen kommt. Sind sie jetzt also endlich gekommen, ihn zu holen. Seit 47 Tagen ist seine Jugendstrafe rechtskräftig. Zwei Jahre und drei Monate soll er absitzen.

Die Polizisten der Spezialeinheit für Terrorismusbekämpfung halten aber keinen Haftbefehl in der Hand, sondern nur einen Durchsuchungsbeschluss.

Sie suchen eine Bombenwerkstatt.

Die Fahnder interessieren sich für vier Garagen: zwei, die gegenüber dem Neubaublock liegen, in dem die Böhnhardts leben, und zwei weitere Garagen unweit der Kläranlage in Jena-Burgau. Die

Ermittler glauben, dass alle vier Schuppen von Uwe Böhnhardt benutzt werden.

Die Polizei kennt jetzt also seine geheime Bombenbastlerbaracke. Böhnhardt weiß, was das bedeutet. Es ist nur noch eine Frage von Stunden, vielleicht Minuten, bis die Ermittler finden, wonach sie suchen: eine funktionsfähige Bombe und vier weitere fertige Sprengsätze.

Parallel zur Razzia in Böhnhardts Garagen gegenüber seiner Wohnung in der Richard-Zimmermann-Straße stehen an diesem Morgen auch uniformierte Polizisten vor einem Schuppen in einer Garagenanlage am Stadtrand.

Die Einsatzleitung beim Landeskriminalamt hatte durch eine Observation des Geheimdienstes erfahren, dass Böhnhardt in der Garage an der Kläranlage Material zum Bombenbauen lagert. Und dass er sich im Umfeld dieser Garage besonders konspirativ verhalten würde.

Aber die LKA-Ermittler fangen nicht dort mit den Durchsuchungen an. Die uniformierten Kollegen der Außensicherung müssen warten.

Es droht die Gefahr eines rechten Bombenanschlags in Jena. In immer kürzeren Abständen haben in den vergangenen Monaten Bombenfunde die Stadt erschüttert. Dabei handelte es sich um echte Bomben mit Zünder, die jedoch nicht funktioniert haben. Auch TNT-Sprengstoff wurde gefunden.

Die Terrorismusfahnder sind sicher, dass Mitglieder der rechten Szene hinter den abgelegten Bomben stecken. Die Observation von Uwe Böhnhardt hat ihre Vermutung bestätigt.

Kinder und Passanten fanden Bombenkoffer im Stadion, vor dem Theaterhaus und vor einem Denkmal. Drei Briefbomben erreichten eine Polizeiwache, das Ordnungsamt und die Lokalredaktion der *Thüringischen Landeszeitung*. Alle Bomben waren nicht zündfähig und wurden von der Polizei als Bombenattrappen eingestuft.

Die Bombenattrappen waren als Warnung zu verstehen. Was aber ist, wenn die nächste Bombe keine Attrappe mehr ist?

Die Polizisten der Terrorismus-Sondereinheit des LKA verlesen Mutter und Sohn Böhnhardt den «Durchsuchungsbeschluss». Danach verabschiedet sich Uwe Böhnhardt von seiner Mutter Brigitte Böhnhardt. Sie muss zur Arbeit. Die letzten Worte an ihren Sohn sind: «Uwe, pass auf, dass sie nicht irgendetwas finden in unserer Garage, was vorher nicht da lag.»

Böhnhardt zieht sich schnell eine Hose und ein T-Shirt an und begleitet die Polizisten dann über die Straße vor dem Neubauhochhaus auf die gegenüberliegende Straßenseite. Hier stehen unzählige Garagen in einer Reihe. Uwe Böhnhardt öffnet die Garage mit der Nummer 6.

Zuerst inspizieren die Polizisten den Kofferraum und das Wageninnere seines Autos. Dann bitten sie ihn, seinen roten Hyundai herauszufahren, damit sie Platz haben, um sich alle Gegenstände genau ansehen zu können.

Einem Teil des Durchsuchungstrupps soll Uwe Böhnhardt jetzt noch zur Garagenanlage an der Kläranlage folgen.

Es ist 8:15 Uhr am 26. Januar 1998.

2 Bombenwerkstatt

Während Uwe Böhnhardt in sein Auto steigt und vor den Polizeiwagen zur nächsten Garage fährt, bergen Polizisten und ein Sprengstoffsuchhund in seiner Garage ein Beweisstück. Es trägt die «laufende Gegenstandsnummer 4» und ist: eine Rolle Bindfaden.

Seit heute morgen 6 Uhr sind rund 20 Polizisten in ganz Jena im Einsatz. Das Landeskriminalamt hat Fahnder aus Erfurt geschickt, auch die Kriminalpolizei Jena ist dabei, um die großangelegte Razzia abzusichern. Die Aktion trägt das Aktenzeichen 7 Gs 31/98.

Um 9:30 Uhr öffnen die Polizisten des LKA die zweite Garage gegenüber von Uwe Böhnhardts Wohnhaus. Es ist die Garage mit der Nummer 7, genau neben dem ersten durchsuchten Schuppen.

Da Böhnhardt weg ist, rufen die Beamten einen Schlüsseldienst.

Nachdem dieser das Schloss geöffnet und ein neues eingesetzt hat, filzen die Polizisten jeden Zentimeter des Raumes. Während der Durchsuchung macht ein Passant die Männer darauf aufmerksam, dass die Garage gar nicht Böhnhardt gehört – sondern einem anderen Mieter im gleichen Haus.

Die Beamten sind einer Falschinformation aufgesessen. Sie durchsuchen eine vollkommen belanglose Garage. Als sie das gemerkt haben, folgen die Ermittler ihren Kollegen zur dritten verdächtigen Garage.

Zur gleichen Zeit ist eine zweite Durchsuchungseinheit drei Kilometer entfernt bereits im Einsatz.

Ab 8:15 Uhr macht sich das Einsatzkommando, bestehend aus neun Polizisten, am Tor Nummer 5 im Garagenkomplex «An der Kläranlage» zu schaffen. LKA-Fahnder, Kripobeamte, Kriminaltechniker und ein Hundeführer mit einem Sprengstoffsuchhund haben sich vor dem Schwenktor «Nr. 5» versammelt.

Das Objekt hatten Agenten des Verfassungsschutzes entdeckt, als sie Uwe Böhnhardt und Uwe Mundlos zwei Monate zuvor beschatteten. Die beiden jungen Männer wurden damals dabei beobachtet, dass sie Brennspiritus und Gummiringe in der Garage einlagerten. Was die Geheimdienstmitarbeiter aber übersahen: Die Garage ist mit einem Sicherheits- und einem Vorhängeschloss gesichert. Den Polizisten fehlt der Schlüssel für das Vorhängeschloss. Darum beordert der Einsatzleiter die Feuerwehr zur Garagenanlage.

Mittlerweile sind drei Polizisten von der ersten Garagendurchsuchung in der Nähe von Böhnhardts Wohnung auch angekommen, im Schlepptau haben sie den verdächtigen Bombenbauer. Irgendwann in diesen Minuten raunt ein Polizist Uwe Böhnhardt zu: «Jetzt gehste ab, der Haftbefehl ist schon unterwegs.»

Böhnhardt weiß sofort, was das bedeutet. Es ist wahrscheinlich seine letzte Chance zur Flucht. Uwe Böhnhardt will nicht wieder ins Gefängnis, nachdem er als 15-Jähriger bereits einige Monate wegen Erpressung in Haft einsaß. In seinem Kopf ist nur ein Gedanke: «Lieber Untergrund als Knast.»

Er geht zu seinem Auto, steigt ein, drückt das Gaspedal durch – und rast davon.

Die Polizisten gucken ihm hinterher, wie er aus der Garagenanlage an der Kläranlage herausfährt und das Gelände verlässt. Uwe Böhnhardt ist weg.

Es ist 8:55 Uhr am 26. Januar 1998.

Nachdem ein Feuerwehrmann das Vorhängeschloss mit einem Bolzenschneider geknackt hat, öffnet sich das Tor von Garage 5. Als Erstes sehen die Fahnder ein Bild. Hitlers Stellvertreter Rudolf Heß schaut sie aus einem Bilderrahmen an.

Was die Beamten dann entdecken, übertrifft all ihre Erwartungen: An einer Werkbank ist ein Schraubstock montiert, in dem ein Rohrstück festgeklemmt ist. Das Rohr ist am unteren Ende zugequetscht, oben gucken zwei Drähte heraus – genauso sah auch der Inhalt des Bombenkoffers aus, der vor einigen Wochen auf dem Jenaer Theaterplatz gefunden wurde.

In der Garage liegen 1,4 Kilogramm TNT-Sprengstoff, insgesamt vier Rohrbomben und eine Menge Nazipropaganda-Material.

Da es sich offensichtlich um gefährliche Sprengsätze handelt, müssen die Polizisten Spezialkräfte vom Dezernat 33 «Technische Unterstützung» des Landeskriminalamts aus Erfurt anfordern. Das Tor wird erst mal wieder verriegelt.

Gegen 9:30 Uhr sind sich die Polizisten sicher, dass sie TNT und die Bombenwerkstatt gefunden haben. Die Fahndung soll aber erst um 14 Uhr beginnen. Bis dahin vergehen viereinhalb Stunden.

Viereinhalb lange Stunden für Uwe Böhnhardt und seine Komplizen – um zu fliehen.

Uwe Böhnhardt fährt mit seinem roten Hyundai als Erstes zurück nach Hause in die Richard-Zimmermann-Straße im Stadtteil Lobeda, hier will er ein paar persönliche Sachen packen. Der sonst so impulsive Böhnhardt muss jetzt konzentriert und ruhig reagieren. Er öffnet die Wohnungstür, geht zum Telefon der Eltern und wählt die Nummer seiner 23-jährigen Freundin Beate Zschäpe.

Es geht los. Sie weiß, was dieser Anruf bedeutet.

In den vergangenen Wochen hatte sie öfter mit ihrem Freund Uwe Böhnhardt darüber gesprochen, wie sie reagieren werden, wenn die Polizei vor seiner Tür steht. Böhnhardt hatte für das richtige Verhalten in diesem Moment vor einigen Wochen sogar extra noch eine Rechtsberatung aufgesucht. Jetzt ist dieser Moment gekommen. Nach einem kurzen Gespräch legt Zschäpe auf und ruft den 24-jährigen Uwe Mundlos in Ilmenau an.

Überstürzt verlässt Mundlos sein Wohnheimzimmer, in dem er unter der Woche in Ilmenau lebt. Er lässt alles stehen und liegen, Papiere flattern auf den Boden, sein Bett bleibt so zerwühlt zurück, als ob der akkurate Abituranwärter gerade erst aus der Decke gesprungen wäre.

Uwe Mundlos setzt sich in seinen alten Ford und fährt aus Ilmenau weg.

Nachdem Beate Zschäpe Uwe Mundlos gewarnt hat, macht sie sich auf den Weg zu ihrer Oma. Sie hat nur wenig Zeit. Wie lange werden die Ermittler brauchen, um sie zu verhaften? Zschäpe benötigt dringend Geld für die Flucht. Sie erzählt ihrer Großmutter, dass sie verfolgt werde und erst einmal untertauchen müsse. Am Ende des Gesprächs steckt ihr die Oma ein paar Scheine zu.

Uwe Mundlos verlangt seinem gebrauchten Ford mit dem Kennzeichen J-AH 41 alles ab, als er das Auto über die A 71 lenkt. Eine Stunde liegt Ilmenau von Jena entfernt. Als er in seiner Heimatstadt ankommt, fährt er zum Rewe-Markt in den Stadtteil Winzerla. Auch er braucht Geld.

Im Supermarkt arbeitet seine Mutter. Geschockt und aufgewühlt erzählt ihr der Sohn von der hohen Strafe, die Böhnhardt und er zu erwarten hätten: sieben Jahre, hatte Beate Zschäpe heute Morgen am Telefon gesagt.

Die Mutter gibt ihm ihre EC-Karte.

Zum Abschied bittet sie Uwe Mundlos noch, dass er sich unbedingt von seinem Vater Siegfried verabschieden soll.

Gestern am Sonntagabend noch hatten Mundlos und seine Frau Siegfried ihren Sohn ein Stück in Richtung Ilmenau begleitet, wo Uwe zurzeit am Ilmenau-Kolleg sein Abitur nachholt. Zusammen waren sie nach Isserstedt in eine Gaststätte gefahren und hatten gemeinsam zu Abend gegessen. Jetzt, im Supermarkt, wirkt Uwe Mundlos wie ausgewechselt auf seine Mutter.

Am Wochenende war das Trio mit ein paar anderen Neonazis aus Jena auf einer Demonstration gegen die «Wehrmachtsausstellung» in Dresden gewesen. In einem Pulk von 1300 Rechten in Bomberjacken und Springerstiefeln waren sie durch die Stadt marschiert. Nach ihrer Rückkehr nach Jena saß die Gruppe um Mundlos, Böhnhardt und Zschäpe noch in der Wohnung eines Neonazikaders mit Ralf Wohlleben zusammen, dem führenden Neonaziaktivisten aus Jena. Bei diesem Treffen soll Uwe Mundlos der Freundin von Wohlleben den Schlüssel zu seiner Wohnung gegeben haben, sagt diese später.

Nach dem Besuch bei seiner Mutter hat Uwe Mundlos noch einen Termin in Jena. Er fährt in die Innenstadt. Hier ist die Praxis seines Hausarztes. Mundlos lässt sich ein letztes Mal untersuchen, bevor er in den Untergrund geht. Und er lässt sich von seinem Hausarzt eine Krankschreibung ausstellen, die er in der Schule vorlegen will. Vielleicht hat er nicht vor, lange wegzubleiben.

Es ist 11 Uhr, als die Bombenentschärfer vom Dezernat 33 des Landeskriminalamts aus Erfurt an der Garagenanlage in Jena eintreffen. Sie sichern die Rohrbomben und den TNT-Sprengstoff. Dann beginnt das Dutzend Kommissare und Polizisten, alle Beweisstücke einzusammeln. Am Ende stehen 61 Gegenstände auf dem «Sicherstellungsprotokoll». So finden die Fahnder in den Kastenregalen, Metallschränken und auf dem Boden:

4 vorbereitete Bomben
1 funktionsfähige Bombe
1 vorbereitete Zündvorrichtung
1 verdrahteten Funkwecker

1 Fotoapparat

5 Rohrstücke

Blechdosen mit schwarzem Pulver

Dochte

26 Disketten

mehrere Eimer, Pinsel, Strickrollen und Handschuhe sowie Knetmasse.

In einem Pappkarton liegen Ausgaben der Skinhead-Fanzines «Foier frei!» und «Der Weisse Wolf», Naziliteratur wie «Henker, Heuchler und Halunken – Der Nürnberger Prozess» sowie Broschüren mit Titeln wie «Sonnenbanner – Nationalsozialistisches Schulungsblatt», «Neue Position. Den Widerstand aufbauen! Polizeiasse im Einsatz» oder «AMOK – Texte für terminale Täter». An der Garderobe hängen zwei olivgrüne Bomberjacken, vor dem Küchenschrank steht ein gepackter schwarzer Rucksack. In dem Stoffsack befinden sich neben Mietunterlagen von Uwe Mundlos, neun Flugblättern des «Nationalen Widerstandes», einer Geldbörse, Fotos und Briefen auch sein Reisepass, eine Liste mit gesammelten Autokennzeichen von zivilen Polizeiwagen sowie ein Zettel mit 53 Telefonnummern von bekannten Neonazis.

Der ordentliche Mundlos hatte den Rucksack anscheinend so vorbereitet, dass alle wichtigen Gegenstände für ein Untertauchen an einem Ort sind, wenn sie einmal flüchten müssten.

Gegen 10:30 Uhr informiert ein LKA-Ermittler die Zentrale über den TNT- und Bombenfund. Die Staatsanwaltschaft Gera ordnet daraufhin die sofortige Festnahme von Uwe Böhnhardt, Uwe Mundlos und Beate Zschäpe an. Es ist Gefahr im Verzug.

Die Suche beginnt.

Als die Beamten um 13 Uhr das Gelände der Garagenanlage «An der Kläranlage» mit dem Kofferraum voller belastender Asservate verlassen, sind sie zu 100 Prozent sicher, dass sie genug Beweise haben für eine Anklage des Trios.

Gegen 14 Uhr trommelt der Einsatzleiter des Landeskriminalamts alle Durchsuchungs- und Festnahmekräfte in einem Schulungsraum in der Polizeidirektion Jena zusammen. Gut eine halbe Stunde später schwärmen alle verfügbaren Beamten aus, um das Trio dingfest zu machen. Es ist 14:40 Uhr am 26. Januar 1998.

3 Hausdurchsuchungen

Parallel ziehen mehrere Teams los, um zeitgleich die Wohnungen aller Verdächtigen zu durchsuchen und die Bombenbastler festzunehmen. Gegen 14:45 Uhr stehen die ersten Polizisten der LKA-Einsatzgruppe «Terrorismus/Extremismus» vor einer Wohnung, die sie heute Morgen schon einmal aufgesucht hatten. Sie wollen jetzt auch Uwe Böhnhardts Zimmer durchsuchen, nachdem sie vor ein paar Stunden nur den Durchsuchungsbefehl für die Garagen hatten.

Sie klingeln, aber keiner öffnet ihnen. Sie könnten die Tür aufbrechen, aber sie warten lieber, bis jemand nach Hause kommt.

Es ist 14:55 Uhr, als eine zweite Einheit an der Wohnung von Beate Zschäpe in der Schomerusstraße auftaucht. Nachdem ein Schlüsseldienst die Wohnung im sechsten Stock des Neubaus geöffnet hat, durchsuchen die Polizisten eine Stunde lang jeden Winkel in Wohnzimmer, Küche und Bad.

Sie stoßen auf ein Waffenlager. An der Wohnzimmerwand über ihrem Sofa und an einem Bettschrank über ihrem Bett hat Zschäpe gefährliche Waffen aufgehängt: eine Armbrust, einen Wurfanker mit Seil, ein Luftgewehr, einen Morgenstern, einen Wurfstern, ein Buschmesser, einen Dolch und eine Zwille.

Neben den Waffen hängen Plakate mit Hakenkreuzen und eine Reichskriegsflagge.

Unter der Wohnzimmercouch finden die Polizisten eine Ausgabe von «Pogromly» – eine selbstgebastelte rassistische und antisemitische Version des Gesellschaftsspiels «Monopoly». Anstatt des Feldes «Gefängnis» gibt es ein «Konzentrationslager»-Feld. Auf einer Spielkarte steht: «Du hattest auf ein Judengrab gekackt. Leider hattest du dir hierbei eine Infektion zugezogen.» Das Einzige, was die Polizisten nicht finden, ist Beate Zschäpe selbst.

Die dritte Ermittlergruppe steht um 15 Uhr vor der Tür der Jenaer Wohnung von Uwe Mundlos. Die Polizisten wissen nicht, dass er sich eigentlich unter der Woche in Ilmenau aufhält. Sie finden auch Mundlos nicht, aber eine Bekannte von ihm taucht fünf Minuten später auf. Sie hat einen Schlüssel und lässt das Durchsuchungskommando in die Wohnung. Auf die Frage, was die Frau in der fremden Wohnung wolle, antwortet sie: «Fernsehen.» Einen Fernseher gibt es in den Räumen aber nicht. Die Frau in der Wohnung ist die Freundin von Ralf Wohlleben. Anscheinend hat jemand sie geschickt, um auszukundschaften, ob die Luft in Mundlos' Wohnung noch rein ist.

Die Beamten finden nur ein Blatt mit Skizzen von Skinhead-Symbolen und ein paar Briefe an inhaftierte Neonazis. Darum fahren sie schnell weiter. Wo sich Uwe Mundlos gerade aufhält, konnten sie nicht herausfinden.

Parallel zu den Durchsuchungen bei den drei Hauptverdächtigen machen sich weitere Trupps auf, um auch die Freunde des Trios zu befragen. Zuerst schauen sie bei André K. vorbei – in der Wohnung, in der das Trio gestern Abend noch zusammensaß. Dann fahren die Polizisten zur Wohnung von Ralf Wohlleben, besuchen den großen Bruder von Uwe Böhnhardt und schauen auch bei einem Jugendclub vorbei, in dem die drei in letzter Zeit häufiger gesehen worden sein sollen.

Unterdessen schickt die Polizei in Saalfeld auch Beamte zur Gaststätte «Heilsberg». Die Kneipe ist das Zentrum der wichtigen Neonazikameradschaft «Thüringer Heimatschutz».

Um 16:53 Uhr kommt Brigitte Böhnhardt von der Arbeit zurück nach Hause. Sie lässt die Polizisten, die vor ihrer Tür warten, herein. Die finden in Uwe Böhnhardts Zimmer eine Telefonliste mit Namen von Neonazis, außerdem Knallpatronen und Diabolos – und ein 30 Zentimeter langes Rohrstück, das den Rohren gleicht, mit denen die Bomben gebaut wurden.

«Die waren schon überrascht, dass sie keine Reichskriegsflagge oder andere Nazipropaganda gefunden haben», erinnert sich Jürgen Böhnhardt, der Vater. Es ist ein gewöhnliches Jugendzimmer: Auf einer schwarzen Liege liegt ein Kissen mit Tigeroptik, und im weißen Bücherregal steht neben einem Blumentopf der Ghettoblaster «Super Whooper». «Es gab kein Bild von Hitler oder so was in seinem Zimmer, nur einen Schal vom FC Carl Zeiss Jena und ein paar Wimpel», sagt der Vater.

Die Beamten haben jetzt zwar neue Beweisstücke, aber der Verdächtige, Uwe Böhnhardt, ist weg. Mit dem Vater Jürgen Böhnhardt fahren die Fahnder noch zur Gartenlaube der Familie. Aber auch hier ist Böhnhardt nicht.

Am Ende des Tages, es ist jetzt schon 19:32 Uhr, geben die Ermittler die Durchsuchungen auf. Sie haben keinen der drei mutmaßlichen Bombenbastler schnappen können. Ihre letzte Hoffnung ist die Fahndung nach den Autos von Böhnhardt und Mundlos.

Um 21:20 Uhr kommt noch mal Hoffnung auf. Ein Streifenwagen funkt in die Zentrale, dass sie einen Hyundai mit dem Kennzeichen J-RE 76 gesichtet haben – das Auto von Böhnhardt. In dem PKW sitzt ein junger Mann. Die Polizisten stoppen das Auto und kontrollieren den Fahrer. Es ist leider nicht Uwe Böhnhardt, sondern ein anderer Neonazi.

Beate Zschäpe, Uwe Mundlos und Uwe Böhnhardt haben ihre Heimatstadt Jena längst verlassen. Mit dem Peugeot 205 von Ralf Wohlleben sind sie bereits aus dem Zugriffsgebiet des LKA Thüringen geflüchtet. Das Trio ist schon in Sachsen.
Es ist 22 Uhr am 26. Januar 1998.

4 Braune Hilfe

Ein Schlafsack und ein paar persönliche Papiere sind alles, was Beate Zschäpe, Uwe Mundlos und Uwe Böhnhardt bei sich haben, als sie am Abend des 26. Januar 1998 in Chemnitz ankommen. Nach Sachsen hat das Trio in den vergangenen Jahren viele Kontakte aufgebaut. Auf der Telefonliste, die das LKA an diesem Tag in einer der Garagen findet, stehen auch zehn Telefonnummern von stadtbekannten Größen des «Blood & Honour»-Netzwerkes in der sächsischen Stadt. Vorerst schlüpfen die drei Flüchtigen bei Thomas S. unter, einem guten Kumpel, dem Uwe Mundlos in den vergangenen Jahren stets pflichtbewusst Briefe in den Knast geschickt hatte, um ihn als «nationalen politischen Gefangenen» zu unterstützen. Sie sind untergetaucht – nur 100 Kilometer von Jena entfernt.

Am nächsten Morgen gehen die Ermittlungen weiter. Um 8:26 Uhr erscheint ein wichtiger Zeuge bei der Kriminalpolizeiinspektion Jena. Die Ermittler haben den Besitzer der Garage an der Kläranlage vorgeladen. Sie hatten ihn vorher nicht befragt, weil er den gleichen Nachnamen wie die Großmutter von Beate Zschäpe trägt – der verdächtigen Mieterin der Garage. Sie wollten nicht riskieren, dass die Razzia eventuell verraten werden könnte. Der 51-jährige Mann, der jetzt auf dem Revier erscheint, ist ihr Kollege. Er arbeitet als Kriminalbeamter in Jena und erzählt seinen Kollegen davon, dass er Zschäpe nur einmal gesehen und dass sie die 70 Mark Miete meistens pünktlich bezahlt habe. Mehr kann er nicht beisteuern.

Der wichtigere Termin an diesem Tag findet aber in Erfurt statt. Im Landeskriminalamt. Der zuständige Staatsanwalt der Staatsanwaltschaft Gera ist in die Landeshauptstadt gereist, um sich mit dem LKA abzustimmen, wie es nach der Flucht der Verdächtigen weitergehen soll. Der Staatsanwalt trifft auf Kriminalhauptkommissar Georg Taßler von der «Ermittlungsgruppe Terrorismus/Extremismus» des LKA Thüringen.

So nah dran an den Bombenbastlern wie gestern war Taßler noch nie. Er arbeitet schon länger beim LKA, vor einem Jahr wurde er vom Kriminaloberkommissar zum Kriminalhauptkommissar befördert. Er weiß, dass die ersten Stunden nach einer Flucht entscheidend sind. Die Erfahrung hat den Ermittler gelehrt: Wenn Verbrecher nicht in den ersten Stunden und Tagen nach ihrem Verschwinden gefasst werden, wird es immer schwieriger, ihrer habhaft zu werden.

Warum hat der Verfassungsschutz nach der Beobachtung der Garagen 45 Tage gebraucht, die Information über die Bombenwerkstatt in Jena an das LKA weiterzuleiten? Warum konnte Böhnhardt vor den Augen von Georg Taßlers Kollegen verschwinden? Die Polizisten sind frustriert, dass Böhnhardt nicht schon längst festgenommen wurde, seine Haftstrafe ist bereits seit über einem Monat rechtskräftig.

Taßler kennt den Rechtsradikalen Uwe Böhnhardt. Er hat ihn noch vor drei Wochen vernommen. Nach dem Fund eines Bombenkoffers auf dem Nordfriedhof in Jena kurz nach Weihnachten 1997 wollte er die Alibis aller verdächtigen Neonazis aus der Jenaer Szene überprüfen. Böhnhardt war ihm bereits einmal davongerast, als dieser die Polizeiautos vor dem Haus seiner Eltern stehen sah. Aber am 6. Januar stand Georg Taßler wieder vor der Wohnungstür von Familie Böhnhardt. Er klingelte, Brigitte Böhnhardt, die Mutter, öffnete ihm und seinen Kollegen. Uwe Böhnhardt konnte nicht fliehen, er stand noch unter der Dusche. Als er das Bad verlassen hatte und die Polizisten ihn fragten, wo er in der Tatnacht war, blaffte er sie an: «Ich kann mich nicht erinnern.»

Daraufhin mischte sich Mutter Böhnhardt ein. «Sag doch, dass du mit drei Personen zusammen gewesen bist, das sind doch drei Zeugen.» – «Halt dich hier raus!», fuhr Uwe Böhnhardt seine Mutter an. Dann stand er auf und brach die Vernehmung ab.

Schon im Sommer 1997 hatte Georg Taßler die Ermittlungen in dem Fall der Jenaer Bombenbastler übernommen, nachdem Kinder einen Bombenkoffer mit Hakenkreuz im Bundesligastadion vom FC Carl Zeiss Jena gefunden hatten.

Taßler war es auch, der den Durchsuchungsbefehl für Böhnhardts Garagen bei der Staatsanwaltschaft beantragt hatte – gleich am Tag, nachdem er die Informationen von der Observation des Verfassungsschutzes bekommen hatte.

Zwei Wochen musste der Kommissar warten, bis der Antrag seinen bürokratischen Weg gegangen war – so kurz nach Jahresbeginn befinden sich auch Gerichte und Behörden noch ein wenig im Winterschlaf.

Heute erscheint zu dem Treffen mit der Staatsanwaltschaft nicht der Staatsanwalt, den Taßler gut kennt und der sich ansonsten um Neonazifälle bei der Staatsanwaltschaft Gera kümmert und lange Erfahrung mit der Klientel hat. Er ist kurzfristig krank geworden und hat eine Vertretung geschickt. Der angereiste Jurist kennt sich mit Neonazis nicht ganz so gut aus.

Kriminalhauptkommissar Taßler trägt die Erkenntnisse seiner Fahnder vor. Sie haben vier scharfe Rohrbomben, 1,4 Kilogramm TNT-Sprengstoff, einen Haufen rechtsextreme Hassliteratur und viele weitere belastende Beweise in den Garagen und Wohnungen in Jena gefunden. Außerdem sind die vermeintlichen Bombenbauer abgetaucht.

Die Polizeiexperten von der Ermittlungsgruppe Terrorismus sind schockiert über die Funde von Jena und wollen am liebsten schnell handeln. Dafür brauchen sie einen Haftbefehl von der Justiz.

Aber der Staatsanwalt ist nicht überzeugt von der Gefährlichkeit der Flüchtigen. Um einen Haftbefehl ausstellen zu können, muss ein Staatsanwalt abwägen, ob Fluchtgefahr besteht oder Verdunkelungsgefahr oder ob eine Tatwiederholung möglich ist.

Der Ersatz-Staatsanwalt sieht keine Fluchtgefahr – nur dass die drei mutmaßlichen Täter gestern nicht zu Hause anzutreffen waren, reicht ihm nicht aus. Und die Tat verschleiern oder wiederholen können sie nicht mehr, seitdem die Polizei gestern ihre Bombenwerkstatt ausgehoben hat.

Obwohl der Staatsanwalt mit Böhnhardts Flucht während der Garagendurchsuchung einen Grund hätte, Fluchtgefahr zu unterstellen, stellt er keinen Haftbefehl aus.

Am Ende des Gesprächs vermerkt der Protokollant: «Die Fahndungen zur Festnahme sind zu löschen.»

Während die Polizei die Fahndung löscht, ermittelt der Vater von Uwe Mundlos am selben Tag auf eigene Faust weiter. Siegfried Mundlos hofft, seinen Sohn noch in der Nähe finden zu können. Er ist Naturwissenschaftler und glaubt nur, was er sieht. In den achtziger Jahren wurde er an der Universität Jena in Theoretischer Mathematik promoviert. Er hat eine Doktorarbeit geschrieben über periodische Funktionenräume, die Interpolationstheorie und elliptische Differenzialoperatoren. Nach der Wiedervereinigung bewarb er sich an zwei Fachhochschulen als Informatikprofessor und wurde an der FH Jena angenommen. Seitdem lehrt er Studenten im Grundstudium die Programmiersprachen, erklärt ihnen, was ein Betriebssystem ist, und führt sie in die Geheimnisse von Schleifen, Algorithmen und Strukturvariablen ein. Siegfried Mundlos ist ein Mann der Zahlen.

Seine Welt sind Labore und Beweise.

Heute will er den Polizisten beweisen, dass sein Sohn zu finden sein muss. Und: Er will sich wenigstens noch einmal von ihm verabschieden, wenn sich Uwe schon unbedingt dafür entschieden hat unterzutauchen.

Darum läuft Siegfried Mundlos all die Orte in Jena ab, an denen er seinen Sohn wähnt. Er geht in die Leipziger Straße 61 in Jena-Nord – zur letzten eigenen Wohnung seines Sohnes. Natürlich klingelt er auch in der Schomerusstraße 5 bei Beate Zschäpe und geht bei Böhnhardts in der Richard-Zimmermann-Straße in Jena-Lobeda vorbei. Nur wenige Türen werden ihm geöffnet. Erwischt er einmal einen Vater oder eine Mutter von einem der anderen beiden Flüchtigen, wissen auch sie nichts.

Fast zufällig passiert er auf seiner privaten Fahndung auch das Haus, in dem ein Freund seines Sohnes lebt – Ralf Wohlleben. Direkt vor dem Gebäude ein erstes Zeichen: Der rote Ford Escort mit dem bewusst gewählten Kennzeichen J-AH 41, das für Jena und Adolf Hitler steht, gehört seinem Sohn. Vater Mundlos überlegt nur kurz und holt dann den Zweitschlüssel für den Wagen von zu Hause. Noch am selben Tag fährt er den Ford auf einen Parkplatz vor dem sechsgeschossigen Haus, in dem er wohnt. Er hofft, seinen Sohn so wieder zu sich zu locken.

Die Ermittler müssen sich verhöhnt vorkommen, als am Nachmittag desselben Tages auf einmal Juliane W. auf dem Polizeirevier in Jena erscheint. Um 18:15 Uhr steht sie vor dem Tresen der Hauptwache. Die Beamten hatten die junge Frau gestern noch zufällig in der Wohnung von Uwe Mundlos angetroffen. Jetzt verlangt die Freundin der drei, dass die Polizisten den Schlüssel zur Wohnung von Beate Zschäpe herausgeben sollen. Es ist offensichtlich, dass sie noch Kontakt zu den verschwundenen Bombenbauern hat, denn sie legt den Polizisten eine handschriftliche Vollmacht von Beate Zschäpe vor.

Als die Ermittler den Schlüssel nicht herausgeben wollen, erscheint kurz darauf noch André K., ein weiterer stadtbekannter Neonazi, auf dem Polizeirevier und fordert den Schlüssel zu Zschäpes Wohnung. Sofort! Als die Polizisten sich weiter weigern, droht er mit einem Anwalt.

Mindestens diese zwei Personen haben also offensichtlich noch Kontakt zu Mitgliedern des Trios. Aber die Polizei vernimmt weder Juliane W. noch den rechtsextremen André K.

Die offizielle Fahndung hatte der Staatsanwalt am Morgen für beendet erklärt.

Es ist 19 Uhr am 27. Januar 1998. Das Trio ist seit 34 Stunden verschwunden.

5 «Vati, ich verlasse euch für längere Zeit»

Am nächsten Morgen, dem 28. Januar 1998, klingelt es an der Tür von Familie Mundlos. Der Thüringer Neonazi Ralf Wohlleben steht im Hauseingang. Ein schlanker junger Mann, der kurze dunkle Haare und eine schwarze Lederjacke trägt. Er gilt als klug, einflussreich und angesehen in der rechten Szene.

Doch jetzt fängt Wohlleben zu jammern an: Wie konnte Vater Mundlos denn das Auto seines Sohnes einfach so wegfahren? Die drei seien mit seinem Peugeot geflüchtet, weil das Auto neuer war, soll er zu Mundlos gesagt haben. Der Uwe hätte ihm dafür seinen Wagen dagelassen. Uwes Vater solle ihm den Wagen zurückgeben, er müsse zur Arbeit kommen.

Wohlleben wird seit Oktober 1996 zum Lageristen ausgebildet. Er arbeitet in der Warenannahme eines Möbelhauses und gilt dort noch heute als «bester Lehrling in den vergangenen zwanzig Jahren». Er sei clever gewesen, habe eine schnelle Auffassungsgabe gehabt und sich mit allen Kollegen gut verstanden. «Eben Crème de la Crème», sagt sein damaliger Vorarbeiter.

Auf der Arbeit sei er nie politisch in Erscheinung getreten. Die ehemaligen Kollegen können sich einzig an einen auffälligen Auftritt ganz anderer Art erinnern. Für die Weihnachtsfeier 1997 hatte Wohlleben mit einem anderen Azubi ein Stück mit der Gitarre einstudiert. Zusammen sangen sie ein anzügliches Lied. Dazu trug Wohlleben ein braunes Jackett, einen roten Schlips, eine Schiebermütze – und riesige Schweinsohren aus Plastik. Ein paar Monate nach dieser Show wird er den NPD-Ortsverband Jena gründen.

Siegfried Mundlos versteht die Notlage des Freundes seines Sohnes an diesem Morgen sofort. Und er hofft, über Ralf Wohlleben an seinen Sohn heranzukommen.

Anstatt die Polizei zu informieren, fährt er Wohlleben mit seinem Auto die acht Kilometer bis nach Rothenstein. Gemeinsam kommen sie auf der B 88 durch hügeliges Bergland an Feldern und Nadelwäldchen vorbei und an Schafsgattern aus Holz. Dann passieren sie ein Industriegebiet mit Autohäusern, immer parallel zur

Saale, die sich hier durch das Leutratal schlängelt. Der mutmaßliche Unterstützer des Terroristentrios und der Vater des Terroristen bilden eine Fahrgemeinschaft.

Auf der Fahrt versucht Vater Mundlos immer wieder zu erfahren, was Ralf Wohlleben weiß. Will sich sein Sohn ins Ausland absetzen? Wie lange will er wegbleiben? Wo sind die drei jetzt? Er nutzt die paar Minuten, um etwas aus Wohlleben herauszubekommen. Uwe soll sich unbedingt noch mal bei ihm verabschieden. Aber Ralf Wohlleben schweigt.

Am selben Tag werden die Kollegen der Ermittlungsgruppe Terrorismus des Landeskriminalamts Thüringen kreativ.

Am Morgen dieses 28. Januar erhalten sie neue Informationen, die in den Ermittlungen später nie wieder eine Rolle spielen werden – die ihnen aber jetzt helfen.

Durch die Auswertung der Post aus Uwe Mundlos' Schreibtisch wissen die Kriminalpolizisten von Briefen, die Mundlos einem deutschen Neonazi geschrieben hat, der in die USA ausgewandert ist.

Ein LKA-Fahnder des Dezernats 61 schreibt in einem Aktenvermerk: «Dienstlich wurde am heutigen Tag bekannt, dass sich die Beschuldigten des hiesigen Verfahrens über Belgien in die USA/ Tennessee absetzen wollen.» Weiter heißt es: «Durch die geplante Flucht erhärtet sich der Tatverdacht. Offensichtlich versuchen sich die Beschuldigten einer Strafverfolgung zu entziehen, insbesondere der Böhnhardt, da dieser noch eine rechtskräftige Freiheitsstrafe zu verbüßen hat.»

Das ist die Chance für Kriminalhauptkommissar Georg Taßler, den Haftbefehl zu bekommen, um wieder nach dem Trio fahnden zu dürfen. Auf einmal steht das Wort «Fluchtgefahr» im Raum. Es funktioniert, der Staatsanwalt ist überzeugt.

Zwei Tage nachdem das Trio aus Jena untergetaucht ist, erlässt der Ermittlungsrichter am Amtsgericht Jena Haftbefehle gegen Beate Zschäpe, Uwe Mundlos und Uwe Böhnhardt. Aktenzeichen 114 Js 37149/97: «Die Beschuldigten sind dringend tatverdächtig», die

Kofferbombe vor dem Theaterhaus platziert und weitere Bomben-anschläge geplant zu haben. Das legen die Beweisstücke nahe, die die Beamten in der Garage in Jena gefunden haben. Die Fahndung beginnt neu.

Es ist schon Abend, als das Telefon von Familie Mundlos klingelt. Vorgestern ist ihr jüngster Sohn verschwunden. Der Vater hebt den Hörer ab und hört die Stimme seines Sohnes. Sein älterer Sohn sitzt neben ihm und hört das kurze Gespräch mit. Die Stimme am anderen Ende der Leitung sagt nur wenige Sätze und verabschiedet sich am Ende mit: «Vati, ich verlasse euch für längere Zeit. Hab euch lieb.»

Es ist 21 Uhr am 28. Januar 1998.

6 Braune-Armee-Fraktion

Im Landeskriminalamt in Erfurt werten Kriminaltechniker weiter jeden Zettel, jede Computerdatei, jeden noch so winzigen Hinweis aus, den sie bei den Durchsuchungen in Jena gefunden haben.

Dabei stoßen sie auf zwei Asservate: ein Blatt Papier mit 53 Na-men und Telefonnummern in ganz Deutschland, das im gepackten Rucksack von Uwe Mundlos in der Garage an der Kläranlage steckte, und die Textdatei Ali.000 auf einer der 26 sichergestellten Disketten.

Die meisten Namen auf dem Zettel sind Kameraden aus der Je-naer Szene. Unter ihnen ist auch Andreas S., der Betreiber des Nazi-ladens «Madley» in der Wagnergasse in Jena. Ein Jahr nach dem Untertauchen wird er über einen Mittelsmann eine Česká-Pistole an das Trio verkaufen – mit dieser Waffe werden Böhnhardt und Mundlos neun Menschen töten.

Uwe Mundlos hat auf seiner Adressenliste auch bereits Kontakte in Chemnitz, Rostock und Nürnberg notiert – in all diesen Städten wird das Trio später unter seinem martialischen Namen «National-sozialistischer Untergrund» Straftaten verüben.

Chemnitz ist die erste Station der drei Flüchtigen im Untergrund, zehn Telefonnummern in der sächsischen Stadt sind auf der Liste vermerkt. Auch der Name und die Nummer des ersten Gastgebers sind notiert: Thomas S. in Chemnitz.»

Ein Fahnder notiert: «Die Adressen (...) sind nach hiesiger Bewertung für das hier geführte Ermittlungsverfahren ohne Bedeutung.»

Den Text auf der Diskette mit dem Namen Ali.000 hat wahrscheinlich Uwe Mundlos verfasst. Die Kriminalpolizisten sehen in dem Gedicht eine Art Manifest der drei Untergetauchten:

«ALIDRECKSAU' WIR HASSEN DICH
Ein Türke der in Deutschland lebt und sagt er ist auch hier
geboren,
den sehen wir schon als verloren.
Er darf jetzt rennen oder flehen, er kann auch zu den Bullen gehen,
doch Helfen wird ihn alles nicht – denn wir zertreten sein Gesicht.
Wer sagt das wäre zu gemein – der soll es sehen das Türken-
schwein!
Er plündert, raubt und wird dann frech, doch heut noch stirbt er
– ‹so ein Pech› –?!
Nur leider ist der Ali schlau, er sucht sich ein deutsche Frau,
mit der er dann 10 Kinder macht und über diesen Staat nur lacht.
Der linke Spinner meint dazu: ‹Lasst unsern Ali doch in ruh.
Er will nur leben so wie ihr – und deshalb bleibt der Ali hier›.
Der Ali freut sich, denn er weiss, erzähl den Linken etwas scheiß,
wie schlecht es Dir geht und wirst gehetzt – schon gibt's für Ali ein
Gesetz.
Was sagt das jeder der ihn Hasst, ein recht hat auf 10 Jahre Knast.
Drum Ali schlage wir dich breit.
Und schon kommt es hier nicht soweit.»

(Fehler im Original)

Es ist bereits finstere Nacht an diesem Februartag in Chemnitz, als es an der Tür von Mandy S. klingelt. Das 23-jährige Skin-Girl ist allein in seiner Wohnung, weil sein Freund mit anderen Neonazis gerade auf einem Skinhead-Konzert in Budapest ist. Mandy S. öffnet, vor ihr stehen die Zwillinge Armin und Gunnar. Sie tragen Bomberjacke und Springerstiefel, eine «88» prangt auf ihren Jacken. In den neunziger Jahren ist die Zahl das Erkennungszeichen der aktiven Skinheads in Chemnitz. Sie nennen sich «88er». Die Ziffer «8» steht in der Szene für den achten Buchstaben im Alphabet, das «H». Und «HH» soll «Heil Hitler» andeuten.

«Sag mal, Mandy, können ein paar Kameraden mal bei dir übernachten?», fragt Armin. «Die haben Scheiße gebaut und brauchen ganz dringend Hilfe.» Mandy S. ist überrascht und sagt erst mal nein. Unten vor dem Haus sitzen die Kameraden bereits im Auto, irgendwo müssen sie heute Nacht unterkommen. Mandy S. überlegt noch mal kurz, und weil sie kein «Kameradenschwein» sein will, fasst sie einen Entschluss: Bei ihr können sie nicht bleiben, aber da die Wohnung ihres Freundes Max gerade leer steht, können sie dort unterkommen. Sie geht zurück in ihr Apartment und holt den Zweitschlüssel für die Wohnung in der Limbacher Straße im Chemnitzer Stadtteil Altendorf.

Kurz darauf ist das Neonazitrio sicher untergebracht. Für mindestens sechs Monate werden die drei hier leben. Aus dem Schutz dieser Wohnung heraus werden sie die ersten Banken ausspähen, die sie später überfallen. Sie werden Kampfartikel für Blätter der Neonaziszene schreiben, sich erste gefälschte Ausweise organisieren und hier ihre erste Waffe verstecken.

Der Wohnungsbesitzer Max-Florian B. weiß noch nichts von seinen neuen Untermietern, als er am Sonntagabend aus Budapest zurückkehrt und bei seiner Freundin Mandy S. auftaucht. An diesem ersten Abend schläft er vorsichtshalber erst mal bei seiner Freundin, genauso wie am Tag danach und auch an allen folgenden Tagen in den kommenden sechs Wochen. Erst als er seine Freundin Mandy knutschend mit einem anderen Skinhead sieht, packt er seine Sachen zusammen und zieht noch am selben Abend zurück in seine eigene Wohnung – zu den gesuchten illegalen Untermietern.

Im Rahmen seiner privaten Ermittlungen entdeckt Siegfried Mundlos ein Verbrechen. Als er mal wieder die Neubauwohnung seines Sohnes besucht, fällt ihm auf, dass das teure Cannondale-Mountainbike seines Sohnes nicht mehr vor dem Haus abgestellt dasteht, wie beim letzten Mal, als er hier war. Er ist empört und glaubt den Dieb unter den Freunden seines Sohnes auch zu kennen. Darum fährt er nach Erfurt zum Landeskriminalamt, um Anzeige wegen Diebstahl gegen unbekannt zu erstatten und eine Dienstaufsichtsbeschwerde gegen das LKA zu richten.

Die Ermittler beim Landeskriminalamt wie Kriminalhauptkommissar Georg Taßler waren in der Zwischenzeit auch nicht untätig. Sie haben das politische Manifest der Bombenbauer gelesen, sie merken, dass sie es mit konspirativ arbeitenden Gegnern zu tun haben, und sie wissen, dass das Trio mit Zugang zu Waffen oder Sprengstoff eine Gefahr werden könnte.

Als Siegfried Mundlos in Erfurt ankommt, empfängt ihn ein Ermittler persönlich und bittet ihn in sein Büro – den «war room» der «Ermittlungsgruppe Terrorismus/Extremismus». An den Wänden hängen die Fahndungsfotos von Böhnhardt, Mundlos und Zschäpe, daneben Bilder der Bombenbastlergarage und eine Karte von Jena, auf der mit kleinen bunten Fähnchen alle Bombenfundorte in der Stadt markiert sind.

Der LKA-Fahnder und der Vater reden über Uwe Mundlos. Der Polizist will Siegfried Mundlos überzeugen, dass er mithilft, seinen Sohn dingfest zu machen.

«Wenn Sie Ihren Sohn dazu bringen auszusagen, könnte er die Kronzeugenregelung bekommen.» Der Vater antwortet: «Uwe Mundlos ist nicht so einer.» Dem LKA-Mann scheint es, als ob Siegfried Mundlos der Ernst der Lage nicht wirklich bewusst ist. Bei der Verabschiedung gibt er dem Vater eine Warnung mit auf den Weg:

«Herr Mundlos, wenn wir die drei nicht bekommen, besteht die große Gefahr, dass sich hier eine Braune-Armee-Fraktion bildet.»

TEIL ZWEI
DIE BESCHLEUNIGUNG

7 Nierenkolik

Die Silvesterfeierlichkeiten stecken Annerose A. noch in den Knochen an diesem 2. Januar des Jahres 1975. Sie hatte den Jahreswechsel in Jena gefeiert und sich dabei in Horst Petzold verguckt, einen alten Freund aus dem Neubaublock, neben dem sie einst mit ihren Eltern lebte. Seit 1971 studiert Annerose A. in Bukarest Zahnmedizin. Dass sie im sozialistischen Ausland lernen darf, gilt damals in der DDR als Auszeichnung. Sie hatte gute Abiturnoten, stammt aus einer «linken Familie», wie sie selbst sagt, und ihre Eltern waren beide Arbeiter. Der Arbeiter-und-Bauern-Staat wollte, dass vor allem Arbeiterkinder studieren, Kinder aus dem Teil der Gesellschaft, der früher kaum Zugang zu höherer Bildung hatte.

Rumänien war damals eines der aufregendsten Länder im Ostblock, relativ unabhängig von der Sowjetunion. Ein Jahr vor Annerose A.s Studienantritt stattete Staatspräsident Nicolae Ceauşescu sogar den USA einen Besuch ab, und US-Präsident Richard Nixon besuchte Bukarest. Rumänien hatte den Einmarsch der Sowjets in die ČSSR verurteilt. Wer als DDR-Bürger nach Rumänien reisen durfte, konnte das Gefühl haben, fast in einen Renegatenstaat zu reisen.

Als die Abiturientin A. das Angebot bekam, zum Studium nach Rumänien zu gehen, hat sie nicht gezögert. Es war die beste Gelegenheit für einen jungen Menschen wie sie, ein wenig mehr von der Welt zu sehen als das, was zwischen dem Thüringer Wald und der Ostseeinsel Rügen liegt.

In den Semesterferien, zu Weihnachten 1974, fuhr Annerose A. nach Hause. Anfang Januar sollten die Vorlesungen in Rumänien weitergehen. Die Tage in Jena hatten sich für sie bisher vergnüglich gestaltet. Bis zum 2. Januar 1975. An einem Tag hat sie starke Bauchschmerzen und wird mit Verdacht auf Nierenkolik ins Krankenhaus eingeliefert. Doch der behandelnde Arzt stellt fest: Annerose A. hat keine Kolik, sie liegt in den Wehen. Sie ist nicht krank, sie bekommt ein Kind. Wenige Stunden nach dieser Diagnose wird am 2. Januar 1975 in Jena das Mädchen Beate geboren – das später Beate Zschäpe heißen wird.

Man kann nicht behaupten, dass Beate ein Wunschkind ist. Annerose A. passt es überhaupt nicht, plötzlich Mutter zu sein. Sie hatte nicht damit gerechnet, ihr Bauch war auch nicht merklich angeschwollen. Niemand hatte die Schwangerschaft vorher bemerkt. Weder ihre eigene Mutter noch ihr neuer Freund Horst Petzold und noch nicht einmal eine befreundete Krankenschwester.

In wenigen Tagen soll Annerose A.s Studium in Rumänien weitergehen, sie will den Platz dort auf keinen Fall verlieren, viel zu sehr genießt sie das süße Leben mit den Kommilitonen aus aller Welt in Bukarest. Soll das etwa alles jetzt schon vorbei sein? Muss sie mit 22 Jahren etwa schon erwachsen werden? Wenn sie nur bis zum Sommer 1976 durchhält, ist sie mit ihrem Studium fertig und kann als Zahnmedizinerin arbeiten.

Zwei Wochen nach der Geburt geht sie zurück nach Rumänien. Das Baby lässt sie in Jena.

In Bukarest wartet jemand auf sie: Valer Boankic. Ihr Mitstudent an der Zahnmedizinischen Fakultät der Universitatea din Bucureşti ist der Vater von Baby Beate, sagt Annerose A.

Beate Zschäpe, die Frau, die in ihrem Leben später alles andere dem Hass auf Ausländer unterordnen wird, ist selbst Halbrumänin.

8 Der Stiefvater

Valer Boankic bestreitet, dass er der Vater des kleinen Mädchens ist, das das erste halbe Jahr allein bei seiner Oma in Jena aufwächst. Als Beate zwölf Wochen alt ist, gibt die Großmutter sie tagsüber in die Kinderkrippe. Währenddessen ist die Mutter von Beate Zschäpe weiter in Bukarest, als gäbe es kein Kind in Deutschland. Im Sommer 1975 besucht der deutsche Freund der Mutter, Horst Petzold, seine neue Liebe zwei Wochen lang in Rumänien. Sie reisen mit einer Studentengruppe ins Donaudelta. Mit dabei ist auch: Valer Boankic. Während der Reise verspricht die junge Mutter Annerose A. ihrem deutschen Freund Horst, dass sie ihn noch dieses Jahr heiraten werde. Und wenn sie bald ein Ehepaar sind, dann ist Beate quasi ja auch seine Tochter.

Gemeinsam planen sie, wie es weitergehen soll. Nachdem Horst Petzold zurück in der DDR ist, kündigt er seine Arbeit in Suhl, um nach Jena zu ziehen und auf das gemeinsame Kind aufzupassen. Er bittet sein Kombinat, ihn nach Jena zu versetzen. «Ich dachte, dass ich mit Annerose nichts falsch machen könnte, schließlich kannten wir uns, seitdem wir Kinder waren, über zwölf Jahre lang.»

Er wird versetzt und holt das fremde Kind Beate zu sich.

Seitdem Beate Zschäpe neun Monate alt ist, wächst sie also bei einem Mann auf, mit dem ihre Mutter in ihrem ganzen Leben nicht mehr als vier Wochen gemeinsam verbracht hat. Petzold nimmt das Baby in der Wohnung seiner Eltern in Jena auf, in die auch er erst mal wieder einzieht. Petzolds Mutter und er kümmern sich von nun an um Beate Zschäpe.

Am 29. Dezember 1975 heiratet Annerose A. ihren Jugendfreund Horst Petzold in Jena. Wenige Tage später ist sie wieder in Rumänien.

Als im Sommer 1976 ihr Zahnmedizinstudium endet, freut sich Horst Petzold, dass seine Frau endlich nach Jena zurückkommt. Nun werden sie eine richtige Familie sein, das kleine Mädchen gemeinsam großziehen. Dass Beate nicht seine leibliche Tochter ist, stört Petzold kein bisschen. Er hat sie jetzt bereits über ein Jahr allein aufgezogen, sie ist ihm ans Herz gewachsen. «Wir wollten damals das Beste für das Kind», sagt Petzold heute.

Es wird Juni, Juli, August. Über das Telefon der Nachbarn ruft Petzold in der DDR-Botschaft in Bukarest an, die Leute dort sollen ihm helfen, seine Frau zu finden. Auch die Botschaft findet sie nicht sofort. Erst nach Wochen meldet sich ein Diplomat bei Horst Petzold zurück: «Wir haben Ihre Frau im Norden des Landes, in Iaşi, gefunden.» Sie lebe dort mit einem Kommilitonen aus dem Zahnmedizinstudium in der Villa seines Vaters. Der Name des Studenten: Valer Boankic.

Es dauert noch einmal drei Wochen, bis sie wieder in Jena ist. Zufällig sieht Horst Petzold seine Frau eines Morgens an einer Straßenbahnhaltestelle stehen. Er ist verärgert, aber er vergibt ihr. Jetzt soll ihre gemeinsame Zeit beginnen.

Annerose Petzold findet schnell Arbeit in einer Zahnarztpraxis, zumindest sagt sie das ihrem Mann. Dort ist sie von früh bis spät, zu Hause verbringt sie nicht viel Zeit. Erst abends kommt sie zurück zu Mann und Kind.

Jena liegt in einem Kessel, zwischen Bergen, eine kleine, überschaubare Stadt. Aber es ist auch eine lebendige Stadt, geprägt durch die alte Universität und durch die Unternehmen, die Absolventen der Universität gegründet haben. Seit 1558 gibt es die Universität Jena, inzwischen ist sie nach Friedrich Schiller benannt, der hier lehrte. Die Romantiker Novalis, Friedrich Hölderlin, Clemens Brentano studierten in Jena, auch Karl Marx. Und Otto Schott und Carl Zeiss, die später in Jena zwei Unternehmen gründeten, die zu Weltmarktführern der Optik- und Glasindustrie wurden.

In der Zeit der Weimarer Republik sind KPD und SPD stark in Jena, die Parteien der Arbeiter aus den Werken von Schott und Zeiss, die Nazipartei NSDAP hat in Jena ihre schlechtesten Wahlergebnisse in ganz Thüringen. Nachdem die U.S. Army Jena nach dem Zweiten Weltkrieg befreit hat, zieht die Rote Armee in der Stadt ein. Seit den siebziger Jahren ist Jena auch eine Stadt der Opposition in der DDR.

Eines Tages ruft Horst Petzold in der Zahnarztpraxis an, in der seine Frau angeblich arbeitet. Dort hat man sie nie gesehen. Zudem erzählen Nachbarn, dass A. ihn mit anderen Männern betrügt. Jetzt reicht es Horst Petzold. Am Abend stellt er Beate Zschäpes Mutter Annerose zur Rede.

«Pack deinen Krempel zusammen und hau ab!» Mit diesem Satz schmeißt Petzold seine Frau aus der gemeinsamen Wohnung. Er wird sie erst vor Gericht wiedersehen, zum Scheidungstermin. Annerose nimmt Beate mit, die fast zwei Jahre alt ist. Anderthalb Jahre hat Petzold das Mädchen großgezogen.

«Mit dem Kind war ich länger zusammen als mit der Mutter», sagt Horst Petzold heute. Er sitzt auf einem Sessel in seinem Haus und schüttelt den Kopf. Dann schaut er aus dem Fenster in seinen Garten, überlegt lange. Er könne bis heute nicht verstehen, sagt er, wie Annerose das geschafft hat, wie sie ihr eigenes Kind so im Stich lassen konnte, ganz am Anfang seines Lebens.

9 Omakind

So wie Beate Zschäpes Kindheit beginnt, sollte sie weitergehen. Ihre Mutter heiratet neu, lässt sich nach drei Jahren wieder scheiden. Einen richtigen Vater, so sagt die Mutter den Ermittlern später, wird Beate nie bekommen.

In den ersten drei Jahren ihres Lebens hat sie drei Namen: Zuerst den Namen der Mutter, später den Namen des Stiefvaters und dann Beate Zschäpe. Als sie 2011 in U-Haft sitzt, stellt die Bundesanwaltschaft fest, dass Beate Zschäpe in ihrem späteren Untergrundleben mindestens elf verschiedene Namen benutzt hat.

In den 15 Jahren bis zur Wende zieht Beate sechsmal mit ihrer Mutter in Jena und Umgebung um. Die letzte gemeinsame Wohnung ist nur ein Zimmer mit Schlafnische, das sich Mutter und Tochter teilen. Sie haben nie viel Geld, Beate lernt früh, mit wenig auszukommen, sparsam zu sein.

«Beate war eigentlich ein liebes, nettes Mädchen. Sie hat sich immer mal Überraschungen überlegt, oder Gedanken gemacht, wie sie jemandem eine Freude machen kann», sagt ihre Mutter.

In der Schule war sie beliebt, hatte immer viele Freundinnen, die sie oft zu Hause besuchen kommen. Ab der 4. Klasse besuchte sie die Polytechnische Oberschule «Goetheschule» in Jena-Winzerla. Ihre Noten waren nicht schlecht, aber bis zur Klassenbesten gab es auch noch genügend Luft nach oben.

Schon als kleines Mädchen sei Beate selbstbewusst gewesen, und wenn sie etwas wollte, sorgte sie dafür, dass sie es bekam, sagt ihre Mutter. Sobald Beate zu etwas keine Lust mehr hatte, machte sie es auch nicht mehr.

Mit neun Jahren fängt Beate an zu fechten. Ab 1984 trainiert sie regelmäßig und ist auch gar nicht schlecht darin. Als sie eine Lungenentzündung bekommt, verbietet ihr der Arzt, zum Training zu gehen – ein halbes Jahr lang muss sie aussetzen. Als sie wieder gesund ist, soll sie in einer anderen Gruppe weitertrainieren. Das will sie auf gar keinen Fall, lieber hört sie mit dem Fechten auf.

Das Verhältnis zu ihrer Mutter wird mit den Jahren immer schlechter. Beate Zschäpe ist selten zu Hause. Immer wieder wird sie beim Schwarzfahren und Klauen im Supermarkt erwischt. Wenn Beate abends nach Hause kommt und die Mutter mit ihr reden will, knallt das Mädchen die Tür ihres Zimmers hinter sich zu.

«Da ging unser Drama los», sagt die Mutter. Die Situation verschärft sich noch, als die Mutter nach der Wende ihre Stelle als Buchhalterin beim Kombinat VEB Carl Zeiss Jena verliert und arbeitslos wird. Sie ist von der Kündigung geschockt, sitzt nur noch zu Hause, wie gelähmt. Das Geld wird auch immer knapper.

Der Freund, den Annerose A. nun hat, kommt mit ihrer Tochter nicht klar. Es gibt ständig Streit.

Viel lieber als zu Hause ist Beate bei ihrer Oma. Immer wieder lässt die Mutter sie bei ihrer Großmutter. Besonders im Sommer. Dann packen Oma Anneliese und Opa Fritz die beiden Enkel, Beate und ihren Cousin Stefan, in ihren grauen Trabant und fahren raus aus Jena. In der Nähe von Ölknitz haben sie einen kleinen Garten.

Beate und Stefan spielen im Wald, klettern durch verlassene Ruinen, wandern zu einer Jagdhütte oder kriechen in eine Höhle beim Helenenstein. Nach ihrer Verhaftung wird Beate Zschäpe sagen, dass sie ein «Omakind» war.

Im letzten Jahr der DDR schließt sich Beate Zschäpe einer Gruppe Halbstarker in Winzerla an. Sie ist 14 Jahre alt. Mittlerweile ist sie mit ihrer Mutter in eine Wohnung in das Neubaugebiet Winzerla gezogen. Weil in den Carl-Zeiss-Werken immer mehr Menschen arbeiteten, die dann auch Wohnungen brauchten, baute die DDR hier seit 1980 neue Häuser für über zehntausend Menschen. In Zschäpes Gang sind Punkerinnen mit roten Haaren, aber auch unpolitische Jugendliche. Die Gruppe nennt sich «Die Zecken» und sieht sich selbst als klar links an. Eine Frau, die damals in der Gruppe dabei war und sagt, dass sie eine Linke war, erinnert sich, dass Beate Zschäpe sich selten politisch geäußert hat. «Beate war damals der lebenslustige Mensch, der nicht so auf politische Einstellung aus war. Sie wollte einfach nur ihr Leben genießen.»

Es ist die Zeit zwischen den Systemen. Ein Land im Schwebezustand. Das letzte Jahr der DDR. Die alte Ordnung ist untergegangen, aber Deutschland ist noch nicht wiedervereinigt, die neue Ordnung noch nicht installiert. Es ist eine Zeit, in der die Dinge verrutschen. Was geht, was geht nicht? Niemand scheint das so genau zu wissen. Die Zeit dauert elf Monate, vom November 1989 bis zum Oktober 1990.

Mit dem Verschwinden der DDR tauchen Fragen und Haltungen wieder auf, die man in Deutschland jahrelang für geklärt und verschwunden gehalten hat. Soldaten desertieren massenweise aus der NVA. Über den Abzug der sowjetischen Truppen – die in Jena sogar im Stadtzentrum stationiert sind – wird offen diskutiert. In den Gefängnissen in der gesamten DDR streiken die Häftlinge. Die Burschenschaften, die nach dem Zweiten Weltkrieg nur in Westdeutschland weiterbestanden, wollen nach Jena zurückkehren. Als die Alliierten mit BRD und DDR über den «2-plus-4-Vertrag» verhandeln, fordern die Vertriebenenverbände, dass die Oder-Neiße-Grenze nicht anerkannt wird. Sie verlangen, dass die Gegenden in Polen und der Sowjetunion, aus denen sie kamen und die sie «die deutschen Ostgebiete» nennen, wieder zu Deutschland gehören sollen.

Die Republikaner und andere rechte Parteien aus der alten Bundesrepublik versuchen sich auch im Osten zu etablieren. Sie fühlen sich gestärkt von ihren Wahlerfolgen. Bei der Wahl in Westberlin bekommen die Republikaner 1989 acht Prozent der Stimmen, bei Europawahlen im selben Jahr sogar 9,5 Prozent bundesweit.

Die Jenaer Lokalblätter *Volkswacht* und *Thüringische Landeszeitung* berichten erstmals offen über Skinhead-Angriffe. Kurz vor Weihnachten 1989 ist ein Skinhead zufällig mit zwei Bekannten auf der Terrasse über der Thomas-Mann-Buchhandlung. Als die drei in wenigen Metern Entfernung zwei 13-jährige, Eis leckende Schüler sehen, beschließt der Skinhead, die Jungen «aufzuklatschen», weil er sich von ihnen «so komisch angeguckt fühlt». Wenn Skinheads zuschlagen, schreiben die Zeitungen noch von «Rowdytum» – auch strafrechtlich wird das so gesehen, nicht als rechtsradikale Straftat.

Kurz vor Silvester 1989, nur wenige Tage vor Beate Zschäpes 15. Geburtstag, wird das Sowjetische Ehrenmal im Treptower Park in Berlin beschmiert: «Besatzer raus» und «Volksgemeinschaft statt Klassenkampf» steht am Morgen an dem Mahnmal.

In Gera, einer Stadt in der Nähe von Jena, passiert an diesem Wochenende etwas Ähnliches. Zum Jahreswechsel werden auf dem Ostfriedhof im sowjetischen Ehrenhain fünf Grabsteine umgekippt und 34 rote Sterne abgebrochen. Jugendliche hätten den Anschlag verübt, «antisowjetische Parolen» gebrüllt und Steine auf sowjetische Staatsbürger geworfen, schreiben die Zeitungen.

Der Angriff auf das Ehrenmal in Berlin empört viele Menschen, drei Tage später kommen 250 000 zu einer Demonstration nach Treptow. Neben der SED-PDS hat auch die alte Blockpartei LDPD dazu aufgerufen.

Der antifaschistische Konsens der DDR – so staatlich erstarrt, wie er war – löst sich zusammen mit der DDR auf.

10 Deutschland brennt

Im Jahr 1990 rollt eine Welle rassistischer Gewalt über die DDR und die Bundesrepublik, wie es sie seit Kriegsende in Deutschland nicht gegeben hat. Zwölf Menschen werden zwischen Januar 1990 und September 1991 von Neonazis ermordet.

Im Osten gehören die Überfälle beinahe zum Alltag. Im sächsischen Hoyerswerda verabreden sich deutsche Jugendliche im Mai 1990 zum «Negerklatschen». In der *tageszeitung* (taz) heißt es: «Auf dem Rummelplatz verprügeln sie einen jungen Mosambikaner, der blutüberströmt in die Klinik eingeliefert werden muss. Daraufhin bewaffnen sich fünfzig Mosambikaner mit Stöcken und ziehen zum Rummelplatz, wo sie von hundertfünfzig bis zweihundert Deutschen verprügelt werden. Rund tausendfünfhundert Schaulustige feuern die Deutschen zum Teil begeistert an.»

Aber auch im Westen überfallen Skinheads Ausländer und Linke: Im März 1990 verwüsten Skinheads in Essen, bewaffnet mit Eisenketten und Äxten, ein Ausländerwohnheim. Im April zünden Rechtsradikale ein Asylbewerberheim in Bornheim im Rheinland an.

Die lokale Presse in Jena, die *Thüringische Landeszeitung* (TLZ) und die nun umbenannte *Ostthüringer Zeitung* (OTZ), berichtet regelmäßig über Anschläge. Am 20. April 1990, an Hitlers Geburtstag, wollen etwa zwanzig junge Männer ein linkes Jugendzentrum in der Karl-Liebknecht-Straße in Jena-Ost angreifen. Sie haben eine Reichskriegsflagge dabei.

Im Juli überfallen Jugendliche auf dem Allende-Platz in Jena einen Studenten aus Äthiopien und brechen ihm die Schulter, sodass er im Krankenhaus stationär behandelt werden muss.

Ein paar Tage später beschreibt ein Student aus Nicaragua in einem Artikel in der *Thüringischen Landeszeitung*, was er in Jena erlebt hat. In der Kneipe «Zur Noll» riefen ihm andere Gäste «Ausländer raus!» hinterher. Vor der «Weintanne» warfen Jugendliche mit Steinen nach ihm und einem Freund, sein Freund habe danach zwei Tage nicht laufen können.

Immer wieder wird in der Lokalpresse von randalierenden Skinheads in Jena berichtet. Ziele ihrer Angriffe: linke Jugendliche, Ausländer und manchmal auch die Polizei. Am Tag der Wiedervereinigung, am 3. Oktober 1990, randalieren Neonazis in ganz Thüringen. In Erfurt ziehen sie kurz nach Mitternacht zum Autonomen Jugendzentrum nahe der Krämerbrücke. Mit Steinen und Flaschen werfen sie auf linke Jugendliche, die sich dort verschanzt haben. Bei dem Angriff wird das Nachbarhaus in Brand gesteckt.

In Weimar greifen mehr als hundert Neonazis ein von Linken besetztes Haus mit Brandflaschen, Steinen und Gasdruckpistolen an. In einem Bericht der TLZ heißt es: «Die Angreifer, die sich öffentlich zum Rechtsradikalismus bekennen, rufen Parolen gegen Ausländer, Kommunisten und weitere Andersdenkende.»

In Jena überfallen rechtsradikale Jugendliche das alternative Jugendzentrum in der Karl-Liebknecht-Straße und verwüsten es völlig.

Im nächsten Monat klettert ein Jugendlicher bei einem Auftritt von Gregor Gysi im Stadtzentrum von Jena die Pergola des Rathausgartens hoch und zeigt den Hitler-Gruß. Dreißig andere rufen: «Judenschwein raus!»

Zur gleichen Zeit besetzen ostdeutsche Neonazis in Berlin-Lichtenberg zwei Häuser in der Weitlingstraße 120 und 122; sie wollen aus dem Weitlingkiez eine rechte Zone machen. Es ist die erste Hausbesetzung von Rechtsextremen, das erste braune Hausprojekt.

Die Führungsfiguren der Besetzung sind schon in den achtziger Jahren Skinheads gewesen, einige haben sich am Neonaziüberfall auf ein Punkkonzert in der Ostberliner Zionskirche 1987 beteiligt oder sind der Polizei aufgefallen, weil sie unerlaubt Waffen und Sprengstoff besaßen.

Aus den besetzten Häusern heraus planen die Skinheads ab 1990 Überfälle auf alternative Wohnprojekte und Wohnungen von ausländischen Vertragsarbeitern. Die Gebäude dienen ihnen auch als Rückzugsort nach Straßenschlachten gegen linke Hausbesetzer. In der Weitlingstraße werden Waffen gehortet und terroristische Aktionen geplant. Regelmäßig greifen Bewohner der Häuser Ausländer, Linke und Polizisten an.

11 Winzerclub

Der 18-jährige Uwe Mundlos trägt schwarz-rot-goldene Hosenträger, eine Bomberjacke, Seitenscheitel und eine hochgekrempelte Jeans über seinen Springerstiefeln. Auf jedem Foto, das der Reporter der Lokalzeitung schießt, lächelt Mundlos direkt in die Kamera. Ein wenig schüchtern wirkt er dabei.

«Wir haben einen Raum gesucht und haben einen Raum gekriegt», sagt Mundlos, als ihn der Journalist bei der Eröffnung des «Winzerclubs» im September 1991 anspricht. In den Wochen zuvor hat er beim Streichen und Säubern des Raumes geholfen. Der Jugendtreff wird ein Jahr nach der Wiedervereinigung in einer Garagenanlage mitten zwischen den sechsgeschossigen Hochhäusern Jena-Lobedas eröffnet. Es ist der erste neue Treff in Jena, seitdem mit der Wende das Jugendclub-System der DDR zusammengebrochen ist. Jugendliche aus dem Viertel packen selbst mit an beim Umbau der alten FDJ-Baracke.

Am Ende der Renovierungsarbeiten schleppt Uwe Mundlos eigenhändig die Tische und Stühle in das neue Jugendzentrum. Er und seine feste Gruppe von Freunden wollten einen Ort haben, an dem sie sich abends treffen und ein Bier trinken können und ihre Ruhe vor den Eltern haben. Nicht wie bei ihm zu Hause, wo Vater und Mutter im Nachbarzimmer sitzen. «Wenn wir Probleme haben, können wir mit den Streetworkern quatschen, und wenn's hart auf hart kommt, gehen wir einen trinken», sagt Mundlos dem Lokalreporter damals noch.

Das pädagogische Konzept des «Winzerclubs» ist die «Akzeptierende Jugendarbeit»: Junge Menschen sollen ihre Meinungen ausleben. Die Sozialarbeiter nehmen die Jugendlichen so an, wie sie sind, damit diese überhaupt in ihren Club kommen. Im «Winzerclub» heißt das, dass sich die Jugendlichen so anziehen und so reden dürfen wie Neonazis. Damit wird der Club schnell zum Kristallisationspunkt der Jenaer Neonaziszene. Fast alle, die später das Terrortrio unterstützen oder zu ihm gehören, treffen sich Anfang der neunziger Jahre regelmäßig im «Winzerclub»: Holger G., André K., Ralf Wohlleben und natürlich Beate Zschäpe, Uwe Mundlos und Uwe Böhnhardt. Was gut gemeint ist, wird im Desaster enden.

Schon zu DDR-Zeiten ist Uwe Mundlos zum Skinhead geworden. Im Werkunterricht ritzt er Hakenkreuze in Metallplatten. Er schneidet seine Locken ab, kauft sich Springerstiefel und eine grüne Bomberjacke. Noch hört er AC/DC und keinen Rechtsrock. Er kritisiert die DDR und die Sowjetunion, einfacher kann man die Lehrer damals nicht provozieren. «Gegen den Antifaschismus zu sein und die Rote Armee zu entmystifizieren, das waren die größten Tabubrüche, die es in der DDR gab», sagt ein Mitschüler, der neun Jahre dieselbe Klasse besucht hat wie Uwe Mundlos. «Mit 14 oder 15 fing das bei ihm an», erinnert sich Christiane Bednarek, eine ehemalige Mitschülerin. «Ab 1988 kam er mit kurzgeschorenen Haaren und Springerstiefeln in die Schule.» Dafür muss er sich vor dem FDJ-Sekretär der Schule rechtfertigen. Auf die Frage, ob er nun rechts geworden sei, gibt Mundlos die zynische Antwort: «Ich bin nicht rechts, ich bin links – in einem Springerstiefel sind ja rote Schnürsenkel drin.»

Das martialische Äußere und sein Interesse am Faschismus sind seine Art der Rebellion in der Pubertät. «Er hatte schon immer Nerven gehabt», sagt ein damaliger Klassenkamerad. «Uwe war beschlagen in seinen rechten Argumenten und rhetorisch sehr geschickt – und er wollte unbedingt provozieren.» Ein anderer Mitschüler erinnert sich daran, wie Uwe Mundlos einmal reagierte, als ein Lehrer ihn an die Tafel beorderte: Er blieb einfach stehen, die Arme vor dem Bauch verschränkt, wippte auf den Zehenspitzen und sagte nichts. «Er hat es trotz guter Leistungen genossen, die

Lehrer zur Weißglut zu bringen», sagt Schulfreund Christian Wunder. «Er war immer in Anti-Haltung.»

Auch den Sportunterricht boykottiert Mundlos meist. Er steht am Rand der Turnhalle, und wenn der Lehrer ihn auffordert, mitzulaufen oder sich am Völkerballspiel zu beteiligen, dann verschränkt Mundlos wieder die Arme vor dem Körper, wippt mit den Füßen auf seinen Zehenspitzen und grinst, grinst, grinst. Mit «Du Arschloch!» schmeißt ihn der Sportlehrer deshalb einmal aus dem Unterricht.

Sein Vater sieht gar nicht gern, dass Uwe zu einem Skinhead wird. Noch vor kurzem ist er stolz auf seinen Jungen gewesen, weil der die Dinge auch mal hinterfragt, die ihm die sozialistischen Lehrer erzählen.

So erinnert sich der Vater, dass sein Sohn als 15-Jähriger einen Aufsatz über die sowjetische Besatzung nach dem Krieg geschrieben hat. Er erwähnte darin auch, wie Soldaten der Roten Armee 500 halbfertige Horch-Automobile aus Zwickau abtransportierten und in die Sowjetunion brachten. Das hatte er in einem Buch über die Sachsenring-Autowerke in Zwickau gelesen.

Der Sohn bekam Ärger. Auch Siegfried Mundlos galt in der DDR als «systemkritisch». Er lehrt Informatik an der Universität Jena. Anfang 1989 sollte das dritte Disziplinarverfahren gegen ihn eingeleitet werden, zuvor war er bereits aus der Einheitspartei SED geworfen worden. Die Nachbarn tuschelten angeblich über die «Systemschädlinge» Mundlos, sagt er.

Der Vater ist hin- und hergerissen, was seinen Sohn angeht. Mal macht es ihm Sorgen, wie Uwe in der Schule provoziert. An anderen Tagen hilft er ihm dabei. Uwes ehemalige Mitschüler erinnern sich daran, dass es in Mathematik-Stunden manchmal an der Tür klopfte. Dann trat Uwes Vater, Doktor in Theoretischer Mathematik, in den Klassenraum und legte die Hausaufgaben seines Sohnes auf dessen Platz in der ersten Reihe gegenüber dem Lehrertisch. «Die hat mein Vater gemacht», prahlte Uwe danach in der Klasse herum. Dabei sei er gut in Mathe gewesen, sagen seine ehemaligen Mitschüler.

«Er brauchte das wohl eher aus psychologischen Gründen», vermutet sein Mitschüler Christian Wunder. Diese öffentliche Unterstützung durch den Vater war Uwe Mundlos' Weg, Liebe von seinen Eltern zu erhalten, die sich gezwungenermaßen mehr um den behinderten Bruder kümmern mussten, als Zeit mit Uwe zu verbringen, meint ein ehemaliger Klassenkamerad.

Und es war eine gelungene Provokation der Lehrer. «Du bist so intelligent, aber du nutzt deine Chancen nicht», sagt der Mathe-Lehrer zu Uwe Mundlos. «Du würdest mehr erreichen, wenn du nicht immer provozieren müsstest.»

Die Schule, die Uwe Mundlos besucht, heißt Magnus-Poser-Oberschule. Poser war ein Kommunist und Widerstandskämpfer, der im Konzentrationslager Buchenwald von den Nazis ermordet wurde. Auch das zentrale Denkmal für die Opfer des antifaschistischen Widerstands in Jena ist nach ihm benannt. Oft müssen sich die Schüler der POS «Magnus Poser» dort aufstellen und nicht enden wollende Appelle über sich ergehen lassen.

An diesem Denkmal hat Uwe Mundlos als Sechsjähriger sein blaues Halstuch der Jungen Pioniere bekommen und später als Zehnjähriger sein rotes Halstuch der Thälmann-Pioniere. Nach einem Fackelumzug wird er 1987 an der Gedenkstätte feierlich in die Jugendorganisation der DDR, die Freie Deutsche Jugend (FDJ), aufgenommen. Mundlos wird nach der Wiedervereinigung, im Alter von 24 Jahren, noch einmal hierherkommen.

Gleich hinter Mundlos' Schule liegt eine große Kaserne der Roten Armee. Die Kinder hören oft das Pfeifen der Turbolader-Panzer, die vom Kasernenhof auf die Straße fahren. Die «Freunde», wie die sowjetischen Soldaten in der DDR ironisch genannt werden, bleiben der Bevölkerung fremd. Kontakte zwischen ihnen und normalen DDR-Bürgern sind verboten. Die einzigen Begegnungen sind auf organisierte Treffen der «Gesellschaft für Deutsch-Sowjetische Freundschaft» beschränkt.

Die antifaschistischen Rituale machen nicht jeden Teenager in der DDR zum Antifaschisten. Die Freundschaft zur Sowjetunion haben sich die meisten sowieso nie verordnen lassen. Was bei Uwe

Mundlos hängenbleibt, ist eine Faszination für den Zweiten Weltkrieg und die Nationalsozialisten – und ein Gespür für Provokation.

«Uwe hat damals schon mit selbstgebauten Silvesterknallern rumexperimentiert», erinnert sich Rainer Pfeiffer, ein Klassenkamerad von Uwe Mundlos. Aus alten Rohren und mit Schwarzpulver, das er wahrscheinlich gegen kleine Geschenke von Sowjetsoldaten eingetauscht hat, bastelt Mundlos erste eigene Bomben. Nach den Silvesterferien erzählt er herum, in der Nähe des Jenaer Saalbahnhofs einen riesigen Krater gesprengt zu haben. Als 13-Jähriger trifft sich Mundlos öfter mit Freunden in einem alten Steinbruch. Während die anderen sich mit Bratäpfeln am Lagerfeuer begnügen, steckt er einmal eine ganze Wiese in Brand. Die Feuerwehr muss anrücken. «Uwe hat immer noch eins draufgesetzt», sagt sein damaliger Kumpel Christian Wunder.

Als es mit der DDR zu Ende geht, regt sich Uwe Mundlos über «Wendehälse» ohne eigene Meinung auf. Bald verliert er den Respekt vor Lehrern und Polizisten. Zu diesem Zeitpunkt ist er bereits von rechten Ideen überzeugt. Sein Schulfreund Rainer Pfeiffer erinnert sich, dass Mundlos «auch schon zu DDR-Zeiten nicht hinter dem Berg gehalten hat, dass das Dritte Reich auch viele gute Seiten hat». Er wird der einzige Rechte in der Klassenstufe bleiben.

Nach der zehnten Klasse verlässt Mundlos die Schule. Er ist 17, es ist der Sommer 1989. Höflich, hilfsbereit, zuvorkommend: So beschreiben ihn mehrere Menschen, die ihn damals kannten. «Etwas vergeistigt», sagt einer. Intelligent, bedacht, sagen andere. Mit schwarzem Humor, manche sagen: ein Zyniker.

Sein Vater hat ihm eine Ausbildung zum Datenverarbeitungskaufmann bei Carl Zeiss organisiert. Schon während der Schulzeit hat Uwe Mundlos an der Universität einen Kurs besucht, um die Programmiersprache «Turbo Pascal» zu lernen. Er interessiert sich für Computer, programmiert in der Ausbildung Datenbanken. Und er hat Talent. Dann kommt die Wende, und er verliert seine Lehrstelle.

Viele Skinheads und Rechte in der DDR erleben den Zusammenbruch der antifaschistischen DDR als Realisierung eines lang-ersehnten Ziels. Sie fühlen sich in ihrer Ideologie bestätigt. Die schnelle Umbenennung der Straßennamen von Widerstandskämp-fern ist für sie eine große Genugtuung.

Aus Uwe Mundlos' Provokationslust wird nach und nach eine feste ideologische Überzeugung. «Erst nach der Wende hat sich der letzte Knoten gelöst», sagt sein Klassenkamerad Rainer Pfeiffer, «erst dann ist er zum richtigen Nazi geworden.»

Ein anderer Freund von Uwe Mundlos erinnert sich an die ersten Monate nach der Wiedervereinigung: «Wo dann die ersten Döner-buden hier aufgemacht haben und auf dem Markt dann die ganzen Türkenstände waren, das hat ihm damals schon nicht gepasst. Weil er meinte, wir haben auch eigenes Zeug, was wir verkaufen können. Da sollte man nicht noch irgendwelche Ausländer da hinstellen.»

Schnell tut er sich in seiner Clique mit der Ideologie hervor. Plumpe Parolen sind nicht seine Art. Lieber diskutiert er mit den Kumpels über den Zweiten Weltkrieg. «Er hat sich mit der politi-schen Einstellung anderer auseinandergesetzt und Gegenargumen-te gelten lassen», sagt der Freund von damals. Mundlos sucht Geg-ner auf Augenhöhe. Aber bald kommt keiner seiner Freunde mehr gegen ihn an. Er weiß einfach mehr als die anderen, kann besser reden. Das verschafft ihm Respekt in der Gruppe und macht ihn noch selbstbewusster. Es spornt ihn an, sich noch besser einzuar-beiten in die rechte Ideologie. Er liest viel, unter anderem Hitlers «Mein Kampf» und Bücher über den Zweiten Weltkrieg. Aus Uwe Mundlos wird ein gefestigter Neonazi.

Als im September 1991 der «Winzerclub» öffnet, kann der junge Neonazi Uwe Mundlos sich als Teil einer breiten Bewegung in Deutschland sehen.

Bis zum September greifen Skinheads, Neonazis und Rassisten Asylbewerberheime in ganz Deutschland an – von der Nordsee bis nach Bayern: Eisenhüttenstadt, Leisnig, Geisa, Dessau, Klötze, Zielitz, Berlin, Freising, Lübeck-Kückritz, Borna, Wittenberge, im Kreis Hettstedt, Zittau, Kerken-Neukerk, Rockolding, Soest, Schwerin, Stade, Pirna, Nauenhain, Bochum, Schwalbach, Herne, Bonn, Trollenhagen, Magdeburg, Görlitz, Blankenburg, Ueckermünde, Aschersleben, Freital und Freiburg.

Am 12. September 1991 schreibt CDU-Generalsekretär Volker Rühe einen Brief an alle Kreisverbände seiner Partei. Darin bittet er darum, «in den Kreisverbänden, in den Gemeinde- und Stadträten, den Kreistagen und in den Länderparlamenten die Asylpolitik zum Thema zu machen». Die CDU-Politiker sollten in den Parlamenten Fragen stellen wie: «Sind Asylbewerber in Hotels oder Pensionen untergebracht worden? Zu welchen Kosten?» Bei den Landtagswahlen in Bremen am 13. September 1991 bekommen rechtsradikale Parteien 7,7 Prozent der Wählerstimmen.

Es ist aber die sächsische Stadt Hoyerswerda, deren Name fortan für rechte Gewalt stehen wird. Dort gibt es, wie vielerorts in den neuen Bundesländern, noch ein Wohnheim für Vertragsarbeiter; die meisten Bewohner kommen aus Vietnam. Am 17. September 1991 sammeln sich Neonazis vor dem Plattenbau, sie werfen Steine und Molotowcocktails. Fünf Tage lang geht es so weiter, bis zum 23. September. Viele Nachbarn schauen zu, ohne einzugreifen, oder klatschen sogar Beifall. Schließlich evakuiert die Polizei das Heim.

Berauscht von ihrem Erfolg, greifen Neonazis am nächsten Tag ein Asylbewerberheim in Hoyerswerda an. Auch hier schauen bis zu 500 Anwohner zu, als Steine und Feuerbomben fliegen, sie klatschen. Ein Sondereinsatzkommando muss die Flüchtlinge am zweiten Tag der Angriffe in Sicherheit bringen.

Die Neonazis erklären Hoyerswerda danach zur «ersten ausländerfreien Stadt». Sie haben gewonnen, so sehen sie es, und überall in Deutschland fühlen sich Gleichgesinnte zu neuen Angriffen inspiriert. Viele Rechtsradikale haben das Gefühl, sie könnten mit Steinen und Molotowcocktails etwas erreichen, die Ausländer vertreiben, mitbestimmen, wie Deutschland künftig aussehen soll.

Rückblickend betrachtet ist Hoyerswerda eigentlich nur der Anfang. In den Tagen nach den Übergriffen fliegen Feuerbomben und Molotowcocktails auf Asylbewerberheime im schwäbischen Weingarten, im südbadischen March, in Dresden, Münster, Schwedt,

Essen, in Tambach-Dietharz, Hamburg, Ahlen, Brandenburg und in Wallendorf.

Am Wochenende nach Hoyerswerda gibt es 78 rassistische Überfälle in ganz Deutschland.

Einer der wenigen Politiker, die verstanden haben, was für ein furchtbares Signal die Tage von Hoyerswerda sind, ist der FDP-Abgeordnete Burkhard Hirsch. In seiner Bundestagsrede am 27. September 1991 sagt er:

«Pogrome beginnen im Kopf. (...) Die Politik macht sich natürlich mitschuldig, wenn sie Probleme liegen lässt; aber auch dann, wenn sie versucht, sich diese Angst zunutze zu machen, um eine politische Auseinandersetzung auf dem Rücken von Minderheiten auszutragen, auch dann, wenn sie den Menschen einfache Lösungen vorgaukelt, die es nicht geben kann, wenn sie den Glauben bestärkt, unsere ausländischen Mitbürger wären eine Belastung, während sie uns helfen, wenn sie die Illusion bestärkt, wir bekämen eine stabilere Welt, wenn wir unsere Türen vor dem Elend verschließen. (...) Jeder Politiker ist schuld an den Pogromen von Hoyerswerda und anderswo, der nicht den Mut hat, seinen Mitbürgern diese schlichten Wahrheiten zu verkünden, bis sie sie verstanden haben.»

Auch die Reaktion der Politik – selbst wenn Uwe Mundlos sie nur selektiv wahrnimmt – bestätigt ihn darin, das Geschehen so zu interpretieren wie seine Gesinnungsgenossen. Die Diskussion über die Änderung des Artikels 16 im Grundgesetz wird härter. Viele Neonazis sehen in der Abschaffung des Asylrechts in der Verfassung ihr oberstes Ziel. Zwischen den Forderungen der konservativen Parteien zum Asylartikel und den «Ausländer raus!»-Losungen der Rechten gibt es viele Schnittmengen.

Ende September 1991 fordert die CDU die Änderung des Asylparagraphen und bereitet sich auf ein Kanzlergespräch mit der SPD zu der Frage vor, da man für eine Verfassungsänderung eine Zweidrittelmehrheit benötigt. CDU-Generalsekretär Volker Rühe sagt in der *Süddeutschen Zeitung*: «Wenn sich die SPD beim Kanzlergespräch am 27. September verweigert, ist jeder Asylant nach diesem Tag ein SPD-Asylant.»

12 Das Liebespaar

Irgendwann in diesen Wochen um Hoyerswerda lernen sich Uwe Mundlos und Beate Zschäpe in Jena-Winzerla kennen. Der Freundeskreis der beiden ist noch immer bunt gemischt. Wahrscheinlich treffen sich der 19-jährige Mundlos und die 17-jährige Zschäpe erstmals im «Winzerclub», in dem sie jetzt häufig vorbeikommt. Auch Mundlos, der sich über den «eigenen» Raum freut wie über eine eigene Wohnung, verbringt viel Zeit hier. Man sitzt zusammen, quatscht, hört Musik von mitgebrachten Kassetten. Montag ist Videoabend, Freitag und Sonnabend ist Disko. An den anderen Tagen können die Jugendlichen Billard spielen. Das Bier ist billig. In dem mittlerweile als «Glatzentreff» geltenden Club setzen sich die Rechten langsam durch und schaffen es, dass eine Skinhead-Band auftreten darf. Die Rechtsrocker nennen sich «Die Vergeltung».

Beate Zschäpe steht aber noch auf andere Musik. An manchen Abenden will sie lieber im «Kassablanca» tanzen. Neben elektronischer Musik wird hier auch Reggae, Punk und Ska gespielt. Oft will Mundlos mitkommen, dann gibt es Streit zwischen den beiden.

Das «Kassablanca» ist ein alter Lokschuppen am Bahnhof Jena-West, die flache Halle ist übersät mit Graffiti. Um zum Eingang zu gelangen, muss man über eine abenteuerliche Metalltreppe klettern, die aus einem Baugerüst zusammengeschraubt ist. Die meisten Jugendlichen, die hierherkommen, sind links eingestellt.

«Zieh dir bitte andere Klamotten an!», fordert Beate Zschäpe ihren Freund auf. «Kannste vergessen, ich muss mich doch nicht verstecken», erwidert er und kommt trotzig mit Bomberjacke in den Club. Oft provoziert er mit seiner Kleidung Rangeleien unter den Gästen.

Bei Beate Zschäpes Mutter ist Mundlos hingegen immer gern gesehen. «Er machte auf mich immer einen sehr ordentlichen Eindruck. Er trank kaum Alkohol und achtete darauf, dass seine Springerstiefel stets geputzt waren», sagt Annerose A. Zschäpes Oma bringt er hin und wieder Blumen mit.

Manchmal versucht Uwe Mundlos, die Mutter seiner neuen Freundin von der Richtigkeit seiner Ideologie zu überzeugen. Dann spricht er darüber, wie sehr er die Generation seines Großvaters verehrt, die Männer, die im Krieg gekämpft haben, und warum das Dritte Reich richtig gewesen sei. Beates Mutter will aber nicht mit ihm über diese Dinge diskutieren, sie fühlt sich unterlegen, Uwe Mundlos erscheint ihr bestens geschult, «ich konnte da nicht gegenhalten», sagt sie.

Siegfried Mundlos macht sich immer mehr Sorgen um seinen Sohn. Er will ihn von den Rechten fernhalten. Aber wie? Wenn er davon hört, dass ein Rechtsrock-Konzert in Jena stattfinden soll, fährt er mit seinem Sohn und Beate Zschäpe an einen Baggersee, wo sie gemeinsam die Nacht über campen. Einmal spendiert er dem Liebespaar einen vierwöchigen Zelturlaub in Krakow am See, an der Mecklenburger Seenplatte. Nur weg von den Neonazifreunden in Jena.

Aber Uwe Mundlos ist erwachsen und ändert seine politische Meinung nicht in einer Nacht am Baggersee oder bei einem vierwöchigen Zelturlaub. In seinem Portemonnaie stecken ein Zeitungsausschnitt über Rudolf Heß und vier Visitenkarten mit seiner Adresse und einem Bild von Adolf Hitler.

Langsam orientiert sich auch seine Freundin nach rechts. Und die beiden sind nicht allein. Die Jugendkultur in Winzerla wird deutlich von Skinheads in Bomberjacken dominiert. «Vom Gefühl her war auf den Schulhöfen von Haupt- und Berufsschulen damals jeder zweite rechts», sagt Christian K.; auch er gehörte damals dazu, er kannte Mundlos und Zschäpe. «Das ist heute schwer vorstellbar, aber in den Neunzigern war das die dominante Jugendkultur, so wie heute Hip-Hop in Berlin.»

Anfang 1992 treten die Neonazis in ganz Deutschland sehr aggressiv auf. Allein im Januar werden Anschläge auf Asylbewerberheime in Kremmen, Stadthagen, Sömmerda, Waldkirch, Geske, Salzhausen, Trier, Speyer, Pätz und Bensheim verübt. Mitte Januar schlagen in Jena mehrere Skinheads einen 20 Jahre alten Chilenen mit einem Baseballschläger zusammen. Das Opfer muss ins Krankenhaus gebracht werden.

Am 20. April 1992 wirft der NPD-Landesvorsitzende Thomas Dienel einen Schweinekopf auf das Gelände der jüdischen Synagoge in Erfurt und erklärt später vor laufender Kamera, dass er Wehrsportgruppen für Anschläge auf Asylbewerberheime ausbilde. In einer Rede über die Gaskammern in Auschwitz droht er: «Mit diesen Händen werde ich die Gashähne wieder aufdrehen.»

Im Juli 1992 erschlägt in der baden-württembergischen Stadt Ostfildern-Kemnat eine Gruppe Skinheads mit einem Baseballschläger einen Kosovo-Albaner, der seit über 20 Jahren in der Bundesrepublik lebt und bei einer Baufirma arbeitet. Auf einen anderen Kosovo-Albaner wird «eingedroschen, bis dessen Schädel brach und er sich wimmernd in der hintersten Ecke unter der Dachschräge der Unterkunft verkroch», berichtet *Der Spiegel*. Im Prozess gegen die Mörder sieht der Richter in der Tat den «Ausbruch eines dumpfen Stammtischchauvinismus, wie er nach Einbruch der Dunkelheit in vielen deutschen Kneipen rumore». *Der Spiegel* zitiert einen Zeugen mit den Worten: «Sie haben eigentlich das gemacht, was alle denken. Gegen Scheinasylanten ist doch jeder. Das ist doch ganz normal.»

Die zunehmende Gewalt und Radikalität der Neonazis verschiebt den Schwerpunkt der Diskussion in Deutschland, genau wie beim Zusammenbruch der DDR. Die jungen Neonazis spüren, dass die DDR-Zeit viel Häme erfährt. Das Dritte Reich wird zwar von der Gesellschaft ebenfalls abgelehnt und verurteilt, aber Häme über den Zweiten Weltkrieg und die Nazizeit hört man nie. Viele Neonazis sehen darin einen grundlegenden Respekt der Bevölkerung gegenüber der Nazidiktatur zwischen 1933 und 1945.

Viele Rechte sehen sich zudem als Vorhut von Gedanken, die sowieso viele in Deutschland hegen. *Der Spiegel* berichtet über die Ergebnisse einer Meinungsumfrage, der zufolge 34 Prozent der Bundesbürger Verständnis für rechtsradikale Tendenzen haben.

Damals ist noch nicht abzusehen, in welche Richtung sich die Bundesrepublik entwickeln wird. Manche konservative Politiker versuchen, das Klima für sich zu nutzen und Stimmen am rechten Rand zu holen. Damit verschiebt sich das gesamte politische Gefüge nach rechts. Im Februar 1992 führt eine Denkschrift des CDU-Bundestagsabgeordneten Rudolf Karl Krause zu einer bundespolitischen Diskussion. In dem achtseitigen Papier «Deutschlandpolitische Gedanken» greift Krause Ausländer an und benutzt Begriffe wie «rumänische Zigeuner» oder «kriminelle Polen». Er ist der Meinung, dass in Deutschland «kriminellen Asylbetrügern mehr Herzenswärme entgegengebracht wird als den eigenen deutschen Volksgenossen». Krause schlägt vor, dass verurteilte Ausländer «harte Arbeit zum Wohle der deutschen Gemeinschaft» leisten sollen. Er könne sich die Bereiche «Straßenbau, Wegebau auf dem Lande, Arbeit in den Forsten, Gräben- und Kanalbau und Ähnliches» gut vorstellen.

Der CDU-Politiker versucht mit seiner Denkschrift, eine Brücke zwischen den konservativen und den rechtsextremen Parteien zu schlagen. «Die rechtskonservativen Parteien NPD, Republikaner, DVU und die Deutsche Liga sind in ihren Programmen im Wesentlichen verfassungskonform. In bestimmten Punkten gehen sie in der Frage der Abstimmungen mehr auf die Verfassung ein als die etablierten Parteien. Die rechtskonservativen, von der linken Presse-Mafia als rechtsextrem verunglimpften Parteien müssten sich vereinigen und durch einen großen Zustrom mutiger, aktiver, sauberer, national gesinnter Deutscher in Stadt und Land aufgefüllt werden und programmatisch in der täglichen Politik ausgestaltet werden», schreibt er.

In Berlin sagt der Fraktionsvorsitzende der CDU im Abgeordnetenhaus, Klaus Landowsky: «Es ist auch viel Abschaum an Kriminalität in die Stadt gekommen, von China, über Russland, Rumänien und so weiter, meine Damen und Herren. Ich bin auch dankbar, dass der Senat jetzt intensiv gegen die Verslumung Berlins vorgeht: gegen Sprayer, gegen Müll, gegen Verwahrlosung, auch der städtischen Brunnen. Es ist nun mal so: Wo Müll ist, sind Ratten, und wo Verwahrlosung ist, ist Gesindel, meine Damen und Herren, und das muss beseitigt werden in der Stadt.» Viele Neonazis würden das unterschreiben.

Das ist die Stimmung, so reden Vertreter der großen konservativen Volkspartei 1992 in Deutschland.

Ab 1993 tauchen Uwe Mundlos und Beate Zschäpe nur noch im «Winzerclub» auf, um zu provozieren. Unbekannte beschmieren in dieser Zeit die weißen Außenwände des Clubs mit Parolen wie «Winzerclub ist das Letzte. Macht den Schuppen zu!!!» oder «Scheiss Winzerclub». Auch ein Hakenkreuz ist unter den Graffiti. Als Besucher des Clubs das Nazisymbol mit neuen Bildern übersprühen wollen, werden sie von Rechten mit Stöcken beworfen. Einmal brechen Mundlos und Zschäpe nachts in den Jugendtreff ein. Sie knacken den Tresor der Sozialarbeiter, klauen 200 DM und ein paar Zigaretten. Weil sie sich mit der Tat brüsten, ist es nicht schwer, ihnen auf die Spur zu kommen.

Daraufhin klingeln zwei Sozialarbeiter an der Tür von Familie Mundlos in dem sechsgeschossigen Wohnhaus in Jena-Winzerla. Sie suchen Beate Zschäpe. Mutter Mundlos lässt die beiden Männer herein, ist jedoch besorgt über diesen Besuch.

Im Jugendclub ist Beate Zschäpe zuvor bereits aufgefallen, weil «immer Geld von den Besuchern fehlte, wenn Beate da war», erinnert sich Thomas Grund, einer der beiden Pädagogen. Seit ihrem 16. Lebensjahr hat die Polizei sie bereits dreimal beim Ladendiebstahl in der Kaufhalle erwischt. Im «Erziehungsregister» von Beate Zschäpe ist für die Jahre 1991 und 1992 dreimal «Diebstahl geringwertiger Sachen» gespeichert.

Während des Gesprächs in Uwe Mundlos' Kinderzimmer einigen sich die Jugendlichen mit den Streetworkern darauf, dass sie den Schaden begleichen und sich entschuldigen. Sie geloben Besserung. Thomas Grund vom «Winzerclub» zeigt sie deswegen nicht bei der Polizei an.

Als die Sozialarbeiter wieder gegangen sind, will Mutter Mundlos Beate zur Rede stellen. Diese reagiert patzig und beleidigt die Eltern ihres Freundes. Alte Freunde erinnern sich, sie sei damals jemand gewesen, der sich «nicht die Butter vom Brot nehmen lässt». Uwe Mundlos imponiert es, dass seine Freundin so selbstbewusst und tough auftritt. Beate ist damals gerade 17 Jahre alt, hat die 10. Klasse mit «gut» abgeschlossen. Ihr Kopf ist voller Träume. Als sie Uwe Mundlos kennenlernt, erzählt sie ihm von ihren großen Plänen: Sie will weiter zielstrebig lernen und irgendwann in den USA studieren. Uwe Mundlos und Beate Zschäpe lieben sich sehr, sagt ein Vertrauter von Mundlos. Sie verloben sich.

Nach dem Ende der Realschule will Beate Zschäpe erst mal einen Beruf erlernen. Als sie nicht sofort ihren Traum-Ausbildungsplatz als Kindergärtnerin findet, beginnt sie eine Arbeitsbeschaffungsmaßnahme als Malerin. Für die Stadtverwaltung streicht sie jetzt als Teil der «Jugendwerkstatt» zumindest Kitas und Kinderkrippen. Uwe Mundlos ist stolz darauf, dass sie sich nicht unterkriegen lässt. Morgens fährt er sie mit seinem Gebrauchtwagen zur ABM-Stelle und später dann in die Gärtnerei «Auerbach» im zehn Kilometer entfernten Laasdorf. Hier beginnt Beate Zschäpe Ende 1992 eine Lehre als Gärtnerin, Fachrichtung Gemüsebau.

Auf ihre Nachbarn wirkt Beate Zschäpe offen und freundlich. Sie trägt ihre dunkelbraunen Haare schulterlang, dazu Jeans, T-Shirt und Lederjacke, ganz normale Kleidung. Bekannte beschreiben sie als lebenslustig und als «ein liebes, nettes, aufgeschlossenes Mädel».

Aber sie kann auch anders. Als es zu einer Schlägerei in einer Bar kommt und sich die Türsteher Uwe Mundlos und Uwe Böhnhardt vornehmen, zieht sie einem der Sicherheitsleute eine Bierflasche über den Kopf. Auch Menschen gegenüber, die nicht ihrer politischen Meinung sind, tritt die junge Frau sehr aggressiv auf, prügelt sich auch schon mal. Als eine Punkerin sie während einer Zugfahrt «blöd anguckt», habe ihr Beate «direkt eine reingehauen», sagt ein Kamerad von damals, der dabei war.

Einmal ist Weihnachtsmarkt in Jena. Eine Horde junger Neonazis nutzt das Getümmel, um linke Jugendliche zu überfallen. Die Linken flüchten, eine Nazianhängerin jagt eine Punkerin durch die Stadt, wirft sie auf den Boden und tritt ihr immer wieder brutal auf die Hand. Der gebrochene Arm des Mädchens wird im Krankenhaus behandelt. Augenzeugen erzählen später, die Angreiferin sei Beate Zschäpe gewesen.

Ein Jugendrichter verurteilt sie Anfang der neunziger Jahre wegen Diebstahls zu Sozialstunden. Zschäpe nimmt die Strafe an und leistet die Stunden ordnungsgemäß ab – im «Winzerclub», wo sie kurz zuvor erst eingebrochen ist.

13 Der zweite Mann

Irgendwann taucht Uwe Mundlos nicht mehr allein oder mit seiner Freundin auf der Freifläche des «Winzerclubs» auf – sondern mit einem neuen Freund. Wann genau das war, daran kann sich Streetworker Thomas Grund nicht mehr erinnern. Es muss wohl in der zweiten Hälfte des Jahres 1992 gewesen sein.

Von diesem Tag an hat Mundlos stets einen vier Jahre jüngeren Kumpel im Schlepptau. Uwe Böhnhardt. Er ist ein schlaksiger Typ mit abstehenden Ohren, der eine schwarz-weiße Flecktarnhose, Springerstiefel und eine grüne Bomberjacke trägt.

Die beiden Nachwuchsnazis haben sich wohl über Beate Zschäpe kennengelernt. Diese hatte in der Zeit ihre ABM-Stelle in der Jenaer «Jugendwerkstatt» und traf dort den stadtbekannten Neonazi André K. Über den «Dicken», wie K. in der Szene wegen seines Gewichts genannt wurde, lernte sie wiederum eines Tages Uwe Böhnhardt kennen.

Obwohl Böhnhardt viel jünger ist als seine neuen Freunde Zschäpe und Mundlos, hat er zu diesem Zeitpunkt bereits eine beachtliche kriminelle Karriere hinter sich und ist von mehreren Schulen geflogen. Körperverletzung, Erpressung, Widerstand gegen Vollstreckungsbeamte, Diebstahl, Einbruch, Fahren ohne Führerschein.

Uwe Böhnhardt wird als jüngster von drei Brüdern in eine solide Mittelschichtsfamilie geboren. Der Vater ist Ingenieur bei Schott, die Mutter arbeitet als Grundschullehrerin.

«Er war unser Jüngster, Kleinster, das Nesthäkchen», sagt die Mutter, Brigitte Böhnhardt, heute. «Er war unser Liebling, er hatte immer ein gutes Verhältnis zu uns, er war immer höflich.» Die kleine Familie hat Glück und darf eine Vier-Zimmer-Neubauwohnung in Jena-Lobeda beziehen. Das Viertel gilt als Vorzeigesiedlung. Sie bekommen eine Wohnung in der 7. Etage eines Elfgeschossers zugeteilt, mit Fernwärme, warmem Wasser aus der Leitung und zwei Balkonen. Einen davon hat Uwes Kinderzimmer.

«Uwe war ein lebhaftes Kind, das vielleicht auch mal auffällig war und Dummheiten gemacht hat», sagt seine Mutter. «Das Lernen in der Schule ist ihm von Anfang an nicht so leichtgefallen.» Meistens fällt er im Schulhort nicht groß auf, außer wenn es Streit unter den Kindern gibt. Eine Erzieherin erinnert sich, dass er Konflikte schon früh immer mit Gewalt lösen wollte, mit seinen Fäusten. In dieser Zeit stirbt sein größerer Bruder. Bis zur Wiedervereinigung bringt Böhnhardt passable Noten mit nach Hause. 1991 muss er wegen der Schulreform jedoch die Schule wechseln, er kommt auf eine Realschule. Mit 14 Jahren verliert er so von einem Tag auf den anderen all seine Freunde, die jetzt auf andere Schulen und Gymnasien gehen. «Er fühlte sich in der neuen Schule nicht wohl, dachte, er sei abgeschoben, der Plebs», sagt Brigitte Böhnhardt.

Durch die neue Schule lernt er ältere Jungs kennen, deren Respekt er sich erkämpfen will. Er möchte gern so cool sein wie sie. Die Großen schwänzen den Unterricht, und bald beginnt Uwe Böhnhardt, es ihnen nachzutun. Als seine Mutter misstrauisch wird, kontrolliert sie vom Balkon aus, ob Uwe auch wirklich durch das Schultor geht. «Er ist dann hinten einfach wieder rausgegangen, wenn ich nicht mehr auf dem Balkon stand.»

Die neuen Freunde nutzen Böhnhardt aus. Sie stiften ihn zu kleinen Benzindiebstählen an, manchmal fahren sie auch Auto, obwohl noch niemand von ihnen den Führerschein hat; einmal setzt er ein Fahrzeug in die Kiesgrube. Wenn sie erwischt werden, nennen sie angeblich immer Uwes Namen, weil er als Einziger in der Gruppe noch nicht strafmündig ist. Die Eltern müssen ihn jetzt öfter von der Polizeiwache abholen.

«Von da an hatten wir den Eindruck, dass nicht mehr alles richtig glattläuft», sagt seine Mutter. «Uwe hat noch nicht begriffen, dass seine Aufgabe darin besteht, die Schule zu besuchen und sich am Unterricht zu beteiligen», schreibt seine Lehrerin ins Abschlusszeugnis der 7. Klasse. Er wird nicht versetzt.

Um ihren Sohn wieder in die Spur zu bringen, treten die Böhnhardts einen schweren Gang an. Sie akzeptieren, dass sie gescheitert sind, und gehen zum Jugendamt. Sie, die beiden Akademiker, suchen nach Hilfe bei der Erziehung ihres Sohnes. Besonders Brigitte Böhnhardt empfindet das als persönliche Niederlage, schließlich betreut sie als Grundschullehrerin verhaltensauffällige Kinder. Nur bei ihrem Sohn hat sie keinen Erfolg.

Beim Jugendamt beantragen die Eltern einen Platz für Uwe in einem Kinderheim, 50 Kilometer entfernt von Jena. Er soll weg von seinen neuen Freunden, die einen schlechten Einfluss auf ihn haben. Nach zwei Monaten fliegt er dort raus, weil er zu viel geschwänzt hat. Ohne Abschluss.

Das neue Schuljahr startet Uwe Böhnhardt in der Lernförderschule, wenigstens seinen Hauptschulabschluss soll der Sohn der Lehrerin Brigitte Böhnhardt machen.

Nachdem er mit einigen Mitschülern während des Jahreswechsels 1992/93 in die Schule eingebrochen ist und einen Computer geklaut hat, fliegt er auch hier wieder. Ohne Abschluss.

Es sind die Wochen und Monate, in denen sich Uwe Böhnhardt, Uwe Mundlos und Beate Zschäpe kennenlernen, als die schlimmsten Angriffe auf Ausländer in der deutschen Nachkriegszeit stattfinden: Zwischen dem 22. und 26. August 1992 wird in Rostock-Lichtenhagen ein elfstöckiges Gebäude, die Zentrale Aufnahmestelle für Asylbewerber des Landes Mecklenburg-Vorpommern, von Anwohnern, Jugendlichen des Viertels und später auch angereisten Skinheads belagert und attackiert.

Unter «Ausländer raus!»-Rufen von teilweise bis zu 2000 umherstehenden Schaulustigen werfen die Angreifer Molotowcocktails in das Gebäude, im Eingangsbereich wird Benzin verschüttet und angezündet, Balkone fangen Feuer. Skinheads stürmen das Haus mit Baseballschlägern. Über 100 Vietnamesen sind darin gefangen.

Tagelang guckt ganz Deutschland jeden Abend im Fernsehen zu, wie Hunderte Menschen das Heim angreifen und wie die Polizei die Situation teilweise nicht unter Kontrolle bringen kann. Viele Beobachter bezeichnen die Ereignisse in Rostock als Pogrom. Die Reaktionen von Politikern machen deutlich, wie die ausländerfeindliche Stimmung Deutschland bereits verändert hat. Viele Neonazis fühlen sich nicht allein mit ihrer Überzeugung. CDU-Politiker in Mecklenburg-Vorpommern zeigen sich verständnisvoll. «Es ist völlig klar, dass hier unkontrolliert große Mengen an ausländischen Leuten zu uns gekommen sind. Das sind Leute mit Lebensgewohnheiten, die man auch nicht einfach umkrempeln kann, die aber auch nicht unbedingt die Zustimmung der Anwohner haben. Dieser Zustrom ist unkontrolliert und hat überdimensionale Ausmaße angenommen», sagt Wolfgang Zöllick, der CDU-Bürgermeister von Rostock. «Dass die Ausländer unsere Sitten und Gebräuche nicht kennen und vielleicht gar nicht kennen wollen, stört die Befindlichkeit unserer Bürger», ist auch Eckhardt Rehberg, der Vorsitzende der CDU-Fraktion im Landtag von Mecklenburg-Vorpommern, überzeugt.

Bundeskanzler Helmut Kohl reagiert in den Wochen nach Rostock erneut mit der Aufforderung, den Asylparagraphen im Grundgesetz zu ändern. Zu viele Asylbewerber hätten zu einem Staatsnotstand geführt. «Die Grenze der Belastbarkeit ist überschritten. (...) Wenn jetzt nicht gehandelt wird, stehen wir vor der Gefahr einer tiefgehenden Vertrauenskrise gegenüber unserem Staat, ich sage mit Bedacht: ja, eines Staatsnotstandes.» Die Deutsche Presse-Agentur (dpa) fasst seine Ausführungen zusammen: «Der massenhafte Zustrom von Asylbewerbern hat (...) zu unhaltbaren Zuständen in den Gemeinden geführt. Wenn sich die SPD einer wirksamen Regelung des Asylrechts widersetzen sollte, werde er weitere Überlegungen anstellen.»

Neun Wochen nach den Ausschreitungen von Rostock, am 1. November 1992, wird das Asylbewerberheim von Dolgenbrodt, einem Dorf in Brandenburg, niedergebrannt – einen Tag bevor 86 Asylbewerber aus Afrika hier einziehen sollten. Der Anschlag auf das Heim ist kein spontaner Gewaltausbruch von alkoholisierten Skinheads. Laut Presseberichten wird später bekannt, dass der Brandanschlag eine Idee der Bürgerversammlung des Dorfes war. In der Versammlung wurde entschieden, dass man zwei rechten Jugendlichen 2500 DM dafür bezahlt, wenn sie das Heim abfackeln. Die Feuerbomben bauten die Jugendlichen gemeinsam mit dem Vater eines der Jungen.

In der Nacht zum 23. November 1992 werfen zwei Neonazis Molotowcocktails auf zwei von türkischen Familien bewohnte Häuser. Die Tat erregt als «Brandanschlag von Mölln» bundesweite Aufmerksamkeit. Die 14-jährige Ayse Yilmez und die zehnjährige Yeliz Arslan sterben in den Flammen. Auch ihre Großmutter Bahide Arslan verbrennt bei lebendigem Leibe. Der Bekenneranruf bei der Polizei endet mit den Worten: «Heil Hitler!» Ein Sprecher der Polizeidirektion Hannover äußert sich einige Tage nach dem Anschlag in der FAZ und beschwert sich über «eine große Hysterie im Lande». «Häufig würden betrunkene Jugendliche zu Skinhead-Banden ‹hochstilisiert›. Delikte verschiedenster Art würden zu Monsterzahlen addiert.»

Auf die Frage, warum Bundeskanzler Helmut Kohl nicht an der Trauerfeier für die Opfer von Mölln teilgenommen habe, antwortet der Sprecher der Bundesregierung am 27. November 1992 bei einer Pressekonferenz, «dass dies nicht möglich sei, da der Bundeskanzler wichtige Termine habe und die Bundesregierung nicht in einen Beileidstourismus verfallen wolle». In seiner gesamten Amtszeit wird Bundeskanzler Kohl nicht einmal Opfer rechtsextremistischer Gewalt besuchen, sie empfangen oder zu einer Trauerfeier gehen.

Allein in dem einen Jahr zwischen dem Anschlag in Hoyerswerda und Ende 1992 werden in Deutschland 28 Menschen von Neonazis ermordet.

Während die Gewalt gegen Ausländer in Deutschland eine historische Dimension annimmt, wird es für den jungen Uwe Böhnhardt in Jena eng. Mit 15 wird er im Mai 1993 zu einer Jugendstrafe verurteilt. Wegen mehrerer Diebstähle und eines Einbruchs muss er 16 Wochen in der Justizvollzugsanstalt Hohenleuben einsitzen. Aus Platzmangel kommt er in ein Erwachsenen-, nicht in ein Jugendgefängnis.

Immer wenn ihn seine Eltern besuchen kommen, rennt er nach den Treffen schnell wieder in seine Zelle, um Vater und Mutter noch aus dem Fenster hinterherwinken zu können. Im Gefängnis sieht er, wie Mithäftlinge andere mit einem Besen quälen. Er sieht sexuelle Übergriffe, Mitgefangene in seiner Zelle stechen ihm ein Ankertattoo am Bein – zum Schutz, wie sie sagen. Die Eltern wissen nicht, ob er nicht selber Opfer eines sexuellen Übergriffs geworden ist. «Die Zeit in Hohenleuben war für ihn eine ganz schwere Zeit. Das hat ihn sehr stark belastet», sagt seine Mutter.

Nur ein paar Monate nach seiner Entlassung aus der JVA steht Böhnhardt im Dezember 1993 wieder vor Gericht. Das Amtsgericht Jena verurteilt ihn wegen Erpressung und Körperverletzung. Er hat Glück, ins Gefängnis muss er nicht.

Nach diesen Erfahrungen will «Böhni», wie ihn Freunde nennen, alles besser machen. Er beginnt ein Berufsvorbereitungsjahr und schließt danach sofort eine Ausbildung zum Hochfacharbeiter an.

Doch die ersten Erfolge in der Ausbildung, der nachgeholte Schulabschluss, die bestandene IHK-Prüfung, sind nur eine Seite im Leben von Uwe Böhnhardt. Nachmittags, nach der Lehre, hat er viel Zeit. In diesen Stunden sucht er weiter nach Anerkennung und Anschluss bei Gleichaltrigen, er braucht die Gemeinschaft. Seine Freizeit verbringt er bald wieder mit zwielichtigen Personen.

Genau in diesen Monaten ziehen die Neonazikader Ralf Wohlleben und André K. bereits durch die Neubaugebiete Winzerla und Lobeda, um neue Anhänger für die rechte Szene zu rekrutieren. Ihre noch unbedeutende Gruppe nennen sie hochtrabend NWJ – «Nationaler Widerstand Jena».

Sie bringen Aufkleber an Laternenpfählen an, organisieren Demos und sind vor allem überall dort, wo sie junge Männer treffen:

in Jugendclubs, in Diskotheken und bei Arbeitsbeschaffungsmaßnahmen.

Wohlleben und K. gehen auch in den «Winzerclub». Hier verbringt Uwe Böhnhardt jetzt seine Nachmittags- und Abendstunden. Bald plappert er den älteren Jungs Floskeln wie «Die Ausländer nehmen unsere Arbeit weg», «Die Juden haben an allem Schuld» oder «Ausländer raus!» nach. Seine Mutter sagt dann, dass er doch gar keine Ausländer kenne und keinen Juden. «Woran erkennst du überhaupt Juden?» Uwe antwortet nicht, dreht sich um und verschwindet stumm in seinem Zimmer. Brigitte Böhnhardt ist verzweifelt: «Ich weiß nicht, wo diese Ratten überall herkamen, aus allen Löchern, die auf einmal diese Jugendlichen abgegriffen haben, ihnen was eingetrichtert haben.»

Beim bundesweiten Treffen der Deutschen Burschenschaft, dem sogenannten «Burschentag», Anfang 1993 in Jena kommt der CDU-Politiker und ehemalige Berliner Innensenator Heinrich Lummer zu Besuch. Lummer spricht sich gegen «eine Utopie einer multikulturellen Gesellschaft» aus, da diese eigentlich eine «latente Konfliktgesellschaft» sei. «Mich kotzt das an», sagt Lummer in Bezug auf Solidaritätsdemonstrationen für Ausländer. Deutschen werde «völlig zu Unrecht Ausländerfeindlichkeit unterstellt», so Lummer.

Die Gewalt von Neonazis richtet sich nicht nur gegen Ausländer, sondern auch gegen die, die darüber berichten. Laut *Neuer Presse* sagt der Vorsitzende der Republikaner, Franz Schönhuber, am 24. März 1993 bei einer Veranstaltung in der Kronacher Schützenhalle: Ihm sei es «Wurst», was die Journalisten schrieben. Alle diese «Kaschpern» würden eines Tages vor ihm Schlange stehen. «Wir werden von jedem Tag an ungeheuerlicher.» Die Journalisten würden schon noch umdenken, wenn sie «eins in die Schnauze bekommen». Der NPD-Politiker und Neonazi Jürgen Rieger droht vor laufender Kamera des Magazins *Panorama*: «Warten Sie es doch ab: Wenn der erste Reporter umgelegt ist, der erste Richter umgelegt ist, dann wissen Sie, es geht los. Reporter, Richter, Polizisten. Sie!»

Mit Bezug auf Schönhubers Rede stellt die PDS-Fraktion im Bundestag eine Anfrage über Drohungen von Rechtsextremisten gegen Journalisten. Am 3. Mai 1993 veröffentlicht die Bundesregierung, dass 34 solcher Fälle bekannt seien. In drei Fällen seien «Tätlichkeiten gegen Journalisten» ausgeübt, in 17 Fällen Redaktionen beschädigt oder beschmiert worden. Ein Journalist in Nürnberg erhalte Personenschutz.

Drei Tage nach Inkrafttreten der im Bundestag beschlossenen Änderung des Asylrechts verüben Neonazis einen Brandanschlag auf ein Haus in Solingen. Fünf Mitglieder einer türkischen Familie werden bei dem Brandanschlag in Solingen getötet, drei Kinder und zwei Frauen. Drei der Opfer verbrennen in ihrem Wohnhaus, eine Frau und ein Mädchen kommen bei dem Versuch ums Leben, sich mit einem Sprung aus dem Fenster vor den Flammen zu retten. Weitere 14 Familienangehörige erleiden Verletzungen, zum Teil lebensgefährliche. In der *Welt* heißt es kurz nach dem Mordanschlag aus der Umgebung von Bundeskanzler Helmut Kohl: «Wir werden jetzt wochenlang Aufklärungsarbeit leisten müssen, um dem Anschein neonazistischer Gefahr in Deutschland entgegenzutreten.»

Uwe Böhnhardts Eltern verbieten ihm, Reichskriegsflaggen in sein Zimmer zu hängen oder Rechtsrock-CDs zu hören. Nicht mal seine Bomberjacke darf er in der elterlichen Wohnung tragen. Darum zieht er sich Springerstiefel und die Jacke meist erst im Treppenhaus an, bevor er in den «Winzerclub» geht.

«Wir haben ihm oft klipp und klar gesagt, das ist unsere Wohnung, wir bezahlen sie, du wohnst hier, wir sorgen für dich, aber es gibt gewisse Grenzen», sagt Brigitte Böhnhardt, seine Mutter. Als sie ihn einmal dabei erwischt, wie er eine CD mit Nazimusik in seinem Zimmer hört, sagt sie zu ihm: «Du hast eine Grenze überschritten, und das wollen wir bitte nicht.» Daraufhin verkauft Uwe Böhnhardt die CD wieder.

«Wir hatten den Eindruck, dass er sich zu einer zwiegespaltenen Persönlichkeit entwickelt hatte. So lang, wie er hier zu Hause war, war er der liebe Sohn, hat sich um alles gekümmert und hat alles gemacht. Aber wenn seine rechten Freunde unten geklingelt hatten, verwandelte er sich und war nicht mehr der liebe Uwe», sagt seine Mutter.

14 Das Trio findet sich

Zwischen den beiden Uwes und Beate Zschäpe entwickelt sich eine enge Freundschaft. Eigentlich tauchen sie von nun an überall nur noch zusammen auf.

Sie sind 20, 18 und 16 Jahre alt. Was schweißt diese drei jungen Menschen zusammen? Ist es ein Minderwertigkeitskomplex, weil sie alle nicht wirklich im Berufsleben Fuß fassen? Sind es die Brüche in ihren jungen Leben seit der Wende, die sie teilen? Wollen sie dem Gefühl, als Ostdeutsche nur «Deutsche zweiter Klasse» zu sein, durch das Abwerten von Ausländern begegnen? Oder ist es einfach nur die menschliche Zuneigung untereinander, weil die Jungs in Beate Zschäpe verliebt sind und diese sich in ihrer Gegenwart familiär geborgen fühlt?

Eines verbindet sie auf jeden Fall: die Ideologie, der Neonazismus. Ihr Hass auf Ausländer, Juden, Linke, ja alles Fremde, schweißt sie nach innen noch mehr zusammen. Sie gehen auf Demos und Kameradschaftsabende und erleben hier die Gemeinschaft und Zugehörigkeit, die sie gesucht haben. In der Szene sind sie einfach nur «die drei»: Mundlos ist der Kluge, Zschäpe das hübsche Mädchen und Böhnhardt der Mann fürs Grobe.

Uwe Böhnhardt ist mittlerweile berüchtigt. Unter Linken und Punkern in Jena gilt die Ansage: «Wenn ihr Böhnhardt seht, dann rennt.»

Ein Mann, der in den neunziger Jahren als Punker öfter Kontakt mit dem Trio hatte, erinnert sich an ihn. Er sei ein «durchgeknalltes, brutales Schwein» gewesen. Auch in der braunen Szene gilt Böhnhardt als reizbar und unberechenbar. «Uwe war sehr cholerisch und ist schnell ausgetickt, jeder in der Clique wusste von seinen vielen Vorstrafen», sagt ein damaliger Freund aus der Kameradschaftsszene. Man erzählt sich, dass Böhnhardt einer sei, der zur «Gewaltexplosion» neigt: Bei einer Schlägerei finde er kein Ende – wenn der Gegner schon am Boden liege, dresche der Böhnhardt trotzdem weiter auf ihn ein.

Uwe Böhnhardt interessiert sich für Kampfsport und gilt als Waffennarr. Ein Bekannter erinnert sich: «Er kannte sich aus, egal ob es sich um eine Steinschleuder handelte – oder eine Pistole.» Böhnhardt prahlt damit, immer einen Dolch bei sich zu tragen, manchmal zeigt er ihn auch herum. «Keiner wollte Streit mit ihm», sagt ein ehemaliger Kamerad aus dem «Thüringer Heimatschutz».

Alle, mit denen man in diesen Tagen spricht, meinen, Böhnhardt sei schwer zugänglich gewesen, nicht so kommunikativ wie Mundlos und bei weitem nicht so sympathisch. Das tut der Freundschaft der beiden aber keinen Abbruch.

Die zwei Männer des Trios ziehen nun gemeinsam in braunem Hemd, schwarzen Lederstiefeln und mit einem Armee-Koppelgürtel in der schwarzen Panzerhose um die Häuser von Winzerla. Sie spielen SA und SS. In die Innenstadt würden sie sich so nicht trauen, die ist «Zeckengebiet». Hier haben die linken Jugendlichen die Oberhand. Aber auf den Straßen des Neubaugebiets haben die Rechten das Sagen. In Winzerla kleben die Nazis Aufkleber, sogenannte Spukis, an Laternenpfähle und markieren damit ihr Revier. Jeder zweite Jugendliche trägt hier Bomberjacke. Ausländer und linke Jugendliche sollen sich hier nicht wohlfühlen und sich nur noch mit Angst auf die Straße trauen. In den Augen der Rechten ist Winzerla «national befreite Zone».

Doch «die drei» verbringen längst noch nicht ihre gesamte Zeit mit «politischem Kampf», wie sie brutale Überfälle auf Andersdenkende und Rudolf-Heß-Gedenkmärsche nennen. Bei Kameraden treffen sie sich zum Nintendo-Spielen. Im Jugendzimmer von Holger G. tragen sie harmlose Fußballspiele auf der Spielkonsole aus.

Er wird ihnen später im Untergrund helfen, an Waffen zu kommen.

An den Sommerwochenenden zwängen sie sich mit Freunden in ihre Autos und fahren auf die Dörfer ins Umland. Irgendwo ist immer ein Sport- oder Dorffest. Auf Dorfdiskos in Kahla, Bürgel oder Zimmern tanzen sie zu Nena oder «Neue Deutsche Welle»-Schlagern. Auch in einer Großraumdiskothek an der Straße zwischen Jena und Naumburg fallen die beiden Männer des Trios auf, weil sie schwarze Hose, braunes Hemd und Krawatte tragen. Die Disko trägt den Namen der Bundesstraße: B 88 – die Zahl 88 ist unter Neonazis ein Code für «Heil Hitler».

Tagsüber ziehen sie auch mal ihre Springerstiefel aus und springen in die Badeseen rings um Jena. Der Badeteich «Patschmühle» bei Quirla und die Baggerseen bei Zeitz sind ihre Lieblingsseen. Auf dem Grill brutzeln dann Thüringer Bratwürste, und aus dem Kassettenrekorder dudeln Schlagermelodien. Nur wer ganz genau hinhört, erkennt die ungewöhnlichen Texte.

Zur Melodie von «An der Nordseeküste» von Klaus & Klaus singen die «Zillertaler Türkenjäger»:

«An der Nordseeküste am arischen Strand
wollen wir keine Kaffer in unserem Land.»

Selbst am Strand haben sie den Rassismus im Gepäck. Keiner hindert sie daran, diese Lieder zu spielen. Erst recht nicht, wenn sie sich unter ihresgleichen fühlen. Den Geburtstag von Ralf Wohlleben feiern sie gemeinsam in dessen Wohnung, häufig trifft sich die Gruppe um das Trio auch im Garten von André K. Dann sitzen sie ums Lagerfeuer, essen Würste, trinken Bier und fühlen sich wie eine eingeschworene Gemeinschaft und als Verfechter des wahren Deutschland.

In dieser Zeit gibt es nicht nur am äußersten rechten Rand Stimmen, die glauben, spätestens mit der Wiedervereinigung müsse die deutsche Geschichte neu interpretiert und mit der NS-Vergangenheit abgeschlossen werden. Im September 1993 löst ein Interview von Helmut Kohls Wunschkandidat für das Bundespräsidentenamt bundesweite Diskussionen aus. Steffen Heitmann (CDU), der sächsischer Justizminister bleiben wird, sagt der *Süddeutschen Zeitung* unter anderem: «Die deutsche Nachkriegssonderrolle war ja in gewisser Weise eine Fortsetzung der angemaßten Sonderrolle der NS-Zeit. Das ist zu Ende. (...) Ich glaube, dass der organisierte Tod von Millionen Juden in Gaskammern tatsächlich einmalig ist – so wie es viele historisch einmalige Vorgänge gibt. Wiederholungen gibt es in der Geschichte ohnehin nicht. Ich glaube aber nicht, dass daraus eine Sonderrolle Deutschlands abzuleiten ist bis ans Ende der Geschichte. Es ist der Zeitpunkt gekommen – die Nachkriegszeit ist mit der deutschen Einheit endgültig zu Ende gegangen –, dieses Ereignis einzuordnen.»

Heitmann wird dafür vom Vorsitzenden des Zentralrats der Juden in Deutschland, Ignatz Bubis, kritisiert, und der Jüdische Weltkongress bittet seine Mitglieder in 80 Ländern, gegen die Kandidatur Heitmanns zu protestieren. Bei einer Sitzung der CDU-Bundestagsfraktion antwortet der niedersächsische Abgeordnete Klaus-Jürgen Hedrich: «Ich möchte die jüdischen Repräsentanten warnen, vor dem Hintergrund des Antisemitismus den Holocaust gegen uns zu instrumentalisieren.»

Als die Bundestagspräsidentin Rita Süssmuth Heitmann vorwirft, er verharmlose die Nazivergangenheit, antwortet die Fraktion laut einem *Spiegel*-Bericht mit «Randale, Buhrufen, Hohngelächter».

Nach und nach steigt Uwe Mundlos in der Dreiergruppe zum Wortführer auf. Seine freie Zeit als Arbeitsloser nutzt er zum Lesen von Büchern über den Nationalsozialismus. Er beschäftigt sich mit den Massenmördern der NSDAP und wird Fan von Rudolf Heß. Hitlers Stellvertreter war bis zu seinem Tod 1987 in Berlin als Kriegsverbrecher inhaftiert. Unter jungen Neonazis gilt er als Märtyrer.

Mundlos' Vater sucht in dieser Zeit öfter das Gespräch und hofft, seinen Jungen noch zur Vernunft bringen zu können. Er sagt zu ihm: «Mensch, Uwe, das ist doch Unfug, du kannst die Geschichte nicht zurückdrehen. Das sind Kindereien.» Aber Siegfried Mundlos' Sohn ist erwachsen, die Argumente des Vaters verhallen. 1994 steht dann die Polizei das erste Mal vor der Tür von Familie Mundlos. Die Beamten haben einen Durchsuchungsbefehl dabei, weil sie Uwe Mundlos bei einer verbotenen Demonstration in Chemnitz aufgegriffen und die Visitenkarten mit dem Hitler-Porträt bei ihm gefunden haben. Für die Kriminalpolizei gilt das als Verwenden verfassungsfeindlicher Symbole.

Die Eltern sind fassungslos. Vater Mundlos will nicht noch einmal erleben, dass Polizisten seine Wohnung durchsuchen. Er organisiert für den Sohn eine Wohnung in einem Dorf unweit von Jena. Viel Zeit verbringt Mundlos junior dort aber nicht.

Am 1. April 1994 wird Uwe Mundlos zur Bundeswehr eingezogen. Er kommt zum 6. Panzergrenadierbataillon 381 im thüringischen Bad Frankenhausen. Die nächsten zwölf Monate ist er Soldat. Hier trifft er andere junge Männer aus ganz Deutschland, die auch lieber in der Wehrmacht gedient hätten als in der Bundeswehr.

Besonders mit den Kameraden aus Sachsen versteht er sich gut. Über Skinhead-Konzerte in Chemnitz trifft er immer mehr Mitglieder des «Blood & Honour»-Netzwerks. Es hat sich nach den «Blut & Ehre»-Gravuren in den Fahrtenmessern der Hitler-Jugend benannt und gilt als das gefährlichste Netzwerk gewaltbereiter Neonazis überhaupt. «Blood & Honour» will Rechtsrock-Bands untereinander koordinieren und dadurch die rechte Ideologie verbreiten.

Doch zu der Gruppe gehören auch Neonazis, die sich «Combat 18» nennen und politische Gegner mit Anschlägen und Briefbomben ermorden wollen. Auf einem Deutschlandtreffen verkünden die «Blood & Honour»-Patrioten 1998: «Unsere Aufgabe liegt nicht nur in der Musik, sondern im Kampf», und: «Wir sind mehr als eine Musikbewegung!»

Auch als Wehrdienstleistender fährt Uwe Mundlos weiter zu Neonaziveranstaltungen. An einem Samstag, dem 6. August 1994, macht er sich in seinem Auto mit sächsischen und thüringischen Nazis auf nach Bayern. In Straubing wollen sie in einer Kiesgrube den Geburtstag eines Rechten feiern. Unter den Gästen ist auch der bekannte Neonazi Hendrik L., der später in Chemnitz das Musiklabel «PC Records» gründen wird – die rechte Plattenfirma, die den «Dönerkiller-Song» produziert. An dem Sommerabend brennt ein Lagerfeuer, ein großer Rost ist aufgebaut, Bier fließt literweise, aus den Autoboxen dröhnt Rechtsrock über das Gelände.

«Wetz die langen Messer auf dem Bürgersteig,
laß die Messer flutschen in den Judenleib.
Blut muß fließen knüppelstangendick
und wir scheißen auf die Freiheit dieser Judenrepublik.»

In dem Song «Blut» der Band «Tonstörung» wird dazu aufgefordert, Juden zu ermorden und Handgranaten in die Parlamente zu werfen. Als dieses Lied gespielt wird, greift die Polizei ein, sie sprengt die Party um Mitternacht. Die Polizisten leuchten den gesamten Platz aus, kontrollieren alle Gäste. Gegen vier von ihnen wird später wegen Störung des öffentlichen Friedens und Volksverhetzung ermittelt. Nicht aber gegen Uwe Mundlos.

Am Sonntag ist der Gefreite Mundlos wieder pünktlich zurück in der Kaserne, bei den Panzergrenadieren.

Während Uwe Mundlos lernt, wie man Kanonen richtig mit Munition befüllt und mit einem Panzer Ziele zerstört, entdeckt Uwe Böhnhardt die Liebe. Während sich Mundlos das Feldbett mit anderen Soldaten teilt, teilt sich Böhnhardt sein Bett mit einer jungen Frau. Mit Beate Zschäpe.

Über zwei Jahre ist Zschäpe mit Uwe Mundlos zusammen gewesen. Sie sind sogar verlobt.

Uwe Böhnhardt hat viel Zeit für seine Eroberung, auch unter der Woche. Er schenkt ihr eine Tasse mit einem Foto von sich und kommt sie häufig zu Hause besuchen. Dafür bringt er sogar extra OP-Überzieher für seine Schuhe mit, damit er die Springerstiefel in der Wohnung nicht ausziehen muss, erinnert sich Zschäpes Mutter. Auch seinen Eltern stellt er Beate bald vor. «Ich hab 'ne Freundin, darf ich sie mal mitbringen?», fragt er seine Mutter eines Tages. «Klar», antwortet Brigitte Böhnhardt und hofft innerlich, dass ein Mädchen ihren Sohn aus der Szene herausreißt. Beate Zschäpe ist die erste Freundin, die Uwe mit nach Hause bringt.

Die Böhnhardts binden sie gleich in die Familie ein, Zschäpe feiert Geburtstage und Weihnachten jetzt bei ihnen. Artig sitzen Uwe Böhnhardt und Zschäpe am Kaffeetisch, auf einem Foto sieht man, wie sie ihre Hand verliebt auf seine legt. Mutter Böhnhardt hat nur gute Erinnerungen an Zschäpe: «Sie war immer höflich, freundlich, hat auch mal was mit angefasst beim Kaffeegedeck. Ich fand sie richtig nett.»

Beide tauchen jetzt als Paar auf dem Platz vor dem «Winzerclub» auf. «Bis dahin war Böhnhardt eher der Adjutant von Mundlos», sagt Sozialarbeiter Thomas Grund. «Durch die Beziehung zu Beate gewann der ansonsten farblose Junge zunehmend an Selbstbewusstsein.»

Als Uwe Mundlos davon erfährt, dass seine Freundin jetzt mit seinem besten Kumpel zusammen ist, kommt er damit anfangs nicht klar. «Es hat ihn angekotzt», erinnert sich sein ehemaliger Freund. «Er hat Beate immer noch über alles geliebt.»

Nachdem Mundlos 1995 von der Bundeswehr nach Jena zurückgekehrt ist, sucht er weiterhin die Nähe zu Zschäpe und Böhnhardt. «Er hat ausgehalten, dass sie nun mit Böhnhardt zusammen war, weil er nicht die Finger von ihr lassen konnte», sagt Mundlos' Freund, bei dem er sich in dieser Zeit ausheult. Er vertraut ihm, aber als der Freund ihm rät, Zschäpe doch ganz zu verlassen, schüttelt Mundlos verständnislos den Kopf. Soweit bekannt ist, wird Uwe Mundlos nach Beate Zschäpe nie wieder eine andere Freundin haben. Sein Jugendfreund sagt heute: «Nur weil Uwe sie noch so geliebt hat, konnte das Trio entstehen.»

15 «Anti-Antifa Ostthüringen»

Das fünfte Jahr nach dem Ende der DDR ist ein entscheidendes für Uwe Mundlos, Uwe Böhnhardt und Beate Zschäpe. Zwischen 1995 und 1998 radikalisieren sich die drei mit zunehmender Beschleunigung. Nach drei, vier Jahren in der rechten Szene reicht es ihnen nun nicht mehr, im Jugendclub gegen Ausländer zu hetzen und stolz mit Bomberjacke durch die Neubaugebiete Winzerla und Lobeda zu ziehen.

Die Neonaziszene in Deutschland ist gewaltbereiter geworden – allein in den Jahren 1993 und 1994 haben Rechte 24 Menschen ermordet. Dagegen ist die Szene in Jena harmlos. Doch das Trio isoliert sich zunehmend von den braunen Kameraden, sogar von den gewaltbereiten Skinheads in der Stadt. Mundlos, Böhnhardt und Zschäpe sind geschult, sie fühlen sich als Elite. Und sie kommen in Kontakt mit zwei führenden Rechtsterroristen und Mördern. Es geht ihnen jetzt um Taten, nicht um Worte. Sie glauben, genug geredet zu haben. Endlich wollen sie dem Staat zeigen, was sie können.

Einige Neonazis lehnen den Staat als nicht legitimen Nachfolger des «Großdeutschen Reiches» ab, viele sehen in der Bundesrepublik aber auch einen heimlichen Verbündeten. Jahrzehntelang war sie antikommunistisch, so wie sie. Bei der Asylpolitik glauben viele Nazis in ihrer selektiven Wahrnehmung, auf der Seite des Staates zu stehen, zumindest auf der der konservativen Parteien.

Am 19. April 1995 fährt der 26-jährige amerikanische Rechtsradikale Timothy McVeigh einen Lastwagen vor das «Alfred P. Murrah Federal Building» in Oklahoma, ein Regierungsgebäude. Kurz nach 9 Uhr explodiert eine Bombe in dem LKW, 168 Menschen sterben. Es ist einer der schwersten Terroranschläge in der Geschichte der Vereinigten Staaten.

McVeigh ist fasziniert von den «Turner Diaries», einem Science-Fiction-Roman, der großen Einfluss auf Neonazis in den USA und

Europa hat. Das Buch erzählt von einer kleinen Gruppe Neonazis, die in den Untergrund abtaucht und gegen die «jüdisch kontrollierte US-Regierung» kämpft. Die rechte Zelle schafft es, einen Rassenkrieg auszulösen, die USA zu erobern und die gesamte nichtweiße Bevölkerung auszulöschen.

Im Gegensatz zu US-amerikanischen Neonazis, die ihre Hauptgegner in der amerikanischen Regierung sehen und Anschläge wie in Oklahoma verüben, gibt es in Deutschland nur wenige Angriffe und Anschläge von Rechtsextremisten gegen den bundesdeutschen Staat.

Es kommt sogar zu Kontakten zwischen staatlichen Institutionen und Rechtsradikalen. Mitte der neunziger Jahre lädt die Bundeswehrakademie den verurteilten Rechtsterroristen und Holocaust-Leugner Manfred Roeder als Dozent ein. Im Januar 1995 spricht er in Hamburg vor 25 hochrangigen Mitgliedern des Stabs der Akademie über «Die Übersiedlung der Rußland-Deutschen in den Raum Königsberg». Nach dem Auftritt bekommt er von der Bundeswehr ausrangierte Autos für seinen Verein «Deutsch-Russisches Gemeinschaftswerk» geschenkt, obwohl der Verein bereits im Verfassungsschutzbericht erwähnt wird.

Holger G. zufolge gab es in den neunziger Jahren hitzige Diskussionen in der Kameradschaft darüber, ob man für seine Ideologie mit Waffen kämpfen dürfe. Diese Gespräche waren ein wichtiger Wendepunkt für Uwe Böhnhardt, Uwe Mundlos und Beate Zschäpe. Im Gegensatz zu den Neonazifreunden sind sie sich sicher, dass «man mehr machen müsse», erinnert sich G. Das Trio ist für den politischen Kampf mit Waffengewalt. «Sie waren die Hardliner damals», sagt Holger G., der später zum Unterstützer der Zelle wird. Böhnhardt habe die Haltung der drei geprägt: Sie seien für Pistolen und Gewehre gewesen. «Ralf und ich haben uns gegen die Bewaffnung mit Schusswaffen ausgesprochen, André K. war eher unentschlossen.»

Diese Radikalisierung bleibt den Sicherheitsbehörden verborgen. Aber durch andere Aktionen tauchen die drei ab 1995 im NADIS auf, dem Nachrichtendienstlichen Informationssystem des Thüringer Verfassungsschutzes. Vor allem ihre regelmäßigen Besuche von Veranstaltungen der «Anti-Antifa Ostthüringen» haben sie verdächtig gemacht. Am 21. Juni 1995 wird Uwe Mundlos in internen Aufzeichnungen des Verfassungsschutzes zum ersten Mal namentlich unter ungefähr 80 Teilnehmern solch eines Treffens in Rudolstadt-Schwarza erwähnt.

Im darauffolgenden Jahr 1996 nehmen Mundlos, Böhnhardt und Zschäpe noch an mindestens sechs weiteren Treffen der «Anti-Antifa» teil. Meistens finden die Treffen in Gorndorf statt, einem Ortsteil von Saalfeld, 50 Kilometer entfernt von Jena. Hier gibt es ein Stadtteilzentrum, das die Ostthüringer Neonazis gern unterwandern würden, Gorndorf soll eine «national befreite Zone» werden.

Die «Anti-Antifa» ist ein Arm der Kameradschaftsszene, in der sich gewaltbereite junge Neonazis in den neunziger Jahren organisieren. In dieser Phase sieht sie ihre Aufgabe in der «Feindaufklärung»: Die jungen Rechten veröffentlichen Namen, Adressen und Fotos von Linken, Gewerkschaftern und soziokulturellen Zentren, um diese einzuschüchtern. Aus der «Anti-Antifa» wird später der «Thüringer Heimatschutz» entstehen.

Uwe Böhnhardt wird in diesem Jahr gerade 18, Beate Zschäpe ist 20 Jahre alt und Uwe Mundlos 22. Böhnhardt lässt sich zum Maurer ausbilden, Zschäpe schließt ihre Lehre als Gärtnerin ab, und Uwe Mundlos besucht nach dem Ende des Wehrdienstes das Ilmenau-Kolleg, wo er auf Wunsch seines Vaters das Abitur nachholt. Er will danach studieren. Nach außen hin beginnen alle drei ein bescheidenes bürgerliches Leben.

Aber nach Feierabend und Schulschluss versuchen sie, aus Deutschland ein anderes Land zu machen – mit Gewalt. Angespornt durch die THS-Treffen unter älteren Kameraden, starten sie die ersten Aktionen.

Schon 1994 soll Uwe Böhnhardt eine Bombenattrappe in ein

Hochhaus in Jena-Lobeda gelegt haben, in das Ausländer einziehen sollten. Das erzählt ein Kamerad Jahre später der Polizei.

Nach Erkenntnissen des Staatsschutzes aus den neunziger Jahren beginnen Zschäpe und Böhnhardt 1995 ihre rechtsterroristische Karriere. Ihr erstes Ziel ist ein Heiligtum der DDR-Heldenideologie. Zschäpe soll im September 1995 zusammen mit anderen Tätern (unter anderem Böhnhardt) eine Sprengstoffattrappe am Denkmal für die Opfer des Todesmarsches von Buchenwald abgelegt haben.

In diesen Monaten findet das BKA im westlichen Teil der Bundesrepublik 13 Waffen- und Sprengstoffdepots von Rechtsterroristen, darin befinden sich unter anderem 27 Kilogramm TNT-Sprengstoff. Im Laufe der Ermittlungen gegen den Rechtsterroristen Peter Naumann findet die Polizei im März 1995 zwei Rohrbomben in seiner Wohnung.

Am 12. Juni 1995 bauen Handwerker Garderobenständer und Ankleidekabinen im ehemaligen Horten-Kaufhaus am Jenaer Inselplatz aus und entdecken dabei eine funktionsfähige Bombe. Das Landeskriminalamt Thüringen (LKA) bestätigt, dass in der Bombe TNT enthalten ist. Verschiedene Medien berichten, es seien «mehr als 70 Gramm» gewesen. Gibt es eine Verbindung zwischen diesem Fund und der militanten Neonaziszene? Die Polizei kann 1995 keine Täter ermitteln.

CDU-Innenminister Wolfgang Schäuble spricht am 8. und 9. Juli 1995 in Nürnberg auf dem Deutschlandtreffen der Schlesier, das unter dem Motto «In Verantwortung für Schlesien» steht: «Meine sehr verehrten Damen und Herren, wir haben, wir Deutsche, in diesen fünfzig Jahren seit Kriegsende viel erreicht. Und ich denke, wir haben Anlass, dankbar zu sein. 1990 die Wiedervereinigung mit der ehemaligen DDR, mit Mitteldeutschland, erreicht. Der Preis war hoch. Wir mussten uns mit der Oder-Neiße-Grenze abfinden ... Wir haben uns mit der Grenze abfinden müssen ... es ist so …, aber mit dem Verlust der Heimat der Deutschen im Osten finden wir uns nicht ab … Das kann niemand verlangen.» Während der Rede kommt es zum Tumult in der Halle des Nürnberger Kongresszentrums. Als Schäuble sagt: «Wir mussten uns mit der Oder-Neiße-Grenze abfinden», buhen junge Männer mit akkurat gezogenen Scheiteln. Viele Rechtsextremisten fühlen sich verraten, weil Schäuble die Grenze anerkennt.

In dieser Zeit lebt Uwe Mundlos an den Wochentagen bereits in Ilmenau im Thüringer Wald. Im Kolleg strengt er sich an, ist fleißig und strebsam, gehört bald zu den Besten in der Klasse; besonders gute Noten hat er in Chemie, Physik und Mathematik. Seinen Mitschülern fällt vor allem seine Pünktlichkeit auf. Einer erinnert sich: «Er war regelrecht pedantisch, kam keine Minute zu früh oder zu spät.» Nach der Stunde ist er aber sofort wieder verschwunden. Auf Klassenfotos versteckt er sich in der hinteren Reihe und dreht sich weg, sobald der Fotograf abdrückt. Mit den anderen 40 Schülern seines Jahrgangs will er nicht viel zu tun haben. An den Wochenenden fährt er stets zurück nach Jena.

«Er ist uns eigentlich nur optisch aufgefallen, bei Diskussionen im Unterricht oder abends bei Partys hat er sich immer rausgehalten», sagt eine Klassenkameradin von damals. Alle in seinem Kurs wissen, dass Mundlos ein Rechter ist. Er verheimlicht seine Meinung nicht, kommt mit Kurzhaarschnitt, schwarzer Bomberjacke und Springerstiefeln in den Unterricht. Im ansonsten eher alternativen und linken Kolleg ist er der einzige Neonazi.

Nach dem Unterricht verzieht sich Mundlos gern in seinen kleinen Raum im Studentenwohnheim. Im fünften Stock des Heims bewohnt er das Zimmer 511. Vor dem Fenster hängen Metallrollos. Die kaum 15 Quadratmeter hat er mit zwei Kleiderschränken, einem Schreibtisch, einem Kühlschrank sowie einem Wandregal zugestellt – und drei Liegen. Denn oft bekommt er Kameradenbesuch aus Ostthüringen.

Der Kleiderschrank ist voll mit Klamotten, fast alle Sachen hat er von zu Hause mit nach Ilmenau genommen. Im Regal stehen ein Wecker, ein alter DDR-Fernseher und eine Ausgabe des BGB, des Bürgerlichen Gesetzbuchs. Über seinem Schreibtisch hängt ein Korkbrett, an dem Stundenpläne angebracht sind. Auf den Schreibtisch selbst hat Uwe Mundlos einen Bilderrahmen gestellt, in dem ein Porträt steckt. Es zeigt Rudolf Heß, Hitlers Stellvertreter.

Am 10. September werfen Uwe Böhnhardt und seine Freundin Beate Zschäpe rohe Eier auf das von der DDR errichtete Mahnmal für die Opfer des Faschismus in Rudolstadt. Der Platz vor dem Denkmal hieß in der NS-Zeit Adolf-Hitler-Platz und wurde nach Kriegsende in «Platz der Opfer des Faschismus» umbenannt. Böhnhardt und Zschäpe verteilen Flugblätter, auf denen sie den Bürgermeister der Stadt beleidigen. Es ist ihre erste Aktion gegen amtierende Politiker – und gegen den Staat, den sie zunehmend ablehnen. Der Ort des Anschlags, Rudolstadt, ist auch Wohnort von Tino Brandt. Er ist einer der Anführer der «Anti-Antifa Ostthüringen» und wird später den «Thüringer Heimatschutz» (THS) gründen.

An einem Freitagabend im September 1995 findet in Jena das jährliche Altstadtfest statt. Im Zentrum essen die Menschen Würstchen vom Holzkohlegrill und trinken Bier, es ist sehr voll. Aber eine Gruppe fällt trotzdem in der Menge auf: etwa hundert junge Männer mit kahlen Köpfen und Bomberjacken. Am Anfang bleibt alles ruhig.

Im Jenaer Planetarium, dem ältesten der Welt, spielt derweil die Gothicband «Goethes Erben». Vor allem Studenten sind gekommen, sie sitzen sogar auf dem Boden, das Konzert ist ausverkauft. Eine größere Gruppe Neonazis hat sich vor dem Gebäude aufgebaut. Für sie spielt die Band «Zeckenmusik». Gegen halb elf knallt laut der erste Stein gegen die Glasscheiben des Planetariums, aber noch bekommen die Leute im Inneren nicht mit, was draußen los ist. Dann zersplittern insgesamt zwölf Panzerglasscheiben, die Angreifer versuchen, in den Saal einzudringen. Die Ausgänge verschließen die Skins von außen mit Ketten. Sie haben sich über ein

Funktelefon zusammengerottet, ermittelt die Polizei später. Um das Planetarium herum finden Polizisten außerdem Flugblätter einer «Volksfront Thüringen».

Die Polizei kann gerade noch verhindern, dass die Skinheads das Konzert stürmen. Ein Augenzeuge, der damals als Reporter der *Ostthüringer Zeitung* über den Angriff berichtete, meint, dass es in dem überfüllten Saal fast eine Massenpanik gegeben hätte. In der Nacht nimmt die Polizei 31 Personen fest und stellt einen Opel mit Rudolstädter Kennzeichen sicher. Um 0:30 Uhr verhaften die Beamten weitere Neonazis in der Innenstadt. Unter ihnen ist auch: Tino Brandt.

Am Tag der Deutschen Einheit, am 3. Oktober 1995, finden Polizisten an Häuserwänden überall in Jena Schablonengraffiti. Zu sehen sind der Kopf eines Wehrmachtssoldaten und die Worte

«NATIONALER WIDERSTAND»

Die Graffiti finden sich nicht nur an der Hauptpost in der Innenstadt, sondern auch an einer Polizeistation im Neubaugebiet Lobeda. Die militanten Jenaer Neonazis greifen nicht mehr nur Jugendclubs an, in denen Linke herumhängen, nicht mehr nur Studentenkneipen, sie wenden sich jetzt gegen den Staat.

«Wir, der Nationale Widerstand, werden euch eure jahrelangen Demütigungen heimzahlen». Das steht auf einem Schild, das um den Hals einer Puppe hängt, die einen Monat später gefunden wird. Die lebensgroße Figur baumelt an einem Heizungsrohr in der Nähe der Jenaer Brauerei. Sie trägt einen Mantel und eine Hose. Die Buchstaben für den Text haben die Täter aus Zeitungen ausgeschnitten.

Es ist der 9. November 1995, Jahrestag der Reichspogromnacht. Vor 57 Jahren haben die Nazis Hunderte Synagogen sowie Tausende jüdische Häuser und Geschäfte zerstört. 91 Menschen wurden dabei ermordet.

In der Nacht zuvor ist ein paar Dutzend Kilometer entfernt eine anonyme Bombendrohung bei der Gedenkstätte im ehemaligen Konzentrationslager Buchenwald eingegangen.

Ebenfalls am Abend des 9. November sind 150 Skinheads aus Bayern, Sachsen und Thüringen mit Autos im Jenaer Umland unterwegs – auf der Suche nach dem Ort, wo ein illegales Rechtsrock-Konzert stattfinden soll. Die Bands «Brutale Haie», «Legion Ost» und «Vergeltung» sind angekündigt. Nur der Ort ist noch geheim und soll vermutlich spontan über ein Infotelefon verbreitet werden. Doch die Polizei erfährt davon. Durch einen Großeinsatz kann das Geheimkonzert verhindert werden, 46 Rechte werden die Nacht über in Gewahrsam genommen. Unter ihnen auch fünf Anführer der Thüringer Naziszene.

Zeitgleich überfallen 15 Neonazis zwei Jugendliche an einer Rudolstädter Tankstelle. Fünf mutmaßliche Täter werden von der Polizei noch in der Nacht wegen schwerer Körperverletzung festgenommen.

In der darauffolgenden Nacht vom 10. auf den 11. November explodiert in Jena gegen 23:30 Uhr ein Sprengsatz im Waschraum eines Heimes, in dem bosnische Kriegsflüchtlinge untergebracht sind. Unbekannte Täter haben die selbstgebastelte Bombe durch ein offenes Fenster geworfen. Zum Glück wird niemand verletzt.

Zu den Graffiti und der Puppe bekennt sich Tage später eine Gruppe ohne Namen. In dem Brief, der am Computer erstellt wurde, heißt es:

«Heil Euch Kameraden!

Aus Anlass des ‹9. 11. – Tag des Volkes› dachten wir uns, Euch eine kleine Kostprobe des nationalen Lagers zu zeigen.»

Unverhohlen machen sich die Autoren über die Polizei lustig. Zu den «Wandparolen» heißt es: «Besonders erfreulich ist hierbei, dass diese Parolen auf großen Zuspruch stießen und dadurch auch heute noch (...) zu besichtigen sind.» Die Puppe sei «stellvertretend für alle Volksverräter» aufgehängt worden. Das Schreiben endet mit dem Satz:

«Wir hoffen, dass Euch dieser Anblick erfreut und verabschieden uns mit – volkstreuem Gruß.»

Manche meinen, der Text des Bekennerschreibens stamme von Uwe Mundlos.

Die Lage in Jena eskaliert.

Anfang 1996 taucht ein Held der Szene bei den Ostthüringer Nachwuchsnazis auf: Karl-Heinz Hoffmann, der einflussreichste Rechtsterrorist der bundesdeutschen Geschichte.

Hoffmann hat in den siebziger Jahren die «Wehrsportgruppe Hoffmann» gegründet. In paramilitärischen Camps bildete der ehemalige Porzellanmaler über vierhundert junge Männer im bewaffneten Kampf aus. Die Mitglieder seiner Organisation dienten als Ordner bei NPD-Veranstaltungen und planten, die Macht im Staat zu übernehmen. Nachdem die Wehrsportgruppe verboten worden war, erlangten zwei ehemalige Mitglieder unrühmliche Bekanntheit: Ein Ex-Wehrsportler tötete 1980 bei einem Selbstmordanschlag auf dem Oktoberfest 13 Menschen, ein anderer erschoss im selben Jahr in Erlangen einen jüdischen Verleger und dessen Partnerin.

Nach sechs Jahren im Gefängnis ist Hoffmann 1989 entlassen worden und in seine Heimat zurückgezogen – nach Kahla bei Jena. Hier erhält er sein Elternhaus zurück und wird zu einem der größeren Immobilieninvestoren der Stadt nach der Wende.

Anfang des Jahres 1996 knattert er auf seinem schweren Motorrad durch eine Kleingartensiedlung am Rand von Kahla. Einige Wochen später folgen rechte Jugendliche und richten sich auf einem angrenzenden Feld am Fuße der Leuchtenburg einen Garten ein. Sie kommen hierher zum Biertrinken, Grillen – und um schießen zu lernen.

Tino Brandt pachtet das Berggrundstück vom rechtsnationalen Coburger Verleger Peter Dehoust, Brandt möchte hier «Zeltlager und Sonnenwendfeiern» veranstalten. Um die 20 junge Männer halten sich regelmäßig auf dem Gelände auf, unter ihnen ist auch Uwe Böhnhardt.

16 «Vorsicht, Bombe!»

Am 1. März 1996 wählen die Delegierten der NPD einen Politikwissenschaftler und ehemaligen Luftwaffesoldaten zum Vorsitzenden. Udo Voigt übernimmt die an der Schwelle zur Bedeutungslosigkeit stehende rechtsextreme Partei von einem Mann, der gerade wegen Volksverhetzung ins Gefängnis gesteckt worden ist. Dieser 1. März ist ein wichtiger Tag in der Geschichte der Neonazibewegung nach der Wiedervereinigung.

Voigt verordnet der Partei eine vollkommen neue Strategie. Er ruft den «Kampf um Köpfe, Straße und Parlamente» aus und arbeitet mit den gewalttätigen Skinheads der Freien Kameradschaften zusammen. Diese Entscheidung wird zum Erfolgsrezept der Partei: «Damit wurde die NPD von einer muffigen Altherrenpartei zu einer dynamischen, jungen Bewegung – begleitet und beschützt von Straßenkämpfern, die im Zweifelsfall auch zuschlagen», analysiert die Wochenzeitung *Die Zeit.*

Für Nachwuchsnazis gibt es jetzt zwei Optionen: Entweder sie versuchen, sich mit der NPD als «Wolf im Schafspelz» in der Mitte der Gesellschaft zu positionieren: in Freiwilligen Feuerwehren, Vereinen und Parlamenten – oder sie radikalisieren sich und gehen in die militante Richtung.

Nach drei Jahren in einem Gartenbaubetrieb in Laasdorf hat Beate Zschäpe im Herbst 1995 ihre Ausbildung als Gärtnerin, Fachrichtung Gemüsebau, beendet. In ihrem Abschlusszeugnis steht als Note: «Befriedigend». Die Gärtnerei «Grünes Herz» übernimmt sie nicht, Zschäpe wird arbeitslos.

«Vorsicht, Bombe!» heißt es auf zwei Verkehrsschildern, die auf einer Autobahnbrücke bei Jena stehen. Von der Brücke herab baumelt vier Meter über der A 4 bei Bucha eine Puppe an einem gelben Seil. Es ist der 13. April, als ein Autofahrer sie bemerkt und um 1:20 Uhr die Polizei anruft.

Als die Beamten an der Brücke eintreffen, sehen auch sie zuerst die Puppe, die ein rotes Kapuzensweatshirt anhat, auf das gelbe Davidsterne mit dem Wort «JUDE» aufgenäht wurden. Über einem Körper aus Zeitungen trägt die Puppe zudem eine blaue Jogginghose. Dann aber bemerken sie zwei eckige Blechdosen, aus denen Drähte herausragen. Diese Kisten sind durch ein Elektrokabel mit dem Puppentorso verbunden, der am Hals über der Autobahn hängt. Bombenentschärfer beschießen die Kisten, aber sie explodieren nicht. Lediglich Steine und Zeitungspapier fallen heraus.

An dem Tag, an dem diese Bombenattrappe gefunden wird, gedenkt die Bundesrepublik im nahegelegenen Konzentrationslager Buchenwald der Befreiung des Lagers vor 51 Jahren. Als Gast wird neben vielen Buchenwald-Überlebenden auch der Vorsitzende des Zentralrats der Juden in Deutschland, Ignatz Bubis, erwartet.

Uwe Böhnhardt beendet seine Ausbildung als Hochfacharbeiter beim Berufsförderungswerk Bau Thüringen e. V. und findet gleich eine Stelle als Maurer bei einer Firma für Bautenschutz im Jenaer Umland. Böhnhardt spezialisiert sich auf Außensanierungen und verputzt Häuser gegen Nässe. Nach einigen Wochen wird er Ende August 1996 wieder entlassen. «Zuerst war er so stolz drauf, dass er eigenes Geld verdient hat», sagt seine Mutter, «dann war er aber enttäuscht, weil er so schnell entlassen wurde.»
Brigitte Böhnhardt lässt ihm die schlechte Laune jedoch nicht durchgehen. Immer wieder durchsucht sie die Stellenanzeigen in der Lokalzeitung für ihren Sohn oder fragt bei Bekannten, ob nicht jemand einen Job für ihn habe. Als der Berater auf dem Arbeitsamt erklärt, dass man als Maurer ein Auto brauche, um auf die Baustellen zu kommen, bezahlen die Böhnhardts ihrem Sohn den Führerschein und kaufen ihm einen gebrauchten Hyundai Lantra. Sie hoffen, dass Uwe keine Zeit und Muße mehr für seine rechten Freunde hat, wenn er erst einmal ständig auf Montage unterwegs ist und körperlich hart arbeitet. «Also, wir haben alles versucht, wobei das Auto dann auch wieder anders benutzt worden ist», sagt Brigitte Böhnhardt.

Als im Thüringer Landtag in Erfurt am 21. Juni 1996 ein Abgeordneter der PDS die These vertritt, dass die Kommunen in Thüringen die Gefahr durch Neonazis unterschätzen und nicht genug gegen Rechtsradikale unternehmen, wird er durch den Zwischenruf eines Abgeordneten der CDU unterbrochen: «Das ist ja unerhört, was Sie hier behaupten!» Der PDS-Abgeordnete spricht weiter. «Nach den Angriffen rechtsextremer Skinheads in Buchenwald, denen die Polizei zunächst tatenlos zugesehen hatte, wurde im September 1994 ein großer Teil ...» An dieser Stelle wird wieder Protest laut, der Redner wird erneut unterbrochen: «Deshalb ist es trotzdem unerhört, was Sie den Kommunen unterstellen», rufen Politiker anderer Parteien und: «Wie oft wollen Sie denn das noch aufwärmen?»

Im Verlauf der Debatte um neofaschistische Tendenzen unter Thüringer Jugendlichen wird der PDS-Abgeordnete noch mehrfach durch Zwischenrufe unterbrochen. «Die Jugendlichen zu beleidigen, das ist eine Unverschämtheit!» Dann fordert der PDS-Parlamentarier, dass die staatlichen Behörden mehr gegen Neonazis unternehmen: «Man sollte bloß nicht alle kleinen Auswüchse immer anfangs herabspielen und dann vielleicht die Jugendlichen noch mit Samthandschuhen anfassen.» Zwischenruf: «Das ist eine Unverschämtheit. Es steht Ihnen nicht zu, unsere Jugendlichen zu kriminalisieren.»

Genau auf diese Haltung haben sich in den neunziger Jahren viele rechtsextreme Jugendliche im Freistaat Thüringen zurückgezogen: Sie fühlen sich zu Unrecht kriminalisiert.

Uwe Mundlos und Uwe Böhnhardt verteilen Anfang August Handzettel in Jena. Auf ihnen steht: «Wir gedenken Rudolf Heß.»

Am 10. August 1996 unterschreibt Beate Zschäpe den Mietvertrag für eine Garage in der «Garagengemeinschaft An der Kläranlage e. V.» in Jena. Für 70 DM im Monat mietet sie den Raum «zur Einstellung von 1 Kraftfahrzeug», wie es im Mietvertrag heißt. Zur Vertragsunterzeichnung bringt sie einen jungen Mann mit, ihren

Freund, wie sie sagt. Zschäpe hatte die Garage in einer Zeitungs-
annonce gefunden. Der Schuppen steht leer, weil der Besitzer selbst
ihn nicht braucht. Der Mann arbeitet als Kriminalpolizist bei der
Polizeiinspektion Jena – und hat den gleichen Nachnamen wie
Beate Zschäpes Großmutter.

Zu seiner ersten Baustelle im neuen Job muss Uwe Böhnhardt nach
Eisenach. Nach sechs Wochen fängt er sich dort eine Sommergrip-
pe ein, liegt mit Fieber im Bett. Nachdem er die Krankschreibung
bei seinem Vorarbeiter eingereicht hat, feuert ihn die Firma frist-
los. Anfang September 1996 wird er wieder arbeitslos. Die nächsten acht Monate ist er beim Arbeitsamt als «arbeitssuchend» registriert.

Aber Uwe Böhnhardt gibt nicht auf, seine Mutter reißt ihm immer wieder Stellenanzeigen aus der Zeitung heraus. Auf eine Anzeige «Bauarbeiter gesucht!» meldet er sich und wird von der Firma
eingeladen, die ihren Sitz an der französischen Grenze hat. Er packt
sein Werkzeug und seine Klamotten in eine Riesenreisetasche und
fährt mit froher Erwartung gen Westen. Als die Eltern tagelang
nichts von ihm hören, rufen sie bei dem Unternehmen an. Die
Stimme am Telefon druckst herum. «Sagen Sie ihm Bescheid; er soll
morgen anrufen, oder ich gehe zur Polizei und melde ihn als ver-
misst», sagt Brigitte Böhnhardt. Als Uwe nach einer Woche endlich
zurückruft, berichtet er den Eltern, dass er und die anderen Bewer-
ber auf Kriminelle hereingefallen sind: Nach der Ankunft sind alle
in einen Kleinbus gepfercht und zu irgendeiner Dorfkaschemme
gefahren worden. Dort haben sie erfahren, dass es gar keine Baustelle gibt. Sie sind in eine Drückerkolonne geraten und sollen Zei-
tungsabos verkaufen. Geld und Papiere hat man ihnen gleich nach
der Ankunft abgenommen.

In ihrer Not geht Brigitte Böhnhardt noch am selben Tag ein paar
Hauseingänge weiter zu Uwes Freund André K. Mit seinen breiten
Schultern würde er bei der Drückerkolonne Eindruck schinden,
denkt sie. Sie gibt ihm Benzingeld. Gleich am nächsten Tag machen
sich K. und Beate Zschäpe auf den Weg, ihren Freund zu befreien.

Sie holen ihn aus den Fängen der Drücker und sind noch am Abend zurück in Jena. Die Drückerkolonne ist vermutlich die letzte Arbeitserfahrung, die Uwe Böhnhardt in seinem Leben macht.

Beate Zschäpe ist seit dem Ende ihrer Gärtnerlehre auch schon wieder sechs lange Monate ohne Beschäftigung. Ihren Traum, Kindergärtnerin zu werden, hat sie längst aufgegeben. Doch auch als gelernte Gärtnerin findet sie keine Stelle. Darum ist sie froh, als das Arbeitsamt ihr etwas anbietet. Sie kennt den Betrieb sogar: Ab Mitte September 1996 ist Zschäpe wieder in der «Jenaer Jugendwerkstatt» angestellt, einer überbetrieblichen Maßnahme der Stadt Jena. Sie bekommt eine ABM-Stelle als Malerhelferin. Zusammen mit anderen arbeitslosen Jugendlichen streicht sie in Kindergärten, Schulen, Vereinen an – und in der Straffälligenhilfe Jena.

Zschäpe ist sich für nichts zu schade, erinnert sich später der Leiter der Jugendwerkstatt, Michael Strosche. In weißer Malerjacke und -hose fährt sie jeden Morgen auf eine Baustelle. «Sie war eine von den Motivierteren, war engagiert und hat andere mitgezogen», sagt Strosche. Durch Naziparolen sei sie nicht aufgefallen, obwohl damals viele Jugendliche in der Werkstatt mit Bomberjacke und Springerstiefeln ankamen. «Sie ist eher durch ihre intelligenten Äußerungen aufgefallen und hat sich von vielen anderen Jugendlichen dadurch abgehoben.»

Nach einem Jahr endet die ABM-Maßnahme.

In Erfurt steht der Holocaust-Leugner und vorbestrafte Rechtsterrorist Manfred Roeder vor Gericht. Es ist der 26. September 1996. Roeder hat ein paar Monate zuvor mit schwarzer und gelber Farbe die Worte «Lüge» und «Hetze» über 25 Meter hinweg auf Fototafeln der «Wehrmachtsausstellung» gepinselt. Diese Wanderausstellung mit dem Titel «Vernichtungskrieg. Verbrechen der Wehrmacht 1941–45» wird von Neonazis bekämpft. Sie zeigt Fotos, auf denen zu sehen ist, wie Wehrmachtssoldaten im Zweiten Weltkrieg unschuldige Zivilisten töten, und widerlegt damit das Image der Wehrmacht, anders als die politischen Kampfeinheiten von SS und SA nicht an Kriegsverbrechen beteiligt gewesen zu sein. An manchen Stellen hat der Kurator der Ausstellung jedoch schlampig recherchiert. Für Rechtsextreme wie Manfred Roeder ist das ein guter Vorwand, die gesamte Schau als «Lüge» zu diffamieren.

Vor dem Amtsgericht Erfurt muss sich der 67-jährige Roeder jetzt für den Farbanschlag im Juni rechtfertigen. Im Sitzungssaal ist er nicht allein.

«Unsere Großväter waren keine Verbrecher» steht auf dem Plakat, das die jungen Unterstützer mit in den Sitzungssaal gebracht haben. Eine Gruppe von 15 jungen Männern hat sich auf den Besucherstühlen breitgemacht, um ihrem Idol Rückendeckung zu geben. Neben ihren glattrasierten Schädeln tragen die meisten Männer schwarze Bomberjacken, schwarze Stoffhosen und Springerstiefel. Einige der Prozessbesucher sind aus Jena angereist. Es sind Führungskader des «Thüringer Heimatschutzes»: Ralf Wohlleben, André K., Uwe Mundlos und Uwe Böhnhardt. Vor allem Böhnhardt tritt vor dem Gerichtsgebäude äußerst aggressiv auf und brüllt linke Gegendemonstranten an.

Am Ende der Verhandlung verurteilt das Gericht Manfred Roeder wegen Sachbeschädigung zu einer Geldstrafe von 4500 DM.

«Im Stadion, gegenüber der Tribüne, Block E, in den Gängen liegen Schaumstoffmatten. Da sind Sprengsätze deponiert.» Das ist alles, was der unbekannte männliche Anrufer mit Thüringer Dialekt am Abend des 30. September 1996 sagt. Dann legt er auf.

Es ist 19:52 Uhr, als eine Polizeibeamtin die Drohung entgegennimmt. Die Nachricht versetzt die Polizei Jena in höchste Alarmbereitschaft. Im Stadion befinden sich zur gleichen Zeit 7800 Fußballfans. Es ist der bisherige Zuschauerrekord in dieser Saison.

Seit 20 Minuten läuft auf dem Ernst-Abbe-Sportfeld ein Montagsspiel der Zweiten Fußballbundesliga. Es ist der achte Spieltag, der Zehnte spielt gegen den Siebten der Tabelle, Traditionsverein Ost gegen Traditionsclub West. Der FC Carl Zeiss Jena trifft auf Eintracht Frankfurt. Die Partie wird vom Sportsender DSF im Fernsehen übertragen. Es wäre eine Katastrophe für Stadt und Verein, wenn eine Bombenexplosion Tausende von Menschen töten und womöglich auch noch live über die Bildschirme in ganz Deutschland flimmern würde.

Die Polizei muss schnell handeln. Sofort schickt sie einen Kollegen mit Sprengstoffsuchhund ins Stadion. Noch während des Spiels schnüffelt der Hund in den Gängen unter den Tribünen «C bis E». Er findet jedoch nichts. Eine halbe Stunde vor Spielende wird die Suche beendet.

Eine Woche später im selben Stadion: Nachwuchsfußballer des FC Carl Zeiss Jena trainieren. Es ist kurz nach 14 Uhr. Das Sonntagsspiel der E-Junioren am 6. Oktober ist gerade abgepfiffen worden, und eine Gruppe der Nachwuchskicker spielt noch Fangen und Verstecken unter den Tribünen. Durch eine offene Gittertür sind die Kinder in einen schmalen Lagergang unter den Tribünenblock «C bis E» geklettert. Drei von ihnen wollen sich in einer Lagernische zwischen Matten verstecken, die an der Wand lehnen. Dabei reißt ein Junge den Stapel mit den Matten mit seinem Ellenbogen um. Er entdeckt eine rot angemalte Kiste. Auf ihr steht in schwarzen Großbuchstaben: «Bombe».

«Herr Claus, kommen Sie mal», ruft ein Junge seinem Trainer zu. Auf Ober- und Unterseite des Kastens sind Hakenkreuze gesprüht worden, er erinnert an Munitionskästen der Nationalen Volksarmee. In der Kiste finden Kriminalbeamte einen grünen Kanister, in dem sie ein Metallrohr, Dämmwolle und Kieselsteine entdecken. Mehrere Drähte gucken aus dem Kanister.

Die Ermittlungen beginnen. Der Vorgang erhält den Namen «Stadionbombe», Aktenzeichen 0185-000030-96/1.

Am 1. November 1996 fahren Uwe Mundlos, Uwe Böhnhardt und Beate Zschäpe mit sechs weiteren Neonazis aus Jena ins ehemalige Konzentrationslager Buchenwald. An die Stelle also, wo die Nationalsozialisten in den dreißiger und vierziger Jahren 56000 Juden, Regimegegner und Homosexuelle ermordeten. Der Besuch einer Mahn- und Gedenkstätte wie des KZ Sachsenhausen oder des KZ Buchenwald war in der DDR «gesellschaftliche Praxis». Fast jeder

Schüler, der sich auf die Jugendweihe vorbereitete, musste sich ein Konzentrationslager ansehen. Jetzt hat das Trio andere Motive.

Schon äußerlich seien die drei bei dem Besuch eindeutig als Rechtsextreme zu erkennen gewesen, sagt der Direktor der Stiftung Gedenkstätten Buchenwald und Mittelbau-Dora, Volkhard Knigge, der dpa. Sie wollten das Gelände in SA-Uniform betreten. «Von solchen Leuten ist nicht anzunehmen, dass sie der Opfer des Nationalsozialismus gedenken wollen – im Gegenteil.» Im Gästebuch der KZ-Gedenkstätte hinterlässt am selben Tag ein «Uwe» – wahrscheinlich Mundlos – einen Eintrag:

«Ich bin sehr stark enttäuscht über die mangelnde Tolleranz und das mangelnde verständnis, welches hier deutschen Besuchern entgegengebracht wird. Leider wird zu oft das Lager II mit seinen Verbrechen vergessen. Buchenwld ist nicht nur eine Stätte der jüdischen Kultur.» (Fehler im Original)

Das Trio erhält lebenslanges Hausverbot.

In einer KZ-Gedenkstätte mit SA-Uniform aufzutreten, zeigt die menschenverachtende Gesinnung, die die drei nun bereits verinnerlicht haben – und es zeigt eine Eskalation der Provokation gegenüber öffentlichen Einrichtungen. Es geht ihnen längst nicht mehr nur um Winzerla. Am Volkstrauertag, ein paar Tage darauf, hält die Polizei den Hyundai von Uwe Böhnhardt an. Die Beamten durchsuchen das Auto und finden ein ganzes Waffenarsenal: Schlagstock, Faustkampfmesser, Gaspistole, CO_2-Treibpatrone, Silvesterböller, Reizgaspatrone, Messer, Luftdruckpistolen, einen angeschliffenen Wurfstern, zwei Magazine mit 15 Gaspatronen, eine Schreckschusspistole und mehrere Handbeile. Zur «Abwehr von Gefahren» werden Böhnhardt, Mundlos und Zschäpe vorläufig festgenommen.

Die Freizeit verbringt das Trio jetzt fast ausschließlich in der rechten Szene. Irgendwo gibt es immer eine Demonstration, eine Sonnenwendfeier, eine «Tagungswoche» mit germanischem Sechskampf, ein «Wikingerfest», ein Fußballspiel zwischen rechtsextremen Mannschaften oder ein Konzert, zu dem sie fahren. Egal ob Neuhaus am Rennweg, Lüneburger Heide, Herleshausen, Worms, Schneverdingen, München, Nürnberg oder Chemnitz – die drei sind oft vor Ort.

Meist sind sie in größeren Gruppen mit mehreren Autos unterwegs. An eine dieser Touren kann sich ein Beifahrer noch gut erinnern. Nach einem Kneipenabend im Wald bei Saalfeld, an dem ordentlich Bier geflossen ist, will er zusammen mit Uwe Böhnhardt noch zurück nach Jena. Sie steigen in Böhnhardts roten Hyundai und fahren los. Mitten auf der leeren Landstraße bremst Böhnhardt plötzlich, kramt im Handschuhfach und holt ein Blaulicht heraus. Nachdem er das Polizeisignal auf das Dach seines Autos montiert hat, heizt der alkoholisierte Böhnhardt mit halsbrecherischem Tempo über die Straßen, bis sie angekommen sind. «Böhni war unberechenbar, man wusste nie, was er als Nächstes tat.»

Immer mehr rücken der Staat und die Polizei als sein Repräsentant in den Fokus des Trios. Seit einiger Zeit notieren sich Uwe Böhnhardt und Uwe Mundlos Autokennzeichen. Jeder Neonazi in Jena weiß, dass er es an einen der beiden melden muss, sobald ihm das Auto eines Zivilfahnders auffällt. In einer Excel-Tabelle sammelt Mundlos auf dem Computer in seiner Wohnung die Kennzeichen der neutralen Einsatzfahrzeuge. Später findet die Polizei eine ausgedruckte Liste mit 74 Kennzeichen, die penibel nach Orten sortiert sind. Neben «Kennzeichen» und «Fahrzeugtyp» hat Mundlos manchmal auch Bemerkungen zu den Autos der «Zivil-Bullen» notiert: «LKA», «Hundewagen», «getönte Scheiben» oder «RTL-Aufkleber».

Ende 1996 tritt ein Star der braunen Szene in Thüringen auf: Der Liedermacher Frank Rennicke hat sich für ein Konzert in einem Gasthaus angesagt. Natürlich sind auch Zschäpe, Mundlos und Böhnhardt dabei, als Rennicke mit seiner Gitarre auf die Bühne tritt und Lieder aus Alben wie «Der Väter Land – Lieder für Familie, Volk und Vaterland», «Sehnsucht nach der Heimat» oder «Lieder gegen die Zensur» anstimmt. Die Texte seiner Songs sind meist rassistisch, revisionistisch oder schüren Ausländerhass. Aus diesem Grund sind einige seiner Lieder auf dem Index.

Immer deutlicher heben sich die drei in diesen Wochen und Monaten von der Neonaziszene in Jena ab. Sie fühlen sich als die Elite der Rechten in der Stadt, wenn nicht gar in ganz Thüringen. Abschätzig schauen sie auf die «Stadtglatzen» hinab, wenn sie am zentralen Eichplatz in der Innenstadt vorbeikommen und dort betrunkene Skinheads sehen, die sich auf dem Rummel amüsieren. Sie wollen anders sein als die «Prollskins», die das Image der Neonazis nach außen prägen: Saufen, Grölen, sinnlose Gewalt. Das Trio verachtet Skinheads, bei denen das Interesse an Alkohol die politische Motivation überragt.

Einmal kommt es wegen dieses Konflikts innerhalb der Naziszene sogar zu Stress zwischen den beiden Fraktionen. Nach einer Kneipentour in Jena landet eine Gruppe um Mundlos, Böhnhardt und Zschäpe in der Disko «F-Haus». Auf der Party hängen schon viele «Stadtglatzen» herum. Sie sind laut. Sie saufen. Sie beleidigen andere Gäste. Kurz: Sie wissen sich nicht zu benehmen. Als Uwe Mundlos und Uwe Böhnhardt an dieser Gruppe vorbeikommen, lassen sie ihrer Arroganz freien Lauf. Es fällt ein verächtlicher Spruch. Sofort beginnt eine wilde Keilerei auf dem Parkettfußboden des «F-Hauses».

Mitten in der Prügelei zieht Uwe Böhnhardt plötzlich ein Messer, nimmt es in seine linke Hand und geht auf einen verfeindeten Skinhead zu. Uwe Mundlos sieht das und zieht seinen Kumpel an den Armen zurück. Sie verlassen die Party. Einer, der damals dabei war, sagt: «Jeder wusste, dass Böhnhardt zugestochen hätte.»

17 «Thüringer Heimatschutz»

Silvester 1996. An diesen Jahreswechsel soll sich die gesamte Stadt erinnern. Mundlos, Böhnhardt und Zschäpe haben Großes geplant. Während es in Jena böllert und knallt, führen sie ihre Mission aus.

Am 31. Dezember 1996 und am 2. Januar 1997 kommen Briefbombenattrappen in der Polizeidirektion Jena, der Lokalredaktion der *Thüringischen Landeszeitung* und der Stadtverwaltung Jena an. Die falschen Bomben bestehen aus einer Styroporplatte, Drähten, einer Batterie und Knetmasse. «Von Lüge und Betrug haben wir genug! Das wird der letzte Scherz sein. Ab 97 haut es richtig rein!!!», steht auf einem Zettel, den sie mit der Attrappe an die Zeitung geschickt haben. In dem Bekennerschreiben, das an die Mitarbeiter der Stadt geht, steht: «Auge um Auge, Zahn um Zahn. Dieses Jahr kommt Dewes dran!!!» Richard Dewes ist damals Innenminister in Thüringen. In den Briefen bedrohen die Absender das Leben von Personen des öffentlichen Lebens. Darunter auch das von Ignatz Bubis, damals Präsident des Zentralrats der Juden in Deutschland.

Sofort nach Bekanntwerden der Drohungen beginnen Ermittlungen gegen mehrere Angehörige des rechtsextremen «Thüringer Heimatschutzes». Polizisten durchsuchen im Januar 1997 Wohnungen von Mitgliedern der rechten Szene und vernehmen Verdächtige. Am 28. Januar filzen Beamte auch die Jenaer Wohnungen und Zimmer von Uwe Mundlos, Beate Zschäpe und Uwe Böhnhardt. Obwohl bei einigen Neonazis rote und weiße Farbe gefunden wird, führt keine belastbare Spur zu den Bombenbastlern.

Scheinbar unbeeindruckt von den laufenden Ermittlungen provozieren Böhnhardt und Mundlos weiter die Polizei. Nur zwei Tage nach dem Versand der Briefbombenattrappen kreuzen sie vor der Polizeidirektion Jena in der Straße «Am Anger» auf. Vom Hof des Reviers versuchen sie, die Dienststelle auszuspähen. Als sie dabei von Polizisten erkannt werden und festgenommen werden sollen, prügeln sie sich mit den Beamten. Mundlos und Böhnhardt haben sich bereits so weit vom Boden des Gesetzes entfernt, dass sie den Staat direkt angreifen.

Kurze Zeit darauf kreuzt Böhnhardt schon wieder bei der Polizei auf. Er will eine Demonstration für den Februar 1997 in Jena anmelden. Das Thema lautet: «Für eine schärfere Kontrolle der Polizei.»

Denn die wachsende Aufmerksamkeit der Polizei macht den Jenaer Neonazis zu schaffen. Sie fühlen sich schikaniert vom «Polizeistaat». Der bundesweite Druck, mit dem die Polizei endlich gegen rechte Täter vorgeht, um diese Gewalt in den Griff zu bekommen, auch im Osten, zeigt Wirkung. Wenn sich die Neonazis auf Hassdemonstrationen nicht an Regeln halten, bekommen sie Schlagstöcke ins Gesicht, behauptet ein Neonazi, der dabei gewesen sein will. Einmal seien Rechte aus Jena nach einer Festnahme in Neuhaus am Rennweg in einen Hundezwinger aus Metall gesperrt worden, während der Deutsche-Polizei-Schäferhund vor dem Käfig gewacht habe. «Wir hatten das Gefühl, dass wir damals Freiwild waren», sagt Christian K., der ehemalige Sänger des rechtsextremen Liedermacherduos «Eichenlaub». Die Neonazis haben sich schon so daran gewöhnt, von den Sicherheitsbehörden in Ruhe gelassen zu werden, dass ihnen diese Kontrollen des Staates nun wie eine Jagd auf ihre Szene vorkommen.

Doch die Taten der Jenaer Szene und des Trios sind noch lange nicht so radikal wie die anderer Gruppen oder auch von Vorbildern wie Manfred Roeder oder Karl-Heinz Hoffmann. Aber in der Zeitung lesen die Jenaer Neonazis regelmäßig, wie andere Rechtsextremisten morden. 1995 und 1996 bringen Neonazis in Deutschland 22 Menschen um.

Uwe Mundlos und Uwe Böhnhardt glauben, politisch Verfolgte zu sein. Die von ihnen selbst provozierten Maßnahmen der Polizei und des Verfassungsschutzes sind in ihren Augen eine offene Diskriminierung durch das «Regime», den Staat. Sie denken, dass diese «Verfolgung» ihre «Gegenwehr» rechtfertigt. Damit provozieren sie aber eine noch härtere Reaktion des Staates. Die Jugendlichen radikalisieren sich weiter.

Auch im Falle von Beate Zschäpe könnte die staatliche Kontrolle dazu beigetragen haben, dass sie sich mehr und mehr radikalisiert. Die Mutter von Zschäpe sagt: «Meine Tochter erzählte damals, dass die drei mit dem Auto unterwegs gewesen sind. Sie wurden von der Polizei angehalten und aus dem Auto gezerrt und auf die

Uwe Mundlos 1997 und im Urlaub auf Fehmarn 2009.

Uwe Böhnhardt 1997 und im Ostseeurlaub 2011.

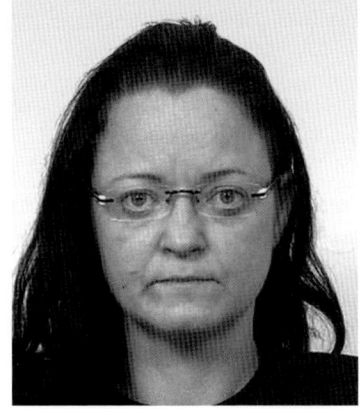

Beate Zschäpe kurz vor der Flucht 1997 und nachdem sie sich gestellt hat 2011.

Beate Zschäpe auf den Armen der Schwester ihres Stiefvaters. Die ersten anderthalb Jahre ihres Lebens wächst Beate bei der Oma und ihrem Stiefvater auf, weil ihre Mutter in Bukarest studiert.

Ferienlager auf Usedom 1985

Gruppenfoto

Gruppenbild mit Tischtennisschläger: Als 12-Jähriger fährt Uwe Mundlos ins Betriebsferienlager der Universität Jena auf der Ostseeinsel Usedom.

Zur Jugendweihe-Feier trägt Uwe Mundlos eine schwarze Schleife zu weißem Hemd und weißer Hose. Er ist damals 14 Jahre alt, in zwei Jahren fällt die Mauer.

Auf dem Klassenfoto der 7. Klasse steht Uwe Mundlos in der hinteren Reihe. 1987 besucht er die Polytechnische Oberschule «Magnus Poser» in Jena.

Bei einer Festveranstaltung wird Uwe Mundlos 1988 in den Kreis der Erwachsenen aufgenommen. Seine Jugendweihe-Urkunde bekommt er in der Aula der Friedrich-Schiller-Universität.

Nach dem Jugendweihe-Festakt feiern die Freunde aus Uwe Mundlos' Klasse noch im Garten eines Schulkameraden.

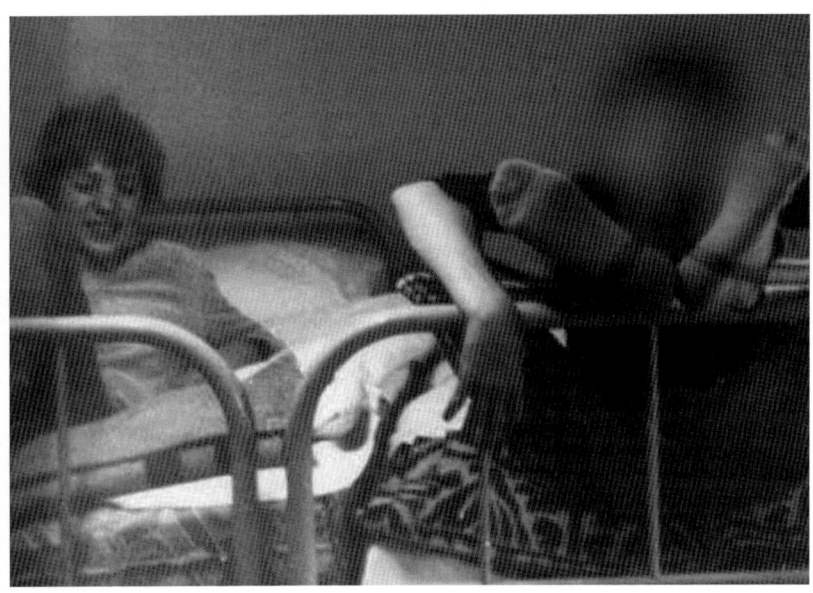

Während einer Klassenfahrt albert der 14-jährige Uwe Mundlos mit einem Schulfreund auf den Jugendherbergsbetten herum.

Als 1991 der «Winzerclub» in Jena eröffnet wird, ist Uwe Mundlos einer der Eröffnungsgäste. Bereits damals trägt er einen kurzen Seitenscheitel, Bomberjacke, Springerstiefel und schwarz-rot-goldene Hosenträger.

Beate Zschäpe sieht man ihre politische Einstellung Mitte der neunziger Jahre nicht an, sie trägt Jeans und Fleecepullover. Auf einer Party fotografiert sie ein Freund, während sie in der «Bravo» liest.

Auf derselben Feier übernachtet Beate Zschäpe in einem Bett mit Uwe Böhnhardt. Kurz vor der Party war sie noch mit Uwe Mundlos verlobt.

Straße geknallt. Dann wurden sie festgenommen und auch über das Wochenende in Gewahrsam behalten. Dort wäre wohl der Uwe zur Toilette gegangen und sei blutig wiedergekommen. Das Ganze war für Beate ein großer Schock, vielleicht war es für sie ein Auslöser.» Auch der ehemalige Neonazi Christian K. kann sich an ähnliche Erlebnisse erinnern. Mitte der neunziger Jahre verbreitet sich in der Szene das Gefühl, dass die Nazis von der Mitte der Gesellschaft immer massiver abgelehnt werden. «Wir spürten jeden Tag, dass die Gesellschaft uns ausspuckt.» Aus den Festnahmen, den Hausdurchsuchungen und den ständigen Kontrollen leiten einige militante Rechte ab, dass sie Outlaws seien, zu Unrecht verfolgt. Daraus erwächst ihr Hass auf den «Polizeistaat», den es zu bekämpfen gelte. In ihrem dramatisch verzerrten Weltbild sind sie jetzt Rebellen. Feinde des Systems. Sich zu wehren, ist für sie das Mindeste – im Notfall auch mit Gewalt.

Uwe Böhnhardt betritt am 6. Januar 1997 das Ordnungsamt, an das er vor sechs Tagen erst eine Bombenattrappe gesandt hatte. Er will sich erkundigen, welche Schusswaffen ein Bürger mit sich führen darf. Kann die Waffe geladen sein, oder muss das Magazin entfernt werden?

Im April 1997 muss Uwe Böhnhardt vor Gericht erscheinen. An der Puppe mit den Davidsternen, die er vor einem Jahr von einer Autobahnbrücke an der A 4 hat baumeln lassen, haben die Ermittler seine Fingerabdrücke gefunden. Außerdem haben die Polizisten bei einer Hausdurchsuchung CDs mit Rechtsrock in seinem Zimmer gefunden. Ein Telefonat ist abgehört worden, in dem er einem Bekannten eine der CDs zum Verkauf anbietet. Das Gericht wirft Uwe Böhnhardt Volksverhetzung, Störung des öffentlichen Friedens und einen versuchten gefährlichen Eingriff in den Straßenverkehr vor. Darum wird er am 21. April 1997 zu einer Jugendstrafe von zwei Jahren und drei Monaten verurteilt. Das Urteil wird nicht vollstreckt. Der Anwalt von Böhnhardt geht in Berufung. Erst im Oktober 1997 wird es zur endgültigen Verhandlung kommen.

Drei Tage später ist das Urteil Thema beim Stammtisch des «Thüringer Heimatschutzes» (THS) im thüringischen Friedebach, zu dem Uwe Böhnhardt allein fährt. Auch in der THS-Kneipe «Heilsberg» tritt Böhnhardt wenig später bei einem anderen Stammtisch des «Heimatschutzes» auf. Im Schlepptau hat er Beate Zschäpe.

In der Nacht des 24. Mai 1997 ziehen 600 Burschenschaftler mit einem Fackelzug durch die Innenstadt von Jena. Als sie am Burschenschaftsdenkmal ankommen, singen sie das «Lied der Deutschen»: alle drei Strophen. Das Singen der ersten und zweiten Strophe der deutschen Nationalhymne wurde nach Ende des Zweiten Weltkriegs von den Alliierten kurzzeitig verboten; bei Staatsempfängen oder Fußballländerspielen wird seitdem nur noch die dritte Strophe gesungen.

Die politische Heimat von Mundlos, Böhnhardt und Zschäpe ist mittlerweile der «Thüringer Heimatschutz» geworden, eine Gruppe, die Tino Brandt aus den Treffen der «Anti-Antifa Ostthüringen» heraus gegründet hat. Brandt war kurz nach der Wiedervereinigung nach Regensburg gezogen und hatte in einem Supermarkt eine Lehre als Einzelhandelskaufmann begonnen. In Bayern lernt Brandt Mitglieder der Neonaziorganisationen «Gesinnungsgemeinschaft der Neuen Front» kennen. 1993 wird der Verein des Neonazis Michael Kühnen vom Bayerischen Innenministerium verboten. Zurück in Thüringen, organisiert Tino Brandt ein Rechtsrock-Konzert und ist bei der Anti-Antifa aktiv.

Der Begriff «Thüringer Heimatschutz» soll vor allem öffentlich nach etwas Großem, Bedeutendem klingen. Er ist eine Marketingidee, um dem rechten Freundeskreis Respekt zu verschaffen. Ähnlich wie später der Begriff «Nationalsozialistischer Untergrund» macht der Namen aus ein paar Jugendlichen plötzlich eine politische Gruppe, die von Polizei und Presse ernst genommen wird – das schmeichelt dem Supermarktkassierer Tino Brandt.

Um markige Sprüche ist er nicht verlegen. Einem britischen Journalisten sagt er vor der Kamera: «Adolf Hitler war ein großer Deutscher, genauso wie Friedrich der Große.» Er weiß genau, was man nach deutschem Recht noch sagen darf und was nicht. Und er kennt die Regeln der Medien. Um den Ruf einer mächtigen, straff organisierten Kameradschaft zu festigen, inszeniert Brandt für einen Fernsehsender einmal sogar Wehrsportübungen im Wald. In dem Beitrag sieht man Nachwuchsnazis, die in Tarnanzügen durch das Unterholz robben. «Das meiste war nur Show», sagt einer, der damals dabei war. Aber Tino Brandt nimmt auch an Schießübungen der rechten Szene teil: Nach Auskunft des Thüringer Innenministeriums wurde er 1995 dabei beobachtet, wie er mit einer Kurzwaffe auf einem ehemaligen Truppenübungsplatz der Roten Armee in Milbitz Schüsse abfeuerte.

Der «Thüringer Heimatschutz» organisiert Skin-Konzerte, Wikingerfeste und Demonstrationen. Unter dem Motto «Der Gott, der Eisen wachsen ließ, der wollte keine Knechte» marschieren die Mitglieder zum Beispiel durch Jena. Außerdem pappen sie in Ostthüringen Aufkleber mit Sprüchen wie «Keine Macht den Zecken» auf Laternen und Litfaßsäulen. Und manchmal veranstaltet Tino Brandt auch Schulungen. Redner dozieren über den Germanenkult, und Rechtsanwälte erklären, wie man sich bei Hausdurchsuchungen gegenüber der Polizei verhalten soll.

Die Hauptaktivität des THS aber waren Brandts «Mittwochsstammtische». Anfangs in Gaststätten in Rudolstadt und Gorndorf, später in der Kneipe «Heilsberg» in Heilsberg. Hier findet die Polizei bei einer Razzia im Oktober 1997 das bis dahin größte illegale Waffenlager Thüringens. Bis zu 160 Mitglieder zählt der Thüringer Verfassungsschutz Ende der neunziger Jahre beim «Thüringer Heimatschutz». Die Gruppe gilt als mitgliederstärkste und militanteste Neonaziorganisation in Thüringen.

Unter den Anhängern sind auch sechs Mitglieder der «Kameradschaft Jena»: Holger G., Ralf Wohlleben, André K. – und das Trio Mundlos, Böhnhardt, Zschäpe. In einem Zeitschrifteninterview erinnert sich Tino Brandt an die drei: «Die kamen damals in der

Gründerzeit des ‹Thüringer Heimatschutzes› mit einigen anderen jungen Leuten aus Jena immer zu uns nach Rudolstadt. Möglicherweise, weil sie hier genau auf die kameradschaftliche Atmosphäre stießen, die es in Jena nicht gab. Bei uns musste man sich nicht in der Kälte zwischen den Plattenbauten herumdrücken.»

Brandt sagt heute, dass Mundlos «nicht gerade der Dümmste» gewesen sei, «leicht Anschluss gefunden und immer gelabert» habe, während Böhnhardt sich bei Diskussionen zurückhielt. «Sein Fachgebiet waren eher Waffen. Er war ein Waffennarr.» Beate Zschäpe fällt durch ihre stramm nationale Gesinnung auf, «hat aber nie viel gesagt». Schon damals sind die drei «unzertrennlich», sagt Brandt. Innerhalb des THS sieht sich die Troika bald als «elitärer Zirkel», erinnert sich jemand, der damals dabei war. «Die drei waren von unserer Sache überzeugt, Nationalsozialisten.» In einer Kaderbesprechung werden Böhnhardt und Mundlos 1997 als «harter Kern» des THS bezeichnet.

Was sie damals jedoch nicht wissen können: Ihre Treffen stehen unter Beobachtung des Verfassungsschutzes. Ihr Anführer selbst, Tino Brandt, arbeitet seit 1994 als Informant Nummer 2045 für das Thüringer Landesamt. Sein Deckname ist «Otto». Bis zum Jahr 2001 soll er für seine Spitzeltätigkeiten insgesamt 200 000 DM von den Agenten des Dienstes bekommen haben.

18 Fahndung

Im Leben von Uwe Mundlos spielt der 17. August eine besondere Rolle. An diesem Tag hat sich 1987 Adolf Hitlers Stellvertreter Rudolf Heß in einer Gartenlaube im Hof des Kriegsverbrechergefängnisses in Berlin-Spandau erhängt, in dem er 46 Jahre inhaftiert war. Seitdem gilt Hitlers Helfer in der rechten Szene als Märtyrer. Auch Uwe Mundlos verehrt ihn. Die Neonazis glauben an eine Verschwörungstheorie, der zufolge die britische Regierung den verwirrten 93-jährigen Mann im Gefängnis habe töten lassen.

Besucher von Mundlos' Studentenwohnheimzimmer in Ilmenau erinnern sich, dass auf seinem Schreibtisch ein handgezeichnetes Porträt von Heß stand – Uwe Mundlos verfeinert die Bleistiftzeichnung an manchen Abenden im Wohnheim. Jedes Jahr im August treffen sich seit Ende der achtziger Jahre deutsche Neonazis, um an den «Friedensflieger» Heß zu erinnern. Spätestens seit dem siebten Todestag ist auch Uwe Mundlos dabei. Zusammen mit drei weiteren Neonazis aus Jena wird er 1994 beim Aufmarsch in Chemnitz von der Polizei kontrolliert. Zu diesem Zeitpunkt ist Mundlos Panzergrenadier bei der Bundeswehr, er lügt den Polizisten an: «Ich feiere hier nur meinen Geburtstag mit Kumpels nach.» Ein Jahr später ist Mundlos beim Heß-Aufmarsch 1995 im niedersächsischen Heidestädtchen Schneverdingen dabei.

1996 werden Uwe Mundlos, Beate Zschäpe, Holger G., André K., Ralf Wohlleben sowie der aktuelle NPD-Bundesvorsitzende Holger Apfel bei einem Heß-Gedenkmarsch im rheinland-pfälzischen Worms fotografiert. Uwe Mundlos trägt ein weißes Kapuzenshirt, und eine Locke hängt ihm vom ansonsten kahlen Schädel ins Gesicht. Beate Zschäpe hat an diesem heißen Sommertag Jeans und ein schwarzes «Lonsdale»-Sweatshirt an. Zusammen mit drei anderen Neonazis hält sie eine riesige schwarz-weiß-rote Reichsflagge. Auf einigen Bildern sieht man Uwe Mundlos lachen, während er auf der Straße sitzend einem Redner zuhört.

Die Gedenkfeierlichkeiten zum zehnten Todestag von Rudolf Heß im Jahr darauf verlaufen anders als geplant. Die Neonaziszene ist 1997 bereits konspirativ organisiert, ein Verbot steht bei allen Demonstrationen immer im Raum. Also versuchen die braunen Kader spontan aufzulaufen. Die «Heß-Aktion» in diesem Jahr wird über ein «Nationales Infotelefon» geplant. Nazis aus ganz Deutschland kennen die geheime Telefonnummer. Eine zackig-militärisch klingende Stimme auf dem Anrufbeantworter sagt den Anrufern kurz vor dem Termin, dass sie sich am Vorabend des 17. August in Süddeutschland aufhalten sollen. Am Morgen der Demonstration will die Stimme auf dem Anrufbeantworter Interessenten den Ort des Marsches nennen.

Eine Delegation von zehn Nazis um Mundlos, Böhnhardt, G. und den Jenaer Neonazikader André K. packt am Abend des 16. August 1997 in Jena ihre Schlafsäcke in drei Autos und fährt nach Bayern. Als es dunkel genug ist, biegen sie in ein Waldstück in Franken ein, rollen ihre Schlafsäcke aus und betten sich für einige kühle Stunden auf den Moosboden zwischen den Bäumen.

Am nächsten Tag erfahren sie über das Infotelefon, dass sie nach Hessen kommen sollen. Ihr Ziel: Herleshausen. Hier wird dieses Jahr der bundesweite Gedenkmarsch stattfinden. Über Landstraßen fahren sie also wieder gen Norden. Irgendwann fällt Christian K., dem Sänger des rechten Liedermacherduos «Eichenlaub», ein orangefarbenes Baustellenfahrzeug am Straßenrand auf.

Ein Bau-LKW mit Laderampe am Sonntag? Und hat nicht der eine Bauarbeiter eben hektisch ein Funkgerät bedient, als die Thüringer Nazis die Stelle passierten? Noch während Mundlos und die anderen aufgeregt über CB-Funk bereden, was sie machen sollen, werden sie von dem orangefarbenen Laster überholt. Mit einer Polizeikelle winken die Zivilpolizisten den Konvoi heraus auf den Seitenstreifen. Die Polizisten bringen die jungen Männer in ein Schulungsgebäude der hessischen Polizei. Hier warten bereits 30 Skinheads und Bomberjackenträger aus der gesamten Republik – auch sie haben es nicht bis nach Herleshausen geschafft.

Nach Stunden ohne Essen und Trinken steht Uwe Mundlos plötzlich auf und ruft einem Polizisten zu: «Ich möchte bitte den Einsatzleiter sprechen!»

Polizist: keine Reaktion

Mundlos: «Wie heißt hier der Einsatzleiter?»

Polizist: «Bugs Bunny.»

Mundlos: «Ich will nicht wissen, wie er aussieht; ich will wissen, wie er heißt.»

Daraufhin wird Uwe Mundlos von der Gruppe getrennt und allein in einen anderen Raum gesteckt. Einer, der damals dabei war, erinnert sich, dass alle beeindruckt waren von Mundlos' Schlagfertigkeit und seinem Mut. Die Bewacher bekamen Angst, er könne die Gruppe gegen sie aufwiegeln.

Erst als es dunkel ist, sehen sich Mundlos und die Gruppe wieder. Eine Polizeieskorte chauffiert die Thüringer Neonazis bis zur hessischen Landesgrenze. Noch vor Mitternacht sind sie wieder in Jena.

Hat Uwe Mundlos damals bereits realisiert, dass die Befugnisse der Polizei an den Grenzen der Bundesländer aufhören? Und hat das Trio deshalb später bewusst seine Morde vor allem in Westdeutschland verübt und die Banküberfälle ausschließlich im Osten? Denn so erschwerten sie es den Ermittlungsbehörden in Bayern, Nordrhein-Westfalen, Hessen und Hamburg, einen Zusammenhang herzustellen mit den Raubüberfällen in Sachsen, Thüringen und Mecklenburg-Vorpommern.

Am Dienstag, dem 2. September 1997, macht ein Neunjähriger in Jena eine spannende Entdeckung. Der Junge spielt am Nachmittag auf dem Theatervorplatz in der Innenstadt. Er ist in der Neonaziszene als Treffpunkt von Alternativen verschrien. Beim Herumstrolchen bemerkt der Junge eine Plastiktüte, die zwischen einem Mülleimer und einer Wand eingeklemmt ist. Was mag da wohl drin sein? Der Junge zieht die Tüte hervor und steckt seine Nase hinein. Als Erstes kommt ihm starker Alkoholgeruch entgegen. Er verzieht die Nase, seine Neugier aber ist noch gestiegen. Er wühlt in der Tüte und findet einen leeren Flachmann. Außerdem ist noch ein größerer viereckiger Gegenstand in der Tüte: ein alter Koffer.

Jemand hat ihn rot angemalt. Auf Vorder- und Hinterseite prangt jeweils ein schwarzes Hakenkreuz in einem weißen Kreis – die Bemalung sieht aus wie die NSDAP-Fahnen im Dritten Reich. Der Junge öffnet den Koffer und sieht ein Metallrohr, das in einen Lappen eingewickelt ist. Aus der einen Seite des Rohres gucken zwei Drähte heraus. Die merkwürdige Konstruktion ist so fest in dem Koffer verankert, dass der Junge es nicht schafft, sie herauszunehmen. Er ist fasziniert von seinem Fund. Aufgeregt läuft er nach Hause.

Als er seiner Mutter von dem Koffer erzählt, glaubt sie, er habe eine Theaterrequisite gefunden. Erst vor wenigen Tagen hat auf dem

Platz ein Konzert stattgefunden. Sie schickt den Jungen und seine ältere Schwester zurück, sie sollen die Tüte im Theater abgeben. Ein Beleuchter nimmt sie entgegen, schenkt dem Fund aber wenig Aufmerksamkeit. Als der technische Leiter des Theaters am nächsten Morgen die Tüte öffnet, ist er geschockt: Der Junge hat eine Bombe gefunden. Die Polizei stellt später fest, dass es sich um eine Art Attrappe handelt, allerdings mit echtem Sprengstoff. Die Kriminaltechniker finden ein Metallrohr, Drähte, Knetmasse, einen funktionsfähigen Zünder und zehn Gramm TNT – aber es fehlt die Energiequelle, um die Bombe zu zünden.

In den Monaten rund um den Zeitpunkt, als Beate Zschäpe, Uwe Mundlos und Uwe Böhnhardt die Kofferbombenattrappe vor dem Theater platzieren und sich regelmäßig mit anderen Anhängern des «Thüringer Heimatschutzes» treffen, diskutiert Deutschland über die SS und die Opfer des Holocaust. Im Mai 1997 ist in der *New York Times* eine ganzseitige Anzeige des American Jewish Committee erschienen. Darin ist links das Foto eines lettischen SS-Veteranen zu sehen, der auf einer öffentlichen Veranstaltung den Hitler-Gruß zeigt. Das rechte Foto auf der Anzeige bildet einen lettischen Holocaust-Überlebenden ab, der verarmt in seiner Wohnung in Riga lebt. Die Schlagzeile über den Bildern lautet: «Wer bekommt eine Rente von der deutschen Regierung?»

Seit der Auflösung der Sowjetunion dürfen Veteranen der Waffen-SS in Lettland und in ganz Osteuropa eine sogenannte Kriegsopferversorgung beantragen. Ein SS-Veteran sagt in einem Interview mit dem Magazin *Panorama* in der ARD: «Danke, Deutschland, danke, dass Sie uns nicht vergessen haben. 40 Jahre lang waren wir hier nichts.» Drei Jahre später berichtet *Panorama*, dass mehrere nachweisliche Massenmörder ebenfalls eine Sonderrente erhalten. Zwischen 1993 und 1997 versuchen das American Jewish Committee und die Jewish Claims Conference, eine Kompensation für osteuropäische Holocaust-Opfer zu erwirken. Erst nach Erscheinen der Anzeige in der *New York Times* und einem offenen Brief von 82

US-Senatoren an Helmut Kohl beschließt die Bundesregierung eine Versorgung der jüdischen Holocaust-Opfer in Osteuropa.

Uwe Böhnhardt verliert Anfang September 1997 wieder einmal seinen Job, diesmal als Fassadendämmer in Jena. Nur fünf Tage arbeitet er bei der WDVS-Reko-Bau GmbH in Jena. Genau in diesen Tagen wird auch Beate Zschäpe wieder arbeitslos. Böhnhardt und sie haben jetzt viel freie Zeit, die sie vielleicht zum Basteln von Bombenattrappen nutzen. Oder zur Produktion des rassistischen Gesellschaftsspiels «Pogromly», das die Polizei nach ihrer Flucht im Zschäpes Wohnzimmer unter der Couch finden wird. Sicher ist, dass Beate Zschäpe die freien Tage nutzt, um «Kampfgefährten» im Gefängnis zu besuchen.

Sie weiß, wie sie die rechte Szene unterstützen kann. Sie engagiert sich gemeinsam mit Uwe Mundlos in der HNG, der «Hilfsorganisation für nationale politische Gefangene und deren Angehörige e.V.». In den neunziger Jahren organisieren sich bundesweit 600 Neonazis in der HNG, um rechtsextreme Straftäter während ihrer Haftzeit zu unterstützen. Noch nicht verurteilte Rechtsextreme senden Briefe oder besuchen die «politischen Gefangenen» in den Gefängnissen der Republik. Der Hilfsverein will die Kameraden vor allem ideologisch bei der Stange halten und sie zu Märtyrern aufbauen. Die NPD gibt die Parole aus, «nationale Straftäter» sollten in den eigenen Reihen resozialisiert werden.

Für Angehörige der späteren Generation der linksextremistischen Rote-Armee-Fraktion (RAF) war die Unterstützung von politischen Gefangenen in den siebziger Jahren der Einstieg in den Terrorismus gewesen.

2011 wird die rechte HNG vom Bundesinnenminister verboten, weil sie verfassungsfeindlich ist. Doch 1997 ist es noch legal, sich für die HNG zu engagieren. Und so fahren Beate Zschäpe, Uwe Mundlos und ein dritter Neonazi aus Jena am 20. September 1997 die 140 Kilometer ins sächsische Waldheim. Hier sitzt der Straftäter Torsten S. in der Justizvollzugsanstalt ein. Auch sein Name steht auf der

«Gefangenenliste» der HNG, die 1997 genau 46 «politische Gefangene» aufführt, die Kontakt wünschen. Über dem Namen zeigt ein Foto Rudolf Heß, den «Märtyrer des Friedens». Regelmäßig wird Zschäpe und Mundlos diese Liste zugeschickt. Dreimal besucht das Trio den Kameraden Torsten S. 1997 im Gefängnis. Bei S. hatte Uwe Mundlos bereits drei Jahre zuvor übernachtet, als er für einen Heß-Gedenkmarsch in der Stadt war. Mittlerweile haben er und Uwe Böhnhardt viele Kontakte in Chemnitz. Über das «Blood & Honour»-Netzwerk freunden sie sich 1997 mit Jens S. an, dem Herausgeber des Nazi-Fanzines «Foier frei!». Die Verbindungen nach Sachsen werden sich für sie knapp ein halbes Jahr später auszahlen.

Über der HNG-Gefangenenliste steht der Satz: «Denkt daran: Gerade in der heutigen Zeit könntet Ihr die Nächsten sein!»

Mitte Oktober 1997 setzt sich der zuständige Kriminalhauptkommissar Georg Taßler vom Terrorismusreferat des Landeskriminalamtes Thüringen an seinen Schreibtisch in Erfurt und notiert auf drei Seiten alles, was die Ermittler bis jetzt über die möglichen Bastler der Bombenattrappen von Jena wissen. Er überschreibt seinen Bericht mit «Zusammenfassung der bisherigen Ermittlungsergebnisse», Aktenzeichen: 1483-000132-97/9.

Seine Kollegen und er kommen darin zu dem Ergebnis, dass die Indizien auf Personen aus dem Umfeld der «Kameradschaft Jena» deuten. Als Täter kommen für sie acht Menschen in Betracht, unter ihnen Uwe Mundlos, Uwe Böhnhardt und Beate Zschäpe.

Die Indizienlast ist erdrückend.

Die «unkonventionellen Sprengvorrichtungen», die in den vergangenen Monaten vor dem Stadion, vor dem Theater, vor der Polizei Jena, der Lokalredaktion der *Thüringischen Landeszeitung* und dem Ordnungsamt Jena gefunden wurden, ähneln sich alle stark. Die verwendete Knetmasse in den Bombenattrappen ist in allen Fällen die gleiche.

Die Täter scheinen zudem einen Bezug zum ehemaligen Carl-Zeiss-Kombinat zu haben, da der gefundene Kanister und die Holzkiste am Stadion aus diesem Betrieb stammen. Der Vater von Uwe Böhnhardt arbeitet bei einem der Nachfolgeunternehmen des Kombinats, den Schott-Glaswerken. Außerdem wohnt ein ehemaliger ABM-Mitarbeiter der Firma im Nachbarhaus der Böhnhardts – er hat solche Kanister aus der Konkursmasse des ehemaligen Volkseigenen Betriebs mitgenommen und weiterverkauft.

Wild wuchert das Gras, ein alter Holzschuppen verfault in einer Ecke, alte Stühle stehen herum. Die Parzelle in der Kleingartenanlage ist nichts Besonderes, dennoch herrscht viel Betrieb im Garten, egal ob am Wochenende oder an Werktagen. Am Anfang kommen die Neonazis nur, wenn sie in Ruhe mal Bratwürste auf den Grill legen wollen. In den Sommermonaten 1997 wird der Garten von Tino Brandt am Fuße der Leuchtenburg in der Nähe von Kahla zu einem Magneten für junge Männer mit einem Faible für Waffen und Nazipropaganda.

Die Rechten beginnen damit, einen Lattenverschlag zu zimmern, und zelten nachts im feuchten Gras. Die Jungs tragen kurze Haare und Tarnfleckanzüge – die Treffen entwickeln sich zu einer Mischung aus brauner Ferienfreizeit, Wiking-Jugend-Lager und Wehrsportübung.

Die Parzellennachbarn sehen diese Entwicklungen gar nicht gern. Grölende Nazis sind das Letzte, was sie in der Nähe ihrer Naturgrundstücke wollen. Anfang Oktober 1997 beobachtet ein Schäfer, wie die jungen Männer mit einem Luftgewehr mit Zielfernrohr lernen, auf eine Scheibe zu schießen. Einige Schüsse verfehlen das Ziel und landen in den Holzbalken des Schuppens. Hat Uwe Böhnhardt hier begonnen, das Schießen zu lernen? In einem Garten, in dem auch der verurteilte Rechtsterrorist Karl-Heinz Hoffmann gesehen wurde?

19 Die Verurteilung

Während das LKA in Erfurt noch die Spuren der Bombenattrappenserie in Jena auswertet, wird es für Uwe Böhnhardt bereits ernst: Er hat an einem Tag gleich zwei Termine bei zwei Gerichten.

Zunächst muss er an diesem 16. Oktober 1997 vor dem Amtsgericht Jena erscheinen, weil er mit einem Luftgewehr im Auto erwischt wurde. Böhnhardt wird verurteilt und muss 50 Tagessätze à 30 DM bezahlen. Gegen das Urteil legt er Berufung ein. Zu dieser Verhandlung, die für Mai 1998 angesetzt wird, wird es nicht mehr kommen – zu diesem Zeitpunkt ist Böhnhardt schon in den Untergrund abgetaucht.

Der zweite Termin an diesem Tag, vor dem Landgericht Gera, ist wichtiger. Sein Verfahren vom Frühjahr wird wieder aufgerollt, es ging um Nazi-CDs, Volksverhetzung, Störung des öffentlichen Friedens. Die Berufung wird zurückgewiesen. Böhnhardt wird zwar nicht für die Puppe an der Autobahn bestraft, unter anderem aber wegen Volksverhetzung verurteilt ihn das Landgericht Gera zu zwei Jahren und drei Monaten Jugendstrafe. Das Urteil wird zwei Monate später – Mitte Dezember 1997 – rechtskräftig.

Am 18. November 1997 finden Ermittler in einem Haus in Stadtroda einen Sprengsatz. Hier sind zu dieser Zeit portugiesische Arbeiter untergebracht. Die Bombe liegt im Keller neben dem Kessel einer Gasheizung. Sie explodiert nur deshalb nicht, weil der Zünder gestört ist. Stadtroda ist von Jena nur 15 Kilometer entfernt.

Die Mitarbeiter des Arbeitsamtes glauben Beate Zschäpe nicht, dass sie drei Monate am Stück krank ist. Eine 22-jährige Frau? Das Amt gelangt zu der Überzeugung, dass Zschäpe Sozialhilfebetrug begeht. Darum macht es kurzen Prozess und entzieht ihr am 20. November 1997 das Arbeitslosengeld, das sie seit dem Ende ihrer Arbeitsbeschaffungsmaßnahme bekommt.

Die Ermittlungsgruppe Terrorismus/Extremismus beim Landeskriminalamt Thüringen braucht endlich einen Erfolg. Sechs Bombenattrappen mit Hakenkreuzen sind in den vergangenen zwei Jahren in Jena aufgetaucht, zweimal wurden die Kisten von Kindern gefunden. Beim letzten Fund befand sich sogar TNT-Sprengstoff in der Kiste. Es fehlt nur noch, dass im nächsten Koffer eine funktionierende Bombe liegt und den Finder schwer verletzt. Wie hieß es noch im Bekennerschreiben zu den Briefbombenattrappen? «Ab 97 haut es richtig rein!!!» Jeden Tag rechnen die Beamten in Erfurt mit einem neuen Fund.

15. April 1996, 6. Oktober 1996, 31. Dezember 1996, 2. Januar 1997, 2. September 1997. An diesen Tagen sind die Bombenattrappen gefunden worden. Jedes Datum ist wie ein Schlag ins Gesicht für den ermittelnden Kriminalhauptkommissar vom Dezernat 61, Staatsschutz, des Landeskriminalamts. Der Abteilungsleiter muss den Fahndungsdruck erhöhen, um an die Täter zu kommen. Sie suchen die Bombenwerkstatt.

Der Thüringer Verfassungsschutz hat dasselbe Ziel, aber mehr Möglichkeiten. Aufgrund der Erkenntnisse der Ermittlungsgruppe Terrorismus/Extremismus des LKA entscheiden sich die Verfassungsschützer für die Observation des Hauptverdächtigen: Uwe Böhnhardt.

Vom 24. November 1997 an beobachten ihn Agenten des Verfassungsschutzes neun Tage lang, um die Werkstatt der «unkonventionellen Spreng- und Brandvorrichtungen» zu finden, wie Bomben im Ermittlerjargon heißen. Sie sehen, wie Böhnhardt zusammen mit Uwe Mundlos seine Wohnung renoviert und dabei Stahlrohre und Dämmwolle aus dem Hochhaus in eine gegenüberliegende Garage bringt. Am nächsten Tag verfolgen die Agenten den roten Ford von Uwe Mundlos bis zum Kaufland-Supermarkt in Jena-Lobeda und notieren, dass Mundlos und Böhnhardt «dort eine Packung Gummiringe in verschiedenen Größen» und zwei Liter Brennspiritus kaufen und diese Gegenstände in die Garage Nr. 5 im Komplex «An der Kläranlage» bringen.

Am Ende der Observation stellt ein Verfassungsschützer in seinem Bericht fest: «Im gesamten Operationsverlauf verhielt sich die Zielperson wenig konspirativ oder auffällig, eine Ausnahme bildet hier nur das Verhalten im Garagenkomplex an der Göschwitzer Straße.» Jetzt weiß der Staat, wo die Bombenwerkstatt sein könnte und dass die beiden jungen Männer etwas planen. Warum dauert es danach noch 63 Tage, bis diese Garage von Polizisten des Landeskriminalamts endlich durchsucht wird?

Am Wochenende vor Weihnachten übernachten Uwe Böhnhardt und Uwe Mundlos in der Jugendherberge in Schnett im Thüringer Wald. Kurz vor diesem Ausflug hat Böhnhardt an der juristischen Schulung einer Szeneanwältin beim «Thüringer Heimatschutz» in Heilsberg teilgenommen. Mittlerweile ist seine Gefängnisstrafe rechtsgültig. Es ist also nur noch eine Frage der Zeit, bis ihn die Polizei abholt und ins Gefängnis einliefert. Das muss Böhnhardt auf jeden Fall verhindern. Nach seinen Erfahrungen in der JVA Hohenleuben vor vier Jahren weiß er eines genau: Er will nie wieder zurück in den Knast.

Die Weihnachtstage sind stürmisch. Wind fegt durchs Saaletal an diesem 26. Dezember 1997. Fritz Müller hält es am zweiten Weihnachtsfeiertag nicht mehr zu Hause aus, er muss schauen, ob auf dem Friedhof noch alles in Ordnung ist.

Müller arbeitet als Leiter der Gräberpflege auf dem Nordfriedhof in Jena. Der Friedhof ist ein Kleinod, weite Teile des Gottesackers stehen als Gartendenkmal unter Denkmalschutz, die Feierhalle wurde Ende des 19. Jahrhunderts im neoklassizistischen Stil erbaut. Mitte der achtziger Jahre wurde eine Gedenkstätte zu Ehren der Opfer des Nationalsozialismus errichtet; vor einer Betonmauer mit der Inschrift «Ruhm und Ehre den Helden des antifaschistischen Widerstandskampfes» steht eine überlebensgroße Büste des proletarischen Freidenkers und Kommunisten Magnus Poser. Er kam 1944 im Konzentrationslager Buchenwald ums Leben.

Als Fritz Müller an diesem Morgen kurz vor 10 Uhr an der Gedenkstätte vorbeikommt, sieht er einen roten Koffer vor der Büste stehen. Darauf ist ein weißer Kreis mit einem schwarzen Hakenkreuz zu sehen. Sofort ruft er seinen Chef an; gegen 10:45 Uhr sichert die Polizei die Fundstelle ab, um 13:15 Uhr entschärfen zwei Spezialisten die vermeintliche Kofferbombe.

Auch dieses Mal ist es glücklicherweise nur eine Attrappe. Der umfunktionierte Reisekoffer aus Presspappe ist leer.

Am Abend schwärmen Polizisten aus, um die Alibis der Mitglieder der «Kameradschaft Jena» zu überprüfen. Für das LKA ist dieser Personenkreis für die bisherigen Bombenattrappen verantwortlich. Zuerst besuchen die Beamten Beate Zschäpe. Im Protokoll der Kriminalpolizeiinspektion Jena heißt es dazu lapidar: «Frl. Zschäpe wurde in den Abendstunden aufgesucht und zum Sachverhalt befragt. Sie machte keinerlei Angaben zu ihrem Alibi.»

Uwe Mundlos treffen die Polizisten nicht an. Als sie am nächsten Tag Uwe Böhnhardts Alibi prüfen wollen, kommt er den Polizisten in seinem roten Hyundai entgegengefahren. Die Ermittler schreiben später: «Dieser hatte Unterzeichnende erkannt und beschleunigte sein Fahrzeug so, dass eine Verfolgung im Rahmen der STVO nicht möglich war.»

Die Polizei verzichtet auf eine Verfolgung, weil sie sonst gegen die Straßenverkehrsordnung verstoßen hätte. Dabei ist Böhnhardt bereits seit über zwei Wochen wegen Volksverhetzung rechtskräftig verurteilt.

Die Ermittlungen gegen Uwe Böhnhardt gehen weiter. Am 8. Januar 1998 erfährt das Landeskriminalamt vom Verfassungsschutz, dass Böhnhardt zwei Garagen benutzt – die Garage Nr. 7 gegenüber seinem Wohnhaus und die Garage Nr. 5 im Komplex «An der Kläranlage». Als sich Polizisten die Schuppen an der Kläranlage einmal genauer ansehen, finden sie auf dem Gelände der Anlage die gleichen Kieselsteine aus Granit, die sie zuvor auch in der Bombenattrappe gefunden haben, die im Stadion versteckt war.

Beate Zschäpe fährt am 17. Januar 1998 nach Erfurt. Mit Mitgliedern des «Thüringer Heimatschutzes» und hundert anderen Neonazis aus Bayern und Berlin demonstriert sie für die NPD. Die Demonstration hat der Bundesgeschäftsführer der NPD angemeldet; Frank Schwerdt nutzt Ende der neunziger Jahre mindestens einmal die Dienste von Uwe Mundlos und lässt sich von ihm in seinem Auto chauffieren.

Nach außen hin bleibt das Trio gelassen. Ungeachtet der Tatsache, dass Uwe Böhnhardt eigentlich seit über einem Monat zu einer Gefängnisstrafe von zwei Jahren und drei Monaten verurteilt ist, treten die drei weiter auf Neonaziveranstaltungen in Erscheinung. Am Samstag, dem 24. Januar, reisen sie mit einer Gruppe Jenaer Kameraden nach Sachsen. Es ist kalt, es schneit. Trotzdem demonstrieren sie in Dresden mit 1300 anderen Nazis aus ganz Deutschland gegen die Wehrmachtsausstellung.

Mundlos und Böhnhardt tragen an diesem Tag schwarze Bomberjacken, Zschäpe wärmt ihre Hände in den Taschen ihrer schwarzen Lederjacke. Das Trio läuft hinter einem roten Transparent mit der Aufschrift «Nationalismus – eine Idee sucht Handelnde» in einer größeren Gruppe mit, in der viele Demonstranten Thüringen-Flaggen schwenken.

Neben Mundlos, Böhnhardt und Zschäpe marschieren in Dresden auch Skinheads aus Chemnitz mit. Nach der Demo fährt das Trio zurück nach Jena. An diesem Sonntag ahnen die drei noch nicht, dass sich ihr Leben in wenigen Stunden radikal ändern wird.

20 «… ab sofort wird Bombe mit Bombe vergolten»

Max-Florian B. hat gerade seinen 20. Geburtstag gefeiert und ist noch neu in der rechten Szene von Chemnitz. Er arbeitet als Steinmetzgeselle, erst seit ein paar Monaten trägt er Bomberjacke und trifft sich mit Skinheads. Anfang des Jahres 1998 fragt ihn ein Neonazi, ob er nicht mit nach Ungarn kommen wolle am Wochenende, auf eine Demo nach Budapest und danach auf ein «Blood & Honour»-Konzert. B. hat Lust.

«In dieser Zeit wurde ich zum Skinhead», sagt Max-Florian B. später. «Ich habe einen Freund, der Skinhead war, nachgeahmt und wollte dazugehören. Über ihn kam ich in die Szene. Ich fand das interessant, was der gemacht hat. Mich haben die Musik und das Provokante fasziniert, und ich war leicht beeinflussbar.»

Mit einem Bus fahren die Skinheads aus Crimmitschau, Zwickau und Chemnitz nach Budapest. Hier findet jährlich um den 10. Februar der «Tag der Ehre» statt. In Gedenken an eine Schlacht zwischen der Roten Armee und ungarischen Truppen zusammen mit der deutschen SS im Jahr 1945 demonstrieren Neonazis aus ganz Europa auf dem Budapester Heldenplatz. Ungarische Demonstranten in grünen Uniformmänteln, Flecktarnhosen und Stahlhelmen marschieren neben englischen Skinheads und deutschen Neonazis mit schwarz-rot-weißen Armbinden um die schwarzen Hemden.

Am Sonntag fahren B. und die sächsischen Skinheads zurück

nach Chemnitz. Als sie abends ankommen, muss B.s Freundin ihm etwas beichten. Ein paar Stunden zuvor hat sie drei Thüringer Kameraden, die «Scheiße gebaut» haben, in seine Wohnung einquartiert. Hier schlafen die Gesuchten jetzt.

«Ich wurde damals nicht richtig anerkannt in der Skinhead-Szene», sagt Max-Florian B. Die älteren Neonazis schauen ihn und seine Freundin Mandy schräg an, wenn er in Szenekneipen zur Tür hereinkommt. Er ist neu, die Alt-Skinheads respektieren ihn nicht. Die Nacht nach seiner Ungarnreise schläft B. bei seiner Freundin Mandy S. Auch die nächste Nacht und viele weitere Nächte. Viel später erst zieht er zurück in seine Wohnung. Es stört ihn nicht, dass die drei Thüringer, die er gar nicht kennt, jetzt in seiner Wohnung leben. Er freut sich, plötzlich Teil einer wichtigen Sache zu sein.

B.s Wohnung in der Limbacher Straße ist ziemlich klein. Böhnhardt, Mundlos und Zschäpe schlafen in einem Zimmer. Sie verlassen die Wohnung tagsüber nicht, trinken nie Alkohol. Es wird bundesweit nach ihnen gefahndet.

Die drei haben sehr viel Zeit. Im Schlafzimmer der Wohnung hat Uwe Böhnhardt einen Funkscanner installiert, mit dem er den Polizeifunk abhören kann. Oft spielen die beiden Männer am Computer gegeneinander, am liebsten «Panzer-General», ein Strategiespiel, in dem man den Zweiten Weltkrieg aus Sicht der Wehrmacht nachspielen kann. Auch Beate Zschäpe und Max-Florian B. spielen manchmal mit.

Uwe Mundlos entwirft am Computer aber auch T-Shirt-Motive. Die «T-Hemden» wollen sie in der Szene verkaufen, um an Geld zu kommen. Eines der von Mundlos gestalteten Bilder zeigt die Comicfigur Bart Simpson im Neonazilook. Darunter steht «Die Skinsons».

Uwe Böhnhardt scheint zu dieser Zeit noch ein Verhältnis mit Beate Zschäpe zu haben, glaubt Max-Florian B. Er tritt selbstbewusst und autoritär auf, bevormundet Uwe Mundlos häufiger und bremst ihn in Gesprächen aus. Nur Beate Zschäpe gegenüber ist er freundlich und zuvorkommend. Die kümmert sich um praktische Dinge. Abends bekocht sie die beiden Männer und ihren «Gastgeber». Als

Mandy S. vorbeikommt, schneidet das junge Skinhead-Girl ihr einmal die Haare.

Auf die Straßen von Chemnitz trauen sich die drei nur nachts. Wenn es dunkel wird, verlassen sie die Unterkunft für kurze Ausspährunden. Wenn sie nach draußen gehen, haben sie immer ein Reizgasspray dabei. «Einmal habe ich in einer Tasche von einem der drei den Griff von vermutlich einem kleinen Revolver gesehen. Ich vermutete, dass es eine Schreckschusspistole war. Der Griff war braun, klein und gebogen», sagt Max-Florian B. Ob sie den Revolver auf ihre Runden mitnehmen, ist nicht sicher.

Den Kontakt zu Mandy S. und Max-Florian B. und somit auch zu ihrem ersten geheimen Unterschlupf hat das Trio über eines der wichtigsten Mitglieder des «Blood & Honour»-Netzwerks in Chemnitz geknüpft: Thomas S. Dieser ist eine bedeutende Figur in der Chemnitzer Skinhead-Szene, ein Alt-Skinhead, der schon lange aktiv ist und rechte Konzerte organisiert. Die drei haben Thomas S. schon vor Jahren über die «Hilfsorganisation für nationale politische Gefangene» kennengelernt, als sie ihn während seiner Gefängniszeit besuchten. Uwe Mundlos schrieb S. damals oft Briefe in seine Zelle.

Seitdem das Trio bei B. eingezogen ist, wird er nicht mehr von Thomas S. ignoriert, auf einmal ist er wer in der Chemnitzer Neonaziszene. S. schüttelt ihm auf einer Skinhead-Veranstaltung sogar anerkennend die Hand. Sie sprechen zwar nicht über die Untergetauchten, aber allen Mitwissern ist klar, dass es um sie geht.

In dieser Zeit taucht auch André E. in Chemnitz auf. «Ich habe den André als gleichgestellten Neuling in der Skinhead-Szene kennengelernt. Er war also auch nicht so bekannt wie ich. Wir haben uns angefreundet», sagt B. Mehrfach besucht André E. die drei in der Wohnung, in der sie untergeschlüpft sind.

Der gelernte Maurer ist ein überzeugter Neonazi, auf seinem Bauch hat er sich die Worte «Die Jew die» eintätowiert – «Stirb, Jude, stirb» – und die Zahl 88 für «Heil Hitler». Der 19-Jährige versendet gern mal Grußkarten mit Hakenkreuz. Zu Weihnachten verschickt er später eine SMS an seine Freunde: «Heil euch! meine familie und ich wünschen euch ein schönes julfest! mögen unsere ahnen und göter über euch wachen! bewahrt nicht die asche, haltet das feuer! heil odin! mkg andre+familie». (Fehler im Original) Auch Andrés Zwillingsbruder Maik ist ein überzeugter Rechtsextremist. Nach Recherchen der *Märkischen Allgemeinen* wird er später Leiter des Potsdamer Stützpunktes der NPD-Jugendorganisation «Junge Nationaldemokraten»; das LKA Sachsen führt ihn als Mitglied im Verein «Heimattreue Deutsche Jugend (HDJ) e. V.». Die HDJ wird 2009 als verfassungsfeindlich verboten. Seine Frau Sylvia E. engagiert sich bei der äußerst konspirativ arbeitenden völkischen «Gemeinschaft Deutscher Frauen».

Auch der Vater der Zwillingsbrüder, Manfred E., hat kein Problem mit stramm rechter Gesinnung. Seine Telefonnummer steht auf einer Einladung zu einem Treffen, bei dem Hitler-Jugend-Lieder gesungen werden sollen. «Bei Fragen» solle man sich an Manfred E. wenden. In dem Schreiben heißt es: «Ich bitte alle Kameraden um eine angemeßene Kleiderordnung da dies keine Skinheadveranstaltung wird sondern ein Treffen von Nationalsozialisten für Nationalsozialisten ist.» (Fehler im Original). Die Runen-Schriftzeichen auf der Einladung können mit «Sieg Heil» übersetzt werden.

André E. wird in den nächsten 13 Jahren zu einem wichtigen Unterstützer des Trios.

Zwei Wochen nach der Flucht ist das Girokonto von Uwe Böhnhardt leer. An einem Geldautomaten in einer Sparkassenfiliale in Jena-Winzerla werden am 11. Februar 1998 1800 DM von seinem Privatkonto abgehoben. Auch das Konto von Beate Zschäpe wird bis an die Grenze überzogen. Ein Kontoauszug von Mitte Februar zeigt, dass sie mit 3276 DM in den Miesen ist. Die drei brauchen Geld. Dringend.

Uwe Mundlos sitzt oft am Rechner, gestaltet Layouts für rechte Postillen oder schreibt selbst Artikel. In der Chemnitzer Neonazizeitung «White Supremacy» erscheint im Oktober 1998 auf Seite

26 ein Artikel unter der Überschrift «Gedanken zur Szene». Der brandenburgische Verfassungsschutz glaubt, dass Uwe Mundlos diesen Text verfasst hat. Er wettert gegen «Kameraden», die «nicht den Kampf zum Lebensinhalt» hätten, «sondern das Vergnügen». Sie forderten «Keine Macht den Drogen!», hingen aber «selbst an der Flasche und würden keinen Tag ohne Alkohol überleben». Er kritisiert politikfaule Aktivisten und saufende Skinheads: «Wer nicht bereit ist, sich aktiv am Kampf und der Bewegung zu beteiligen, der unterstützt passiv alles, was sich gegen unser Volk und unsere Bewegung richtet.» Das «antideutsche Pack» brauche einen «Arschtritt».

«Dazu gab es auch lange Gespräche zwischen uns, wo Uwe Mundlos sich darüber beschwert hat, dass nur Konzertberichte in den Zeitschriften sind, die nichts aussagen und wo es nur ums Saufen geht», erinnert sich Max-Florian B.

Ein anderes «Szene-Zine» veröffentlicht einen weiteren Text, den Mundlos geschrieben haben soll. In der März-Ausgabe vom «Zentralorgan», einer bundesweiten Zeitschrift der militanten Kameradschaftsszene, erscheint 1998 auf Seite 11 ein Artikel unter der Überschrift «... ab sofort wird Bombe mit Bombe vergolten».

Das Trio hat viel vor. Aber noch sind Mundlos, Böhnhardt und Zschäpe weit davon entfernt, sich in den aktiven Kampf zu stürzen, den sie selbst fordern. Die drei kämpfen erst einmal mit ihren logistischen Problemen. Sie haben kein Geld, sie haben keine Ausweise und keine eigene Wohnung. Außerdem ist die Polizei hinter ihnen her.

21 Druck

Mundlos, Zschäpe und Böhnhardt sind vorsichtig. Telefonate führen sie nur aus Telefonzellen und immer über Mittelsmänner. Den Kontakt zu ihrem derzeit wichtigsten Unterstützer Ralf Wohlleben in Jena halten sie über einen Strohmann, der selbst kein Neonazi ist. Der alte Schulfreund von Wohlleben telefoniert in dessen Auftrag mit Kontaktpersonen in Sachsen.

In den Wochen nach der Flucht hinterlässt ein Anrufer, der sich aus einer Chemnitzer Telefonzelle meldet, fünf verschlüsselte Botschaften auf Wohllebens Anrufbeantworter. Einmal bittet er Wohlleben, Geld und persönliche Dinge für das Trio zu organisieren. «Ralf» müsse «bei Böhnis Eltern vorbeifahren» und die Sachen abholen. Die Übergabe solle an dem Ort stattfinden, «wo wir vor zwei Wochen auch schon waren».

Ein paar Tage später der nächste Anruf: «Diese Nachricht ist noch mal für den Ralf … jetzt muss er aber unbedingt kommen … er soll vorher zu Uwes Mutter, Geld holen – wir brauchen viel Geld –, und soll dort einen Videorekorder holen und Klamotten und was weiß ich noch alles … Und er muss unbedingt Sonntag, 14 Uhr dort sein. Es ist ganz wichtig.» Später werden die vom Trio geforderten Gegenstände von thüringischen Neonazis auf Raststätten an der A 4 zwischen Jena und Chemnitz an einen führenden «Blood & Honour»-Skinhead aus Chemnitz übergeben.

Was Wohlleben, die Strohmänner und das Trio nicht wissen: Geheimdienstler hören die Telefonate von 19 Personen aus dem Umfeld der Flüchtigen ab. Alle Mitschriften landen auf den Schreibtischen des Landesamtes für Verfassungsschutz in Erfurt.

Unterdessen versuchen die Jenaer Freunde, an Geld für das Trio zu kommen und Fluchtwege ins Ausland zu organisieren. Im Gespräch mit einem V-Mann verrät die Jenaer Neonazigröße André K. damals, dass man auf der Suche nach Geld sei, um «die drei Flüchtigen aus Jena endgültig wegzubringen». K. bittet unter anderem den rechtsextremen Verleger Peter Dehoust, der in Coburg den «Nation & Europa»-Verlag führt, um Kredit. Angeblich erhält er wenig später 1500 DM aus der Verlagskasse. Auf Anfrage bestreitet Dehoust diese Zahlung. In Coburg findet ein Konzert des rechten Liedermachers Frank Rennicke statt. Die Einnahmen sollen angeblich dem Trio zugutegekommen sein. Bei einem Skin-Konzert in der Kneipe «Heilsberg» stellen die Kameraden vom

«Thüringer Heimatschutz» Spendenkästen «für die drei» auf. Ralf Wohlleben und zwei weitere Jenaer Neonazis nehmen Kredite auf, um die Flüchtigen zu unterstützen. Der Unterstützer Holger G. gibt nach seiner Verhaftung zu, 3000 DM an die alten Freunde in Not gespendet zu haben. Auch die regionale Szene versucht zu helfen. Der Anführer des rechtsextremen Netzwerks «Blood & Honour» in Sachsen, Jan W., veranstaltet braune Benefizkonzerte und verkauft von ihm produzierte CDs der Rechtsrock-Band «Landser». Von dem Geld soll eine Waffe gekauft werden. Nach Übergabe der Pistole soll die Zelle «einen Überfall planen, um mit dem Geld sofort Deutschland verlassen zu können», sagt W. am Rande eines Neonazikonzerts.

Parallel dazu planen die Kameraden des «Thüringer Heimatschutzes», das Trio unauffällig ins Ausland zu schleusen. André K. hat dafür einen wichtigen Termin ausgemacht. Mitte Februar 1998 fährt er nach Berlin, zu einem potenziellen Helfer. Der Mann kennt die Untergetauchten bereits. Mit Beate Zschäpe hat er vor einigen Tagen noch zusammen in Erfurt demonstriert, Uwe Mundlos hat ihn mindestens einmal chauffiert. Es ist Frank Schwerdt, Bundesgeschäftsführer der NPD und Mitglied des NPD-Bundesvorstandes. K. fragt Schwerdt nach Adressen, wo die drei im Ausland untertauchen könnten. «Ich habe jedoch nicht helfen können und wollen», erinnert sich Frank Schwerdt heute.

Nach dem Termin fährt André K. noch zu einer weiteren Adresse in Berlin-Adlershof. Hier betreibt eine rechtsextreme Funktionärin einen Wohnmobilverleih. Nach ihren Morden und Banküberfällen werden Böhnhardt und Mundlos später mit einem Wohnmobil fliehen. Wird die Idee zu dieser Strategie bereits im Februar 1998 geboren?

Einen Monat nach der Flucht des Trios startet das Landeskriminalamt Thüringen eine öffentliche Fahndung. Mit Plakaten und einem Aufruf in der Kriminalsendung «Kripo live» im Mitteldeutschen Rundfunk sucht die Polizei nach den drei Flüchtigen. Auf dem

Fahndungsplakat wird nach Uwe Böhnhardt unter anderem mit dem Hinweis auf «stark abstehende Ohren» gesucht. Die Schwarzweißfotos der Gesichter der drei Untergetauchten machen sie auf einen Schlag zu Posterikonen in der Neonaziszene. Im Mai 1998 setzt die Staatsanwaltschaft Gera 3000 DM für Hinweise aus, die zur Ergreifung des Trios führen.

Fast täglich erreichen die Polizei nun Tipps von Menschen, die Mundlos und Böhnhardt in Jena gesehen haben wollen. Bürger berichten auch, Böhnhardt sei in einer Straßenbahn vom Leipziger Hauptbahnhof ins Neubaugebiet Grünau gefahren. Beate Zschäpe wurde angeblich in Weimar entdeckt. Die Leiterin eines Asylbewerberheims in Dresden will die beiden Männer der Gruppe beim Auskundschaften auf dem Gelände ihres Heims bemerkt haben.

Währenddessen wird das Netz der Ermittlungen um das Trio immer engmaschiger. Inzwischen sind nach dem Landeskriminalamt Thüringen auch die Landesämter für Verfassungsschutz in Brandenburg und Sachsen hinter ihm her.

Auch der Geheimdienst der Bundeswehr, der Militärische Abschirmdienst (MAD), wird eingeschaltet, da es Hinweise gibt, dass Uwe Mundlos und Uwe Böhnhardt sich als bezahlte Söldner einem Regiment der Fremdenlegion angeschlossen haben könnten.

Zurück in der Wohnung von Max-Florian B. Um selbst Geld zu verdienen, machen Mundlos, Böhnhardt und Zschäpe aus ihrem rechtsextremen Gesellschaftsspiel «Pogromly» eine Geschäftsidee. Sie basteln Kopien des Brettspiels und hoffen, das in der rechten Szene beliebte Spiel für je 100 DM an die Kameraden verkaufen zu können.

Auf das Spielbrett eines handelsüblichen «Monopoly»-Spiels kleben die drei neue Spielfelder und schneiden Ereigniskarten aus Papier zurecht. In der Mitte des Bretts ist ein Kreis zu sehen, auf dem ein Skelett mit Totenkopf einen schwarzen SS-Helm und eine Uniform trägt. Links und rechts davon liegen die Felder für die Ereigniskarten. Statt Bankirrtümern und Steuernachzahlungen stehen auf den «SA-» und «SS-Karten» jedoch andere Anweisungen – alles in Frakturschrift. Gewinner des neuen Spiel ist am Ende der erfolgreichste Faschist und Antisemit. In der Anleitung heißt es: «Es ist das Ziel des Spiels, der Kamerad mit den schönsten Städten (also ohne Judensterne) zu werden. Das Spiel endet, wenn alle Kameraden (bis auf einen) bankrott sind und somit nur der beste Verwalter für unser deutsches Vaterland übrig bleibt. Ist diese Situation eingetreten, zeigen die anderen Kameraden ihre Hochachtung vor seinen Leistungen für unser Vaterland, indem sie laut und deutlich im Chor sagen: ‹Heil Dir Großmeister› (und an dieser Stelle seinen Namen).» Auf den Ereigniskarten stehen Sätze wie:

«Diese roten Drecksäcke beschmutzen
Deine Städte mit dummen Parolen.
Zahle für die Beseitigung
3000,– RM»

«Du hattest auf ein Judengrab gekackt.
Leider hattest Du Dir hierbei eine
Infektion zugezogen.
Arztkosten 1000,– RM»

«Du musst nicht beim Juden bleiben.
Es handelt sich um einen Irrtum.
Verlasse diesen stinkenden Ort.»

Am Spielfeldrand finden sich Städtefelder wie «Stuttgart», «Frankfurt», «München» oder «Königsberg», auf denen Davidsterne zu sehen sind. Zwischen ihnen liegen Sonderfelder mit SS-Siegrunen, Totenköpfen und Israel-Flaggen oder Pflichtfelder wie «Bezahle den Spitzel». Die Bahnhofsfelder tragen alle Namen von Konzentrationslagern: «KZ – Auschwitz 4000,–». Als «Startfeld» dient ein Hakenkreuz; auf dem «Gefängnisfeld» steht «KZ», und an einer anderen Ecke ist ein Bild von Adolf Hitler angebracht mit dem

Hinweis «Besuch beim Führer». Auf einem weiteren Feld ist ein Viereck mit den Worten «Du hast gestohlen, geh zum Juden» zu sehen.

Gespielt wird die antisemitische Version von «Monopoly» mit kleinen dunklen Holzhäusern, die das Trio selbst schnitzt.

Laut Aussage von Max-Florian B. empfanden die drei die Arbeiten an dem Brettspiel als sinnvollen Zeitvertreib und stellten es mehrfach her, um damit Geld zu verdienen. Wie viele «Pogromly»-Spiele genau sie gebastelt und verkauft haben, ist nicht bekannt.

Unterdessen versucht Ralf Wohlleben, Geld für die Untergetauchten von ihren Eltern zu Hause in Jena zu bekommen. Er schickt seine Freundin in den Rewe-Supermarkt nach Jena-Winzerla, in dem die Mutter von Uwe Mundlos arbeitet. Die junge Frau schlägt der Mutter vor, dass die Eltern ein Konto für ihren Sohn eröffnen und Geld einzahlen sollen. Sie würde die dazugehörige Kreditkarte an ihn weitergeben. Mutter Mundlos traut Wohllebens Freundin nicht und schickt sie weg. Ein paar Tage zuvor hatte die junge Frau der Großmutter von Beate Zschäpe ein ähnliches Angebot unterbreitet.

Durch ihre Telefonüberwachung wissen die Mitarbeiter des Verfassungsschutzes mittlerweile, wer den direkten Kontakt zwischen Ralf Wohlleben und dem Trio hält. Die Agenten wollen Wohllebens Freund als V-Mann anwerben. Dieser aber informiert sofort seinen Auftraggeber Ralf Wohlleben. Gemeinsam entscheiden sie, zum Schein auf das Angebot einzugehen und den Verfassungsschützer beim nächsten Treffen zu fotografieren. Aber auch dieses Gespräch hört das Amt für Verfassungsschutz mit. Zu einem weiteren Treffen kommt es nicht.

Sechs Wochen nachdem die drei untergetaucht sind, ruft der Hausmeister des Neubaublocks in der Schomerusstraße 5 in Jena, in dem Beate Zschäpe ihre Wohnung hat, bei der Polizei an. Eine

Mache eine Inspektion im KZ -
Buchenwald.
Wenn Du über Start kommst
ziehe 4000 RM ein.

Wiedergutmachungszahlung
Juden müssen für Verbrechen am
deutschem Volk zahlen.
Du erhältst: 400,- RM

Dir ist es gelungen eine Horde roter
Zecken mit Hilfe eines MG's
abzuwehren. Du erhältst eine Prämie
von: 2000,- RM

Du achtest nicht sehr genau darauf
wer in Deinen Städten wohnt.
Zahle für eine Kontrolle pro Haus
1000 RM Strafe.

«Pogromly»-Karten: Monopoly für Neonazis

Deutschlandfahne hänge plötzlich von Zschäpes Balkon herab, be-richtet er. Vorher sei sie ihm nicht aufgefallen. Eine Woche später meldet sich ein Nachbar aus der Schomerusstraße und sagt, er habe Musik und Schritte in der Wohnung von Beate Zschäpe ge-hört. Vom Balkon aus könne man das Flimmern des Fernsehers sehen, sagt eine andere Nachbarin.

Am 15. März um 23:25 Uhr fährt die Jenaer Polizei zur Woh-nung und protokolliert danach, dass die Zimmer benutzt wurden: «Der Zustand der Wohnung lässt darauf schließen, dass die Woh-nung in letzter Zeit regelmäßig aufgesucht wurde (geleerter Brief-kasten, geöffnete Packung Toastbrot, Brot war weich und frisch).»

Als die Terrorzelle 2011 aufgeflogen ist, wird bekannt, dass ein Helfer des Trios 1998 in Zschäpes Wohnung einsteigen wollte, wäh-rend ein anderer Neonazi «Schmiere stand». Der Funktionär der «Jungen Nationaldemokraten» hatte noch Sachen aus der Wohnung holen wollen.

Für die Ermittler muss 1998 auffällig gewesen sein, dass von der Telekom in den Wochen nach dem Untertauchen weiterhin Geld von Zschäpes Konto bei der Sparkasse Jena abgebucht wird. Am 24. Februar 1998 sind es 74,05 DM, am 24. März 1998 steigt die Summe auf 114,64 DM. Das bedeutet, es muss noch jemand mit Zschäpes Festnetzapparat telefoniert haben. Doch ihr Telefon wird von den Ermittlern nicht abgehört.

Ungeachtet der Entdeckung, dass Zschäpes Wohnung weiter benutzt wird, entscheidet sich ein Polizeikommissar dagegen, sie zu überwachen. Er lässt stattdessen den Schließzylinder der Tür aus-wechseln.

Wäre es für die Fahnder nicht interessant gewesen, zu erfahren, wer die Wohnung nutzt?

Aus heutiger Sicht überrascht auch, dass das Mobiltelefon von Uwe Böhnhardt nur einen Monat lang abgehört wird. Das geht aus den Ermittlungsakten des LKA Thüringen hervor. Bis zum 17. März zapfen die Polizisten das Handy an, aber nicht länger. Dabei wissen sie durch die Überwachung seines Sparkassenkontos, dass er das

Mobiltelefon bis Mai 1998 nutzt: Im Februar werden für Gespräche 30,34 DM abgebucht, im März 35,39 DM, im April 38,44 DM und im Mai 56,58 DM.

In diesen Wochen werden 19 Menschen aus dem Umkreis des Trios abgehört, ein Jenaer Bekannter sogar über fünf Monate lang. Warum wird Böhnhardts Handy nicht länger abgehört? Hat es Anzeichen dafür gegeben, dass er das Telefon an jemand anders weitergegeben hatte? Darauf findet sich kein Hinweis in den LKA-Ermittlungsakten.

«Die Polizei ist da», ruft Max-Florian B. und dreht sich zu seinen drei Gästen um. Eben erst ist er ans Fenster seiner Wohnung in der Limbacher Straße in Chemnitz getreten und hat ohne besonderen Grund aus dem Fenster geschaut, an dem beide Flügelscheiben offen stehen, weil dieser Tag im April schon recht warm ist.

Plötzlich sieht er einen Polizisten in Uniform vor dem Haus. Mundlos und Böhnhardt springen auf und verstecken sich hinter der Wohnungstür. Uwe Mundlos gibt die Anweisung: «Guck noch mal – wir gehen dann sonst aufs Dach.» B. schaut weiter aus dem Fenster, der Polizist bleibt auf der Straße. Es passiert nichts. Irgendwann verschwindet der Beamte. Nur die Angst vor dem Auffliegen bleibt zurück in der Wohnung.

«Es kann sein, dass auch da die Waffe ins Spiel kam», sagt Max-Florian B. «Es war ein einprägsames Ereignis, da es nicht zu dem sonstigen Verhalten der drei passte. Es war, als hätten sie einen Schalter umgelegt.»

Nach diesem Erlebnis stellt das Trio neue Regeln auf: Bevor jemand sie in ihrem Versteck in der Limbacher Straße besuchen darf, muss er den Akku aus seinem Mobiltelefon herausnehmen – nur so kann ein Handy nicht mehr geortet werden.

Die Führung des Thüringer Geheimdienstes entwirft einen neuen Plan, um das Trio zu finden: Aus abgehörten Telefongesprächen und von ihrem V-Mann Tino Brandt wissen die Verfassungsschutz-Mitarbeiter, dass sich die drei unter anderem über den

Verkauf der «Pogromly»-Spiele finanzieren. Und sie kennen den Mittelsmann, der die rassistischen Bretter in Jena vertreibt. Darum beschließen sie, «eine künstliche Nachfrage zu diesem Spiel zu veranlassen».

Wenige Tage später erhält V-Mann Tino Brandt aus Steuermitteln mindestens 1000 DM über seinen V-Mann-Führer. Er kauft von André K. drei, vier oder fünf Spiele. So genau weiß das heute keiner mehr. K. soll das Geld an das Trio weitergeben. Die Agenten wollen beobachten, wie die Scheine an die Untergetauchten weitergeleitet werden. Aber sie verlieren die Spur. Ein zweiter Versuch wird gestartet: Tino Brandt übergibt André K. 2000 DM Verfassungsschutzgeld, um gefälschte Pässe zu besorgen. Der Dienst hofft, über die registrierten Scheine und die Passfälscher auf die aktuelle Adresse der Untergetauchten zu stoßen. Doch wieder ist das Geld nur weg.

Die DM-Scheine kommen nie bei den Fälschern an, weil K. das Geld selbst ausgibt. Seinen Kameraden erzählt er, das Geld sei aus seinem Auto gestohlen worden, als er in einer Telefonzelle stand. Viele glauben ihm diese Geschichte nicht, darüber kommt es zum Bruch mit der Jenaer Szene. Auch Ralf Wohlleben redet daraufhin lange Zeit nicht mehr mit seinem bis dahin besten Freund André K.

Mitte September 1998 startet das Landeskriminalamt eine internationale Fahndung nach dem Trio. Dem Staatsanwalt liegen Hinweise vor, dass sich die Zelle mittlerweile in Bulgarien oder Südafrika aufhalte. Er ersucht aus diesem Grund am 14. September 1998 um eine Ausweitung der Fahndung auf alle Staaten Europas, Afrikas, Asiens, Amerikas (Nord-, Mittel- und Südamerika), Australien und Ozeanien).

Als Mandy S. einmal in die Wohnung ihres Freundes Max-Florian B. kommt, liegt Beate Zschäpe auf dem Boden, krümmt sich vor Schmerzen und weint. Sie hat Bauchkrämpfe. Zschäpe fleht S. an, ihre AOK-Krankenversichertenkarte benutzen zu dürfen. «Sie hat mir leidgetan. Damit sie zum Frauenarzt konnte, habe ich ihr meine Karte gegeben», sagt Mandy S. Das grundsätzliche Problem bleibt: Das Trio braucht dringend neue Ausweise und Krankenversicherungskarten.

Nach einem halben Jahr will Max-Florian B. die drei ungebetenen «Untermieter» allmählich loswerden. Er ist der Meinung, dass sein Freundschaftsdienst für Kameraden in Not nun geleistet ist. Er bittet das Trio, sich bald eine neue Bleibe zu suchen. Spätestens im September 1998 ziehen sie aus. Eine Bitte hat Uwe Mundlos vorher noch: Er will den Personalausweis von B. haben. Er braucht ihn, um damit einen Reisepass mit seinem eigenen Foto zu beantragen. Er habe sich schon andere Ausweise angeschaut, aber kein Foto sähe ihm so ähnlich wie B.s, sagt Mundlos. Diesem ist nicht recht wohl bei der Sache, aber er sieht keine andere Chance, wenn er will, dass das Trio endlich verschwindet.

«Sie haben mir versprochen, dass sie sagen würden, dass sie den Ausweis geklaut haben», sagt B. Damit beruhigen sie den jungen Steinmetz, und B. willigt ein. Uwe Mundlos stiehlt zusätzlich B.s Geburtsurkunde, und wenige Tage später sitzt er in einer Fotokabine, um Passbilder anzufertigen. Mit den Bildern, B.s Geburtsurkunde 279/1978 und dem Personalausweis geht Mundlos zum Einwohnermeldeamt Chemnitz. Am 29. Oktober 1998 stellt ihm das Passamt einen Reisepass auf den Namen Max-Florian B. aus. Größe: 1,82 Meter. Augenfarbe: braun.

B. gibt es jetzt zweimal: als Original und Fälschung. Diese Art, sich eine Tarnidentität zu beschaffen, ist nicht nur billiger als gefälschte Ausweispapiere, sondern auch bereits vor Jahren erfolgreich erprobt worden. Diese sogenannte Doublettenmethode hatte bereits die RAF angewandt. B. fand die Vorstellung furchtbar, dass jemand mit einem Reisepass auf seinen Namen herumlief.

«Aber ich war zunächst froh, dass sie dadurch weg waren. Ich war sie los.»

Den falschen Pass finden Polizisten 13 Jahre später in den Resten des ausgebrannten Caravans in Eisenach.

Während sich die drei im Untergrund einrichten, analysieren die Ermittler des LKA Thüringen weiter ihre Hinterlassenschaften aus der Garage an der Kläranlage in Jena. Die Experten der Abteilung Terrorismus/Extremismus entdecken die Spur Nr. II/17.5: Es ist ein Fotoapparat, in dem noch ein Film ist. Das LKA entwickelt die 24 Bilder und findet Fotos von Zschäpe, Böhnhardt und Mundlos. Neben Familienfotos von Uwe Mundlos ist unter den Abzügen auch ein Bild, auf dem Tino Brandt zu sehen ist. Die drei kennen Brandt spätestens seit 1995, als sie begannen, sich in der «Anti-Antifa Ostthüringen» zu engagieren. Jetzt ist er als der Kopf des «Thüringer Heimatschutzes» (THS) einer der einflussreichsten Neonazis der Thüringer Szene – und ein Spitzel.

Wussten Hauptkommissar Georg Taßler und das Landeskriminalamt damals, dass Tino Brandt V-Mann des Verfassungsschutzes war? Wusste Taßler, dass Tino Brandt versuchte, Geld vom Verfassungsschutz für das Trio zu organisieren, während das LKA nach dem Trio fahndete?

Siegfried Mundlos versteht das Verhalten der Behörden nicht. Im Mai 1998 strengt er eine Dienstaufsichtsbeschwerde an, weil das LKA Uwe Böhnhardt während der Garagendurchsuchungen nicht gleich mitgenommen hat. «Wenn sie die drei damals gefasst hätten, wäre es vielleicht alles nicht passiert», sagt Siegfried Mundlos. Über den Ausgang seiner Beschwerde hört er nie etwas.

Dafür erhält er kurz darauf Besuch von Polizisten, wie er später Journalisten erzählt. Die Beamten bitten ihn, mit seinen eigenen Ermittlungen aufzuhören: Er gefährde die Arbeit der Behörden. Aber Siegfried Mundlos gibt nicht auf. Er fragt immer wieder im Bekanntenkreis seines Sohnes herum, ob es Neuigkeiten vom untergetauchten Trio gibt. «Hätte ich damals gewusst, dass sie noch so nah sind, hätte ich mich doch in mein Auto gesetzt und wäre nach Chemnitz gefahren, um sie zu finden.»

Auch ein Besuch im Frühjahr, nicht lange nach der Flucht seines Sohnes, gibt ihm zu denken. «Die Herren vom Verfassungsschutz waren bei mir. Sie kamen ohne Anmeldung und haben ihre Ausweise gezeigt. Leider kann ich mich nicht mehr an die Namen erinnern», sagt Mundlos heute. Laut Mundlos sagten sie: «Wenn Sie Hinweise auf Ihren Sohn haben, rufen Sie uns an – aber nicht von Ihrem Festnetztelefon zu Hause aus, sondern von einer Telefonzelle. Sie werden nämlich von der Polizei abgehört.»

Der damalige Chef des Thüringer Verfassungsschutzes, Helmut Roewer, bestätigt, dass der Geheimdienst damals Sorge hatte, die Polizei könnte dem Trio helfen.

Dieser merkwürdige Besuch wirft ein kurzes Schlaglicht darauf, wie das Thüringer Landesamt für Verfassungsschutz (LfV) in den neunziger Jahren arbeitet. Unter der Führung von Helmut Roewer hat sich das Amt seit 1995 in eine eher ungewöhnliche Richtung entwickelt. Roewer will das Amt «selbst führen». Unter den Mitarbeitern des Amtes keimt in dieser Zeit der Verdacht von «Günstlingswirtschaft» auf. Roewer hat insgesamt neun junge Universitätsabsolventen ohne fachliche Kenntnis angestellt und in Schlüsselpositionen befördert.

Die Universitätsabsolventen werden vom Chef zu ellenlangen Essensterminen eingeladen, und abends trifft man sich gern auf ein Glas noch in Roewers Büro. Für diese Anlässe hat Helmut Roewer stets ein Rotweinfass in seinem Büro parat stehen. Einmal tritt er in einer öffentlichen Veranstaltung mit Pickelhaube als General Erich Ludendorff auf, ein anderes Mal spielt er den Reichsaußenminister der Weimarer Republik, Walther Rathenau. Zu einer rechten Demonstration fährt er auch mal mit dem Fahrrad vor, um die Neonazis selbst zu fotografieren. Roewer gilt als instabile Persönlichkeit.

Unter der Führung von Helmut Roewer treffen sich Agenten des Geheimdienstes 93-mal mit dem Neonazi Thomas D. D. ist den Behörden schon lange bekannt, 1992 hat er am Abend vor Hitlers Geburtstag einen Schweinekopf in den Vorgarten der Synagoge von Erfurt geworfen. Er ist mehrfach vorbestraft, unter anderem wegen Betrugs und Volksverhetzung. Das alles hindert den Geheimdienst nicht daran, ihn als V-Mann zu führen, sein Tarnname lautet «Küche». Für seine Spitzeltätigkeit bekommt Thomas D. 21 980 DM und obendrein auch noch 6800 DM für Spesen. Obwohl der zuständige Referatsleiter D. irgendwann als «Spinner und Wichtigtuer» einschätzt, müssen seine Agenten sich danach noch weitere neunmal mit dem V-Mann treffen – auf Anweisung von Roewer.

Manche V-Leute führt der Chef des Verfassungsschutzes auch persönlich, dafür hat er einen hohen Betrag in bar in seinem Büropanzerschrank liegen. Das Geld organisiert sich Helmut Roewer über eine Tarnfirma, die Gutachten und Filme für das LfV erstellt und dafür hohe Honorare erhält. Geld fließt zurück und landet teilweise im Reptilien-Tresor des Chefs.

Als im Jahr 2001 bekannt wird, dass das Verfassungsschutzamt unter Roewers Leitung den rechtsextremistischen Spitzel Tino Brandt mit Hunderttausenden Mark Steuergeld bezahlt hat, wird der Behördenleiter entlassen. 2005 wird Roewer wegen Untreue in seiner Amtszeit angeklagt. Fünf Jahre später wird das Verfahren endgültig eingestellt – gegen eine Zahlung von 3000 Euro an einen gemeinnützigen Verein.

22 Der Zettel

Eines Tages finden die Eltern von Uwe Böhnhardt einen Zettel in ihrem Briefkasten. Auf ihm stehen eine Zeitangabe und die Adresse einer Telefonzelle in Lobeda West, in der Nähe des Arbeitsamtes. Zum angegebenen Termin sollen sie sich vor die Zelle stellen und warten. Es werde dort klingeln. «Ich wusste nicht, dass man eine Telefonzelle anrufen kann. Ich war da ein bisschen naiv», erinnert sich die Mutter von Uwe Böhnhardt.

Die Eltern machen alles genau wie befohlen. Bibbernd stehen sie vor der Telefonzelle und warten. Und wirklich: Das Telefon klingelt. «Stellt euch, wir unterstützen euch, das hältst du durch.» Das sind die ersten Worte, die der Vater Jürgen Böhnhardt in die

Sprechmuschel des öffentlichen Telefons spricht, als er Wochen nach der Flucht endlich wieder die Stimme seines Sohnes hört. Die Eltern versuchen alles, um ihn zum Aufgeben zu bewegen. Ihr Uwe beginnt zu weinen. Am Ende verabreden sich die Böhnhardts zu einem neuen Termin für das nächste Telefongespräch. «Für uns war das eine große Erleichterung, dass er wenigstens noch lebt», sagt Jürgen Böhnhardt. Mehrmals werden die Eltern auf diese Weise kurz Kontakt mit ihrem Sohn haben.

Ende Oktober 1998 bekommt der Strafverteidiger von Uwe Böhnhardt Besuch vom Thüringer Verfassungsschutz. «Ich saß in meinem Büro in der Humboldtstraße in Gera, und vor dem Fenster sah ich jemanden, der hin und her lief», sagt Rechtsanwalt Gerd Thaut. Thaut ist kein Szeneanwalt, aber er hat in der Vergangenheit bereits Rechtsradikale verteidigt, so auch Böhnhardt in seinem letzten Verfahren 1997.

«Er trug einen hellen Trenchcoat – es fehlte nur der Schlapphut. Er sagte mir, er käme im Auftrag seines Chefs Helmut Roewer», erinnert sich Thaut. Der Agent kommt mit der Bitte, ein Angebot an Uwe Böhnhardt zu übermitteln: «Böhnhardt könnte eine Vereinbarung mit der Staatsanwaltschaft treffen, dass er mit einer milderen Strafe rechnen kann, wenn er den Straftaten und der Gewalt abschwören würde.»

Der Geheimdienst will dem Flüchtigen einen Deal anbieten: Wenn er und seine Komplizen sich stellen, könnte das Gericht das Strafmaß reduzieren. Der Staatsanwalt könnte den Punkt «Bildung einer terroristischen Vereinigung» aus der Anklageschrift herausnehmen und damit die mögliche Höchststrafe auf fünf Jahre reduzieren.

Rechtsanwalt Thaut fährt zu Familie Böhnhardt nach Jena. Zu dieser Zeit telefoniert die Familie noch in Abständen mit ihrem Sohn. Das bestätigt Brigitte Böhnhardt heute auf Nachfrage. Rechtsanwalt Gerd Thaut erzählt Uwe Böhnhardts Eltern in einem Café von der Idee, den Vorwurf «Bildung einer terroristischen Vereinigung» fallenzulassen. «Nach unserem Gespräch hatte ich den

Eindruck, dass Frau Böhnhardt sehr angetan war von dem Angebot», erinnert sich Thaut.

Im Dezember 1998 sendet der Thüringer Geheimdienst einen Brief an den Rechtsanwalt, in dem der Verfassungsschutz ihm zusichert, während der Verhandlungen mit dem Flüchtigen weder ihn noch die Böhnhardts zu überwachen.

Brigitte und Jürgen Böhnhardt sind erleichtert, als sie 1999 eines Tages wieder einen Zettel in ihrem Briefkasten finden. Kurz zuvor hat ein Polizist des LKA bei einem Besuch zu ihnen gesagt: «Wenn sich die Kinder nicht stellen, werden wir sie aufspüren, und dann werden wir von der Schusswaffe Gebrauch machen.» Diesmal stehen auf dem Zettel die Adresse eines Parks in Chemnitz, ein Datum und eine Uhrzeit. Hier wollen sich Mundlos, Zschäpe und ihr Sohn mit ihnen treffen.

«Die Treffen waren für alle Seiten nicht leicht. Man war vorher schon furchtbar aufgeregt, ob alles klappt, ob wir keinen Fehler gemacht hatten», sagt Brigitte Böhnhardt. «Unsere größte Angst war, dass wir beobachtet werden und wir praktisch die Polizei auf ihre Spur führen. Und genau das wollten wir nicht, wir wollten ihnen helfen, aber nicht die Verräter sein.»

Als die Eltern in der sächsischen Stadt ankommen, trauen sie ihren Augen nicht: Die drei stehen wirklich am vereinbarten Platz. Mehrere Stunden sprechen die Böhnhardts mit den Untergetauchten. In dem öffentlichen Park drehen sie ihre Runden, Stunde um Stunde. Ein Mitglied des Trios läuft stets voraus und checkt die Lage, die anderen plaudern mit den Eltern. Sie reden viel über Alltägliches, wie Zschäpe die Wohnung eingerichtet hat, die Katzen. Immer wieder versuchen die Eltern aber auch, die drei davon zu überzeugen, sich doch zu stellen. «Wir helfen euch, das kriegen wir irgendwie hin», redet Brigitte Böhnhardt auf das Trio ein. «Wir unterstützen euch finanziell, und wir suchen euch eine Wohnung.»

Mundlos, Böhnhardt und Zschäpe hören sich die Bitten an. Aber sie sind misstrauisch. Sie fürchten, über die Eltern in eine Falle des

LKA gelockt zu werden. «Wir sagen nicht gegen unsere Freunde aus», entgegnet Uwe Mundlos.

Bei ihrem ersten geheimen Treffen mit dem Trio im Untergrund berichten Brigitte und Jürgen Böhnhardt auch vom Angebot des Verfassungsschutzes. Kurz bevor sie wieder fahren wollen, willigen zwei Gruppenmitglieder in den Deal ein: «Uwe und Beate haben gesagt, sie würden sich stellen», sagt Mutter Böhnhardt später. Nur Uwe Mundlos ist noch dagegen. «Zu dem Zeitpunkt war er nicht bereit. Da waren also nur Uwe und Beate bereit.»

«Ich wollte sie am liebsten gleich mit nach Hause nehmen», erinnert sich Jürgen Böhnhardt, der Vater.

Brigitte Böhnhardt organisiert einen Anwalt für Beate Zschäpe. Das Trio gibt ihr den Tipp, sich an den NPD-Justiziar und bekannten Szeneanwalt Hans-Günter Eisenecker zu wenden. Ralf Wohlleben fährt daraufhin zu Eisenecker, dieser ist interessiert, Beate Zschäpe zu vertreten, Wohlleben möge eine Vollmacht von ihr beibringen. Und Geld für das Rechtsanwaltshonorar. Als Einstiegshonorar verlangt er 800 DM. Brigitte Böhnhardt bezahlt die Summe für Beate Zschäpe.

Im März 1999 schreibt Anwalt Eisenecker an die Staatsanwaltschaft Gera und beantragt Akteneinsicht. Seinem Brief legt er eine schriftliche Vollmacht seiner Mandantin bei. Die Staatsanwaltschaft gibt ihm jedoch keine Akten heraus, um die Ermittlungen nicht zu gefährden.

Rechtsanwalt Gerd Thaut überbringt die gute Nachricht der Staatsanwaltschaft Gera. Die Eltern wollen alles tun, damit sich das Trio stellt, und es sieht gut aus. Aber es kommt nicht zu dem Deal. Wenige Tage nach seinem Besuch erhält Thaut einen Anruf vom leitenden Oberstaatsanwalt, der mit solch einer Vereinbarung nicht einverstanden ist. Er weiß nicht, dass Rechtsanwalt Thaut vom Verfassungsschutz beauftragt wurde, und glaubt, der Anwalt handele nur im Auftrag der Familien. Vorzugsbehandlung für Rechtsradikale lehnt der Oberstaatsanwalt strikt ab. «Die Eltern wollten die vollständige Einstellung des Verfahrens. Dazu war ich nicht bereit», sagt der Oberstaatsanwalt.

«Ich bin vom Verfassungsschutz beauftragt worden, nicht von der Familie», sagt Rechtsanwalt Thaut heute. «Ich bin davon ausgegangen, dass die Staatsanwaltschaft davon Kenntnis hatte.»

Gerd Thaut rechnet die 160 Kilometer für die Fahrten zu Familie Böhnhardt und seine Arbeitsstunden bei seinem Klienten laut Rechtsanwältegebührenordnungs-Tabelle penibel ab. Am 7. Dezember 1998 stellt er 833,20 DM in Rechnung und am 25. März 1999 noch einmal 576,28 DM. Der Verfassungsschutz überweist das Geld auf sein Konto.

Am 19. März nimmt das Thüringer Landesamt für Verfassungsschutz seine Zusage zurück, Rechtsanwalt Gerd Thaut und die Eltern Böhnhardt mit «nachrichtendienstlichen Methoden» zu verschonen, «da die gewünschten Ergebnisse» nicht mehr zu erwarten seien, heißt es in einem Brief an Thaut. Ab jetzt können sie wieder abgehört werden.

23 Wolgograder Allee

Im April 1999 ziehen Mundlos, Böhnhardt und Zschäpe in ihre erste eigene Wohnung in Chemnitz. In den Monaten zuvor haben sie Unterschlupf bei einem Skinhead in der Altchemnitzer Straße gefunden. Doch nun hat Max-Florian B.s Freund André E. eine Wohnung für sie im Fritz-Heckert-Gebiet organisiert, einer Neubausiedlung im Süden der Stadt. 90 000 Menschen leben in der vormals zweitgrößten Neubausiedlung der DDR. E. unterschreibt auch den Mietvertrag für die Zweizimmerwohnung in dem sechsstöckigen Haus in der Wolgograder Allee.

Sie haben jetzt zwar eine eigene Wohnung, und Mundlos verfügt über einen gefälschten Pass. Aber auch Böhnhardt braucht noch einen neuen Ausweis. Und sie brauchen Geld. Dringender als je zuvor.

Ralf Wohlleben versucht immer noch, Spenden aufzutreiben. «Es muss schnellstmöglich etwas geschehen», sagt er einem Kameraden in Jena. Wenig später überweist ein Jenaer Kontaktmann Carsten S. aus der Thüringer Szene «Spendengelder für die drei nach Sachsen». Aber die Spendenbereitschaft der Kameraden schwindet von Monat zu Monat.

Dem Thüringer Verfassungsschutz liegen mehrere Hinweise vor, wonach sich die Gesuchten im Raum Chemnitz aufhalten. Auch ihr V-Mann Tino Brandt wird einmal von Uwe Böhnhardt aus einer Chemnitzer Telefonzelle angerufen. Einen Monat lang kontrollieren die Verfassungsschützer mehrere Telefonzellen in Chemnitz. Außerdem hören sie die Gespräche von drei Chemnitzer Skinheads ab. Zwei der Rechtsextremisten unterstützen das Trio in dieser Zeit aktiv. Doch die Lauschaktionen sind erfolglos.

Als Uwe Mundlos und Uwe Böhnhardt am 6. Oktober 1999 gegen 16:45 Uhr die Postfiliale in der Barbarossastraße im Villenviertel Chemnitz-Kaßberg betreten, sind keine Kunden in den Räumen. Beide tragen Motorradhelme. Mit vorgehaltener Schreckschusspistole fordern sie Geld. Während der eine Räuber einen Schuss abfeuert, springt der zweite über den Schaltertresen und fordert die Angestellte auf, den Tresor zu öffnen. Er droht der Mitarbeiterin, sie zu erschießen, falls sich unter dem Geld eine Farbbombe befinde.

Nach wenigen Minuten ist alles vorbei. Die beiden Männer stürzen aus der Postbank und flüchten mit einem grünen DDR-Moped S 50, der sogenannten Schwalbe. Der Überfall ist aus Sicht des Trios nicht sehr erfolgreich. Sie erbeuten genau 5787,59 DM. Bereits ein knappes Jahr zuvor, am 18. Dezember 1998, haben sie eine Edeka-Kassiererin in Chemnitz mit einer Pistole bedroht und ihr mehrere tausend Mark entrissen. Auf der Flucht schießen sie auf einen Jugendlichen. Dies ist wohl der erste Raubüberfall von Mundlos und Böhnhardt gewesen, glaubt das LKA Sachsen.

Nach dem Überfall auf die Postbank stehen Polizisten im Treppenhaus des Chemnitzer Neubaublocks in der Heckert-Siedlung. Die Beamten sind aber nicht wegen der Überfälle gekommen, sondern weil sich Nachbarn über zu laute Nazimusik und Zigarettenkippen auf ihren Balkonen beschwert hatten. Das Trio entschuldigt sich, die Polizei zieht wieder ab. Sie sind nicht aufgeflogen.

In diesen Wochen kommt es zum Streit innerhalb der Gruppe. Der Unterstützer Holger G. berichtet, Uwe Mundlos habe ihm erzählt, dass er vorübergehend aus der gemeinsamen Wohnung ausgezogen ist. «Die Spannung muss so groß gewesen sein, dass Mundlos schon zu einem Messer gegriffen hatte und sie aufeinander losgehen wollten», sagt G. Nach einigen Monaten der Trennung kehrt Mundlos aber in die Dreier-WG zurück.

Sie brauchen weiterhin unbedingt Geld. Genau drei Wochen nach dem ersten Bankraub überfallen Mundlos und Böhnhardt abermals eine kleine, schlecht geschützte Postfiliale. Wieder ist Mittwoch, wieder befindet sie sich im Villenviertel auf dem Kaßberg – und wieder flüchten sie mit einem Motorrad. Diesmal erbeuten sie 62 822,70 DM.

In den Tagen danach soll der Anführer der Chemnitzer Skinhead-Bande «88er» zu Neonazis in Jena gesagt haben, dass die Flüchtigen «kein Geld mehr» benötigten, da sie jetzt «jobben» würden. Darum gibt Ralf Wohlleben in Jena die Parole aus: «Die drei brauchen keine Spenden mehr, die haben in der Zwischenzeit viele Aktionen gemacht.»

Die erbeuteten fast 70 000 Mark stecken Mundlos, Böhnhardt und Zschäpe in ihre Ausrüstung. Sie bestellen bei ihren Helfern in Jena ein Motorrad und eine Waffe: «Eine schussbereite Handfeuerwaffe müsse her, und zwar eine mit Schalldämpfer. Möglichst ein deutsches Fabrikat», erinnert sich der Unterstützer Carsten S. später an den Auftrag.

Carsten S. begibt sich in die Wagnergasse in Jena. Hier betreibt der einschlägige und stadtbekannte Rechte Andreas S. den Neonaziladen «Madley». Der Ladeninhaber verspricht, dass er sich «mal umhören» werde. Zwei Wochen später trifft man sich wieder – konspirativ im roten Renault Clio des Ladenbesitzers.

Carsten S. übergibt 2500 DM in bar und bekommt dafür eine in ein Tuch eingewickelte Pistole. Erst später, in der Wohnung von Ralf Wohlleben, wickeln die Neonazis die Waffe mit dem Schalldämpfer aus. Dann fährt Carsten S. nach Chemnitz und übergibt Ende 1999 die Pistole in einem McDonald's-Imbiss an Mundlos, Böhnhardt und Zschäpe. Es ist eine tschechische Selbstladepistole Modell 83, Kaliber 7,65 Millimeter Browning, Seriennummer 034678. Eine Česká.

Im September 1999 treffen sich Verfassungsschützer aus Bund und Ländern, Kriminalhauptkommissare der LKAs und des BKA sowie Mitarbeiter des Innenministeriums und der Generalbundesanwaltschaft im Bundesamt für Verfassungsschutz in Köln. Regelmäßig gleichen die Behörden bei solchen «Bund-Länder-Tagungen» ihre Erkenntnisse über rechtsextreme Terroristen und fremdenfeindliche Gewalt ab.

Gleich zu Beginn berichtet ein Mitarbeiter des Bundesamtes für Verfassungsschutz über das Lagebild. Auf Nachfrage betont er, es gebe «derzeit keine Ansätze für eine ‹braune RAF›. Der Szene mangelt es hierzu an Planung, Logistik und vor allem an einer zielbildenden Ideologie.» Die Neonaziszene würde «einen planmäßigen, auf Dauer angelegten terroristischen Kampf zur Durchsetzung politischer Ziele» nicht akzeptieren. Darum würde einer Terrorzelle das Unterstützerumfeld fehlen, erklärt der Verfassungsschützer. «Eine ‹Braune-Armee-Fraktion› existiert nicht.»

Nur wenige Wochen nach dieser Tagung verfolgen Verfassungsschützer aus Thüringen Unterstützer des Trios in Chemnitz. Am 6. Mai 2000 fahren sie einem Pärchen beim Einkaufen hinterher und landen dann in der Bernhardstraße, wo der Mann und die Frau wohnen. Hier sollen sie angeblich auch manchmal Böhnhardt, Mundlos und Zschäpe treffen. Die Verfolger beziehen Stellung. Von der anderen Straßenseite gegenüber dem Haus schießt ein Beobachter des Geheimdienstes gegen 19 Uhr ein Foto, auf dem ein junger Mann zu erkennen ist, mit schwarzem T-Shirt und kurzgeschorenem Haar. Es könnte Uwe Böhnhardt sein, doch sicher sind sich die Verfassungsschützer nicht. Erst neun Tage später werden sie das LKA bitten, bei der Identifizierung zu helfen. Das LKA wiederum fragt das BKA. Dort ist man sicher, dass der Mann auf dem Bild Uwe Böhnhardt ist. Wertvolle Zeit ist da schon vergangen. Und nun dauert es noch einmal Wochen, bis der zuständige Verfassungsschutz in Sachsen aus Thüringen um Amtshilfe gebeten wird. Erst am 7. Juli 2000 observieren die Sachsen die Bewohner der Chemnitzer Bernhardstraße und hören ihre Telefonate mit. Nach drei Tagen brechen sie die Überwachung ohne Erfolg wieder ab.

24 Nürnberg, 9. September 2000

Der Arbeitstag beginnt sehr früh für Enver Şimşek an diesem Samstag, den 9. September 2000. Der 38-jährige Mann mit dem dichten schwarzen Haar und dem buschigen Schnurrbart ist selbständig. Und weil heute Not am Mann ist, muss er selber mehr mit anpacken als sonst. Şimşek lebt seit vier Jahren im hessischen Schlüchtern und betreibt gemeinsam mit seiner Frau einen Blumengroßhandel. Außerdem verkaufen sie in Hessen und Bayern an einigen Stellen auch selbst Blumen.

Gerade sind die Şimşeks von einem sechswöchigen Urlaub zurückgekehrt. Mit seiner Frau und den beiden Kindern ist Enver Şimşek durch die neue Heimat Deutschland gereist. «Ihr sollt das Land kennenlernen», hatte er ihnen gesagt. Sie besuchen Verwandte, es wird viel gegrillt, Enver Şimşek geht oft angeln. Urlaub ist ein seltener Luxus für den vielbeschäftigten Geschäftsmann.

Sein Blumenhandel läuft sehr erfolgreich. Seine Frau und er träumen von einem Lebensabend im eigenen Haus in der Türkei.

In den Morgenstunden verlässt Geschäftsführer Şimşek Schlüchtern und fährt mit seinem weißen Mercedes Sprinter nach Mittelfranken. Er hat Tulpen aus Holland geladen, Chrysanthemen und Dahlien, die er in Venlo ersteigert hat. Zuerst beliefert er einen mobilen Blumenstand im fränkischen Allersberg, danach fährt er nach Langwasser. Hier, auf einem Parkplatz an einer vielbefahrenen Ausfallstraße im Süden Nürnbergs, muss er heute selbst die Blumen verkaufen, weil sein Kollege in der Türkei Urlaub macht. Es ist 8:30 Uhr, als er einen Sonnenschirm aufspannt, Bänke und einen Klapptisch neben den Lieferwagen stellt. Auf die Sitzflächen und den Tisch hievt er schwarze Wassereimer, in die er Blumensträuße drapiert. Im Auto legt er sich lose Blumen zurecht, die er binden will, wenn er gerade mal keine Kundschaft hat. Seine Sträuße sind besonders, richtige Kunstwerke, die er mit duftenden Ölen besprüht.

Es ist ein ruhiger Samstag, manchmal hält eine Stunde lang kein einziger Kunde. Ganz in der Nähe kann Enver Şimşek die Spieler von umliegenden Tennisplätzen hören, ansonsten ist um seinen Verkaufsplatz herum nur Wald. Er bindet Sträuße, telefoniert mit dem Handy, wartet auf den Feierabend.

Gegen 14 Uhr kommen zwei Männer auf den Parkplatz, Enver Şimşek steht gerade auf der Ladefläche und schneidet Blumen. Die beiden Männer treten an die offene Schiebetür. Uwe Böhnhardt und Uwe Mundlos tragen kurze Radlerhosen und Baseballcaps, und beide haben eine Plastiktüte in der Hand. Was sie darin befördern, sieht Enver Şimşek nicht, darum ist er überrascht, als sie die Hand mit der Tüte hochreißen und auf ihn richten. Ohne Vorwarnung zielen beide Männer gleichzeitig auf das Gesicht von Enver Şimşek. Auch als er zu Boden geht, feuern sie weiter auf ihn. Sie schießen ihm in den Kopf, durchlöchern Schultern, Nacken, Brust. Acht Schüsse durchsieben Enver Şimşek förmlich.

Mundlos und Böhnhardt fotografieren Enver Şimşek in seiner Blutlache, schieben die seitliche Tür des Lieferwagens zu und packen ihre Waffen ein. Dann sind sie weg.

25 «Keine Worte, sondern Taten»

Drei Wochen nach dem Mord an Enver Şimşek bauen Agenten des Verfassungsschutzes in einer konspirativen Wohnung in Chemnitz eine Kamera auf. Sie sollen das Haus gegenüber in der Bernhardstraße filmen, in dem Uwe Böhnhardt erwartet wird. Er will hier seinen 23. Geburtstag feiern. Die Verfassungsschützer drücken den «Record»-Knopf der Videokamera und verlassen die Wohnung. Eine menschliche Dauerobservation für die nächsten Tage ist zu teuer. Eher zufällig zeichnet die aufgebaute Kamera an diesem Tag drei Sekunden lang «eine männliche und eine weibliche Person» auf, die das Klingelschild am beobachteten Haus studieren. Es sind Uwe Böhnhardt und Beate Zschäpe.

Zum Ende des Jahres 2000 hin scheint das Geld wieder knapp zu werden. Ein Jahr nach ihrem letzten Bankraub überfallen Uwe Böhnhardt und Uwe Mundlos am 30. November ihre dritte Post. Sie kennen die Filiale gut – sie liegt nur 500 Meter von ihrer ehemaligen Wohnung im Fritz-Heckert-Neubaugebiet in Chemnitz entfernt. Vor fünf Monaten bereits sind sie aus Chemnitz in eine kleine Plattenbauwohnung nach Zwickau gezogen. Einem Unterstützer erklären sie, Chemnitz verlassen zu müssen, weil zu viele Leute wüssten, dass sie dort wohnen. Jetzt also Zwickau.

Und deshalb können sie diesmal nicht mit einem Moped flüchten. Sie müssen ihre Strategie ändern. Mit Fahrrädern wollen sie nun vom Tatort abhauen, damit kann man sich schneller wieder unter die Menschen mischen. Und im Gegensatz zu einem Motorrad haben Mountainbikes kein Nummernschild, nach dem die Polizei fahnden kann. Ihre taktischen Vorbereitungen ergänzen die Männer an diesem Donnerstag schließlich um die Beschaffung eines Wohnmobils, in dem sie sich und die Räder verstecken können. Gegen 9 Uhr wird es von ihrem Helfer André E. gemietet, um 11:11 Uhr überfallen Böhnhardt und Mundlos die Postfiliale in der Johannes-Dick-Straße. Sie tragen Wollstrickmützen, DDR-Taschentücher vor ihren Gesichtern und führen einen Rucksack mit sich, in den die

Kassenmitarbeiter das Geld packen sollen. Mit Pistolen bedrohen sie die Angestellten. Danach flüchten sie auf ihren Trekkingrädern – bis zu einem Parkplatz, auf dem sie das Wohnmobil abgestellt haben. Darin warten sie ab, bis der Fahndungsdruck der Polizei nachlässt. Sie erbeuten 38 902,94 DM.

Drei Wochen später, kurz vor Weihnachten 2000, mietet André E. ein weißes Fiat-Wohnmobil für das Trio. Uwe Mundlos und Uwe Böhnhardt fahren damit von Zwickau nach Köln. Am 21. Dezember läuft einer der beiden durch das Viertel zwischen Kölner Hauptbahnhof und dem Mediapark, in dem Radiosender, Plattenlabels und der Musikkanal Viva ihren Sitz haben. In einer kleinen Seitengasse befindet sich das Lebensmittelgeschäft einer deutschiranischen Familie.

Kurz nach 17:30 Uhr kommt ein Mitte 20-jähriger, junger schlanker Mann mit kurzen, aber lockigen blonden Haaren in das Geschäft. Es ist nicht bekannt, ob es Uwe Mundlos oder Uwe Böhnhardt ist. An diesem Tag bedient der Ladeninhaber selbst die Kunden. Der blonde Mann hat ein Weidenkörbchen dabei, in dem schon eine Christstollendose liegt. Im Geschäft packt er noch einige Delikatessen dazu und will den Präsentkorb dann an der Kasse bezahlen. Hier fällt ihm angeblich ein, dass er sein Geld zu Hause vergessen hat. Aber er will es schnell holen. Der Mann kommt nicht wieder, nicht an diesem Tag, nicht am nächsten Tag und auch nach Weihnachten nicht. Irgendwann stellt jemand das Körbchen in einen Raum hinter dem Laden. Dort gerät es über die Feiertage in Vergessenheit.

Erst vier Wochen später entdeckt die 19-jährige Tochter des Ladeninhabers den Korb und räumt die noch nicht verdorbenen Produkte wieder in die Regale. Am Ende will sie in die rote Stollendose schauen. Es ist 7 Uhr morgens am 19. Januar 2001, als sie den Deckel öffnet. Sie sieht noch eine blau lackierte Gasflasche – und sofort löst eine elektrische Zündung die Explosion des Schwarzpulvers in der Dose aus.

Ihr Gesicht und ihre Hände brennen, sie erleidet Schnittwunden, und ihre Augen werden schwer verletzt. Im Krankenhaus liegt sie im Koma und muss beatmet werden.

Eine Woche vor der Bombenexplosion treffen sich die Rechtsterrorismus-Experten von Verfassungsschutz, Kriminalämtern und Bundesanwaltschaft zu ihrer regelmäßigen Tagung. Sie findet diesmal am 10. und 11. Januar 2001 in Köln statt. Die Sicherheitsbehörden sind sich sicher, dass die rechte Szene sich nicht weiter bewaffnet. Resümee des Treffens: Es liegen derzeit keine Erkenntnisse über die Existenz terroristischer Strukturen vor.

Hinter dem Anschlag auf die deutsch-iranische Familie vermutet die Polizei zunächst einen Racheakt aus dem Zuhältermilieu und danach finanzielle Streitigkeiten zwischen der Familie und einem Bauunternehmer. Zeitweise verdächtigt sie einen jungen Mann mit spanisch klingendem Namen der Tat. Doch keine dieser Spuren bestätigt sich. Im Januar 2006 verfügt die Staatsanwaltschaft Köln, alle Beweisstücke zu dem Fall zu vernichten.

Auf der «Paulchen Panther»-DVD, die Beate Zschäpe im November 2011 versendet, bekennt sich der «Nationalsozialistische Untergrund» zu dem Anschlag. In dem Video sind Fernsehaufnahmen des zerstörten Geschäfts zu sehen und die Comicfigur Paulchen Panther, wie sie eine rote Stollendose vorzeigt, die mit dem zynischen Kommentar «Das kleine Bömbchen» beschriftet ist. Im Sprechertext heißt es:

«So kann's nicht weitergehen, denkt sich der Paul,
denn mit den Nachbarn in der Nachbarschaft ist so manches faul!
Bevor wir nun sofort den Krieg erklärn,
wollen wir erst mal auf andre Art uns wehrn.
Nun, geht es nicht mit Muskelkraft,
mal sehn, ob Dynamit es schafft!»

Man sieht dann eine Explosion und kurz darauf einen TV-Ausschnitt, in dem ein Feuerwehrmann eilig in den Laden läuft. Die

Jalousie des Schaufensters ist herausgerissen, es liegen Scherben und kleine Trümmer auf dem Gehweg vor dem Geschäft. Über die Fernsehbilder hat das Trio den Zeitungsausschnitt «Opfer liegt im künstlichen Koma» montiert. Als Hintergrundmusik zu diesen Bildern wählen Mundlos, Böhnhardt und Zschäpe die lustige «Paulchen Panther»-Melodie. In dem Film taucht erstmals die Parole der braunen Zelle auf: «KEINE WORTE SONDERN TATEN – NSU WAS SONST!»

26 Polenzstraße

Die Wohnung in Zwickau, in die Uwe Böhnhardt, Uwe Mundlos und Beate Zschäpe im Sommer 2000 eingezogen sind, wird ihnen bald zu eng. Knapp 60 Quadratmeter sind zu wenig für drei Erwachsene, das merken die Bewohner schnell. Eine neue Unterkunft muss gefunden werden.

Geld spielt keine Rolle mehr. Das Trio hat in den vergangenen zwei Jahren bei vier Überfällen auf Banken und die Edeka-Filiale in Chemnitz über 100 000 DM geraubt und besitzt nun ein Polster, mit dem es sich einen angenehmen Lebensstil leisten kann.

Mit Hilfe eines Mittelsmannes beziehen die drei im Mai 2001 eine Wohnung im Zwickauer Westen: 77 Quadratmeter, vier Zimmer, ein langer Flur, Küche, Bad mit Dusche, Dachboden und Keller, knapp 800 Euro im Monat. Der Gründerzeit-Bau hat vier Etagen, sie beziehen das Erdgeschoss. In der Zwickauer Polenzstraße ist jetzt der Terror zu Hause. Für die kommenden sieben Jahre wird diese Wohnung ihr Versteck sein. Ihre Kommandozentrale, in der sie minutiös die Morde planen, und ihr Rückzugsort, den sie aufsuchen, nachdem sie wieder mal eine Bank überfallen haben. Sie machen es sich gemütlich. «Die Wohnung war kitschig und spießig eingerichtet», sagt Holger G., der einmal zu Besuch in das neue Domizil kommt. «Es gab Gardinen, Badvorleger und einen Hometrainer.»

In den Jahren, in der sie in dieser Wohnung lebt, wird die Zelle neun Menschen erschießen, zwei Bombenanschläge verüben und bei neun Banküberfällen fast eine halbe Million Euro erbeuten. Aber niemand wird etwas davon mitbekommen: weder die Nachbarn, die mit Beate Zschäpe im Garten Kaffee trinken, noch die afghanische Familie im Haus, die das Trio nur als freundlich und hilfsbereit kennenlernt. Und auch nicht die Polizisten, die Beate Zschäpe vernehmen werden, als einmal in der Wohnung über ihr eingebrochen wird. Die Nachbarn kennen noch nicht einmal die genauen Namen der drei neuen Bewohner. Nur Beate Zschäpe stellt sich ihnen vor – als Susann D..

Den Mietvertrag mit der Wohnungsbau Niedersachsen, Geschäftsstelle Sachsen, hat am 27. April 2001 ein Matthias D. unterschrieben. D. ist ein alter Schulfreund von André E., dem wichtigsten Unterstützer des Trios in den Zwickauer Jahren. In seiner eigenen Wohnung stellt D. in einer Vitrine einen Stahlhelm mit Hakenkreuz aus, eine Adolf-Hitler-Büste und mehrere NS-Orden.

Das Trio hat zwar Geld, kann aber mit seinen Tarnidentitäten keine Schufa-Auskunft, keine Vormieterauskunft und erst recht kein polizeiliches Führungszeugnis beantragen – und das verlangen manche Vermieter von ihren neuen Mietern. Also bringt André E. seinen alten Freund und das Trio zusammen. D. wird der Hauptmieter, sein Name steht auch am Klingelschild.

Am 13. Juni 2001 besteigen Uwe Böhnhardt und Uwe Mundlos wieder ein Wohnmobil und fahren nach Nürnberg. Sie haben jetzt beide eine Tarnidentität. Mundlos fährt als Max-Florian B. und Böhnhardt als Holger G.

Holger G., den alten Freund aus der Kameradschaft Jena, kennt Uwe Böhnhardt seit den frühen neunziger Jahren. Während eines Telefonats fragt das Trio ihn, ob es seinen Ausweis nutzen kann. «Herr Wohlleben hat diesen Kontakt hergestellt, in dem Gespräch haben mich die drei angesprochen, ob ich bereit wäre, einen Reisepass zu erstellen, da ich dem Herrn Böhnhardt ähnlich sehe», erinnert sich Holger G. später. Er und Böhnhardt sind fast gleich alt, mit ihren kurzen Haaren und den runden Köpfen könnten sie Brüder sein. «Mir wurde am Telefon gesagt, ich soll für die Fotos für den Pass eine Brille aufsetzen und mir einen Schnäuzer wachsen lassen. Das habe ich auch gemacht», sagt G. Er fährt dann eigens nach Zwickau, übergibt den Pass und bekommt von Beate Zschäpe die Gebühren gleich erstattet. «Sie haben mir das Gefühl gegeben, dass ich was Supertolles für sie getan habe», sagt er.

Seit dem Morgen sitzt Abdurrahim Özüdoğru am 13. Juni 2001 in seiner Werkstatt in der Nürnberger Südstadt vor seiner Nähmaschine. Alle seine Tage gleichen sich. Der 49-Jährige ist Betreiber einer Änderungsschneiderei, ein Eckladen im Erdgeschoss eines vierstöckigen Hauses in einem Wohngebiet. Zwei große Fensterscheiben zeigen auf die Siemens- und die Gyulaer Straße.

Auf 25 Quadratmetern hat er alles, was er braucht, um Kleider zu kürzen, durchgesessene Jeans zu flicken oder Knöpfe anzunähen. In seinem Geschäftsraum stehen zwei Nähmaschinen, zwei Kleiderständer und ein Tisch. Überall sieht man Hemden und Hosen, auf dem Tisch, auf den Ständern und sogar auf dem Boden. Große Stapel mit Wäsche, überwiegend altmodisch, teilweise eingestaubt.

In der angrenzenden Wohnung sieht es nicht anders aus. Durch eine Tür im hinteren Teil des Ladens gelangt man zu Özüdoğrus Wohn- und Schlafzimmer sowie in die kleine Küche mit dem abgeteilten Bad. Der Schneider mit dem dichten schwarzen Haar und der bereits etwas hohen Stirn lebt hier seit der Scheidung von seiner Frau allein. Sie haben eine gemeinsame Tochter. Seit der Scheidung arbeitet Abdurrahim Özüdoğru noch fleißiger. Seit einigen Monaten verbessert sich das angespannte Verhältnis der Eltern. Herr und Frau Özüdoğru nähern sich einander langsam wieder an.

Wie jeden Tag um diese Zeit verlässt Abdurrahim Özüdoğru kurz nach 16 Uhr seinen Laden, um sich zwei Häuser weiter in dem kleinen Lotto/Toto- und Zeitschriftenladen die türkische Tageszeitung *Hürriyet* zu kaufen. Ein paar Minuten später sitzt er wieder hinter seiner Nähmaschine.

Nach 16:30 Uhr betreten Uwe Böhnhardt und Uwe Mundlos seinen Laden. Özüdoğru steht vor der geschlossenen Verbindungstür zu seiner Wohnung, als ihm einer der beiden Männer aus weniger als zwei Meter Entfernung ins Gesicht schießt. Die erste Kugel zerschmettert seinen Oberkiefer, Abdurrahim Özüdoğru sinkt zu Boden. Der Täter schießt noch ein zweites Mal auf ihn, direkt in seine rechte Schläfe. Die Patrone bleibt in der hinteren Schädelgrube stecken. Eine Nachbarin, die im Haus gegenüber gerade die Fenster putzt, hört die beiden Schüsse. Die beiden Männer fotografieren den tödlich Verletzten und verlassen das Geschäft durch die Ladentür. Vermutlich auf Fahrrädern verschwinden sie aus der Nürnberger Südstadt.

Durch ballistische Untersuchungen finden die Polizisten der Mordkommission heraus, dass die Killer dieselbe Waffe benutzt haben wie bei dem Mord an Enver Şimşek im September 2000. Eine Pistole Česká 83, Kaliber 7,65 Millimeter.

27 «Sieg oder Tod»

Noch am selben Tag tauchen Uwe Mundlos und Uwe Böhnhardt wieder in ihr Leben in Zwickau ein. Die Erdgeschosswohnung in der Polenzstraße liegt in einem Viertel, das schon bessere Zeiten erlebt hat. Viele Häuser sind noch unsaniert, kulinarisch überwiegen Imbissstuben und Dönerläden, die laute und dreckige Hauptverkehrsader Marienthaler Straße durchschneidet das Quartier. Der Bahnhof ist zu Fuß zu erreichen, um die Ecke der Wohnung liegt ein großer Aldi.

Für das Trio ist das Versteck in der ruhigen Nebenstraße geradezu ideal. Nicht weit entfernt gibt es eine Tierarztpraxis, die Beate Zschäpe oft aufsuchen wird, wenn eine ihrer beiden Hauskatzen – die schwarz-weiß gefleckte Lilly oder die grau-getigerte Heidi – einen Darmeinlauf bekommt, wegen Milbenbefall untersucht werden muss oder gegen Katzenschnupfen geimpft wird. Der Tierdoktor wird in all den Jahren ihre Katzen besser kennenlernen als Beate Zschäpe selbst, die sich unter dem Aliasnamen Lisa Pohl vorstellt. Zschäpe zahlt die Rechnungen immer bar, sagt der Veterinär später in einer Zeugenvernehmung bei der Polizei Zwickau aus. Auch eine Videothek liegt nicht weit von der Wohnung entfernt. Hier wird Beate Zschäpe ebenfalls als Lisa Pohl Mitglied und verkauft einmal das gebrauchte Videospiel «Alfred Hitchcock – The Final Cut». Auch Uwe Mundlos will der Besitzer ab und an mal im Laden gesehen haben: «Ich glaube, er nannte sich Andreas.»

Häufig tauchen Uwe Mundlos und Uwe Böhnhardt in den Jahren aber nicht auf. Auch nicht im Haus. «Die Männer hat man nicht oft gesehen, und wenn, waren sie eher wortkarg», sagt die Nachbarin Peggy Prohlis. Die meisten Hausbewohner erinnern sich eher an Begegnungen mit Beate Zschäpe als mit den Männern des Trios. Wenn man die beiden mal hört, spielen sie Computerspiele in der Wohnung oder verbringen ihre Zeit im Keller.

Besonders gern zocken sie in dieser Zeit auf der Playstation oder spielen das Echtzeit-Strategiespiel «Command & Conquer» auf dem Computer. Als es den Nachbarn wegen der Ballerspiele zu laut wird und sie sich durch das dauernde Gepolter aus den PC-Boxen genervt fühlen, kaufen Mundlos und Böhnhardt für 2000 Euro Dämmwolle, damit Ruhe ist.

Doch die beiden Männer benutzen ihre Computer nicht nur zum Zeitvertreib. Viele Stunden sitzen sie davor, um einen Film zu schneiden. Im März 2001 beginnen sie, ihre Taten auf einer Art Bekennervideo zu verewigen.

In der ersten Version, die nicht viel gemein hat mit der später bekannt gewordenen «Paulchen Panther»-DVD, bekennt sich die Bande zu ihren Taten und verwendet zum ersten Mal das Kürzel «NSU». Das Video mit dem Dateinamen nsu.avi beginnt mit der Einblendung eines NSU-Logos, dann erscheint eine Tafel mit programmatischem Text:

WIR: DER NSU WERDEN NICHT DURCH
VIELE WORTE AUF UNS AUFMERKSAM
MACHEN – SONDERN DURCH TATEN
NSU

SOLANGE ES KEINE GRUNDLEGENDEN
ÄNDERUNGEN IN DER POLITIK, PRESSE &
MEINUNGSFREIHEIT VOLLZIEHEN,
WERDEN WIR UNSETE AKTIVITÄTEN WEITER-
FÜHREN.
GETREU DEM MOTTO «SIEG ODER TOD»

(Fehler im Original)

Als Erstes fügen Mundlos und Böhnhardt die Tafeln «NÜRN-
BERG 09. 09. 2000» und «KÖLN 19. 01. 2001» ein. Danach folgen
ein Bild des erschossenen Enver Şimşek, das sie nach der Tat selbst
fotografiert haben, Zeitungsausschnitte sowie der Tafeltext:

UND IHR WISST ES
JETZT AUCH
HEUTE IST NICHT
ALLE TAGE
WIR KOMMEN WIEDER
KEINE FRAGE

Musikalisch unterlegen Mundlos und Böhnhardt das Video mit
Liedern der Rechtsrocker «Noie Werte». Die Neonazigruppe ist
eine der ältesten Rechtsrock-Bands in Deutschland. Seit 1987 hat
sie sechs Platten aufgenommen. Ihr bekanntestes Lied in der Szene
heißt «Am Puls der Zeit».

Uwe Mundlos und Uwe Böhnhardt wählen für ihr Bekenner-
video den harten, aggressiven Song «Kraft für Deutschland». Im
Refrain des Stückes heißt es: «Wir brauchen Kraft für Deutschland!
Kraft für Deutschland in der Schlacht, oh Deutschland! Kraft für

unser Vaterland!» Die zweite Strophe sagt konkreter, gegen wen die Schlacht geführt werden soll: «Alle, die sich unsere Feinde nennen, die werden wir ewig hassen, und kämpfen werden wir gegen sie, bis sie unser Land verlassen!»

Nur zwei Wochen nach dem Mord in Nürnberg verlassen Mundlos und Böhnhardt ihr Zuhause in Zwickau und reisen nach Hamburg. Es ist Mittwoch, der 27. Juni 2001. Vater Taşköprü und sein 31-jähriger Sohn Süleyman schließen um 9 Uhr ihren kleinen Lebensmittelladen im Stadtteil Bahrenfeld auf. Es ist eine spannende Zeit für die beiden Männer. Der Vater hat das Geschäft gegründet. Vor drei Monaten hat er damit begonnen, den Laden nach und nach an seinen Sohn Süleyman zu übergeben.

Der «Taşköprü Market» in der Schützenstraße liegt gegenüber dem Firmensitz der Hamburger Konservenfabrik Kühne. Das Lebensmittelgeschäft ist in dem flachen Vorbau eines weißen Altbaus untergebracht. Auf 20 Quadratmetern bieten die Taşköprüs Obst, Gemüse, Bier, Eis und alkoholfreie Getränke an. Vor der Fensterfront des kleinen Ladens haben die Besitzer Gemüsestiegen mit frischen Weintrauben, Blumenkohl, Tomaten, Zitronen, Mandarinen und Pflaumen aufgebaut.

Vater und Sohn bauen an diesem Mittwoch als Erstes die Gemüsestiegen vor dem Geschäft auf und füllen dann die Waren in den Kühlschränken auf. Zu diesem Zeitpunkt trinkt ein Streifenpolizist einen Kaffee im Geschäft. Als er geht, weist er die Ladeninhaber noch darauf hin, dass ihr Auto im Parkverbot steht. Vater Taşköprü setzt sich daraufhin gleich hinter das Steuer, er muss ja sowieso noch frische Oliven besorgen.

Kurz vor 11 Uhr kommen Uwe Böhnhardt und Uwe Mundlos in den «Taşköprü Market». Einer von ihnen trägt eine weiße Plastiktüte in der Hand. Ohne Warnung hebt er den Arm und schießt auf Süleyman Taşköprü, der hinter einem Tisch mit der Kasse steht. Der erste Schuss aus unmittelbarer Nähe trifft das Opfer mitten ins Gesicht. Das linke Ohr wird weggerissen. Er reißt seine Arme vor den Kopf hoch, um sich zu schützen. Dann stürzt Taşköprü zu Boden, schlägt mit dem Kopf auf ein Regal und bleibt auf dem Bauch liegen. Der zweite Täter richtet jetzt seine Waffe auf den Verletzten und schießt noch zweimal aus unmittelbarer Nähe in den Hinterkopf des jungen Mannes.

Bei solchen Nahschüssen auf Wehrlose spricht die Polizei von einer Exekution.

Als Vater Taşköprü um 11:15 Uhr mit den Oliven wieder in der Tür des Ladens steht, sieht er seinen Sohn auf dem Fußboden liegen. Um ihn herum hat sich bereits eine großflächige Blutlache gebildet. Sofort rennt der Vater aus dem Geschäft und ruft laut um Hilfe. Von der angrenzenden Metzgerei aus alarmiert er den Rettungsdienst.

Zurück im «Taşköprü Market» bettet er den Kopf seines Sohnes in seinen Schoß, drückt ihn an seine Brust und wartet, bis der Rettungswagen kommt. Später sagt er, er glaube, sein Sohn habe ihm noch etwas sagen wollen. Er stirbt in seinen Armen.

28 Urlaub auf Usedom

Nach dem Mord in Hamburg fahren die drei in den Urlaub an die Ostsee. Vorher erbeuten sie bei einem Banküberfall im Juli 2001 in Zwickau noch fast 75 000 DM, dann ist es so weit.

Sie rufen Holger G. an und fragen ihn, ob er sich vorstellen könne, eine Woche Ferien mit ihnen zu machen. Man verabredet sich, G. fährt mit dem Zug von Hannover nach Greifswald, dort holt ihn Uwe Mundlos am Bahnhof ab. «Mit dem Bus ging's weiter Richtung Küste», erinnert sich G. Sie haben ihn eingeladen, weil Uwe Böhnhardt Informationen aus dem echten Leben seiner Tarnidentität braucht. Böhnhardt nennt sich zu diesem Zeitpunkt nur noch Gerri.

Vor seiner Abreise aus Hannover muss G. den Akku aus seinem Handy nehmen, er darf sein Telefon den gesamten Urlaub über nicht benutzen – damit er nicht geortet werden kann. Die drei übernehmen alle Kosten, sie wohnen in einem Ferienbungalow auf einem Campingplatz am Strand, spendieren ihm einen Rundflug mit einem kleinen Flugzeug. Holger G. ist nicht sehr selbstbewusst, ihm liegt viel an der Anerkennung durch Kameraden. Die Einladung empfindet er als Ehre.

Auch Uwe Mundlos meldet sich regelmäßig bei seinem Double Max-Florian B. Meistens ruft er an, manchmal fahren Böhnhardt und er aber auch nach Dresden, wo B. mittlerweile lebt. Bei den Treffen und Anrufen versucht Uwe Mundlos, die Neuigkeiten im Leben seiner Tarnidentität zu erfahren. Wie heißt B.s aktuelle Freundin? Hat er ein Auto? Wann wurde sein erstes Kind geboren, und wie heißt es? Diese Informationen braucht er, um seine Legende glaubhaft aufrechtzuerhalten. Mundlos notiert diese Fakten später auf der Rückseite einer Kopie von B.s Geburtsurkunde. Uwe Mundlos nennt sich nur noch Max.

Beate Zschäpe lebt mit dem Hauptnamen Susann D., nennt sich Liese, benutzt aber mindestens noch zehn weitere Aliaspersönlichkeiten. Die Dokumente stammen von Bekannten, manchmal benutzt sie aber auch Ausweise, die Diskobesucherinnen oder Rentnerinnen gestohlen wurden. Sie verfolgt eine Streupersönlichkeits-Strategie, um im Untergrund unerkannt zu bleiben: Für verschiedene Anlässe verwendet sie verschiedene Ausweispapiere. Zum Arzt geht sie mit einer AOK-Gesundheitskarte, die sie als Silvia R. ausweist, bei ihrem Optiker ist sie Lisa P., Ferienwohnungen mietet sie als Susann E.

In den folgenden Jahren laden die drei Holger G. immer mal wieder dazu ein, mit ihnen die Ferien zu verbringen. 2002 geht es auf einen Zeltplatz bei Flensburg, wo sie in einem Wohnwagen wohnen und Doppelkopf spielen. Zwei Jahre später ist ein Campingplatz bei Lübeck das Urlaubsdomizil. Zu viert besuchen sie die Hansestadt, gehen durch das berühmte Holstentor und beenden die Ferien mit einem Skatturnier. G. ist sich bewusst, dass die drei etwas von ihm wollen. Sie nennen die regelmäßigen Treffen «Systemchecks»: «Bei diesen Treffen wurde abgeklärt, ob es zu Veränderungen von meinen persönlichen Lebensverhältnissen gekommen ist. Dazu zählte auch, ob es zu Strafverfahren gekommen ist, also ob meine Identität für die drei weiterhin gefahrlos nutzbar war», sagt er. Holger G. ist sehr wichtig für das Trio, nicht nur für sein Double Uwe Böhnhardt. In den Jahren 2001 bis 2011 hilft er der Zelle, neue Ausweispapiere, eine AOK-Krankenkassenkarte, einen Führerschein und eine ADAC-Card zu organisieren. Bei einem Treffen mit Beate Zschäpe am Zwickauer Bahnhof übergibt diese ihm außerdem einmal einen Umschlag mit 10 000 Mark. «Dieser Betrag war dazu gedacht, dass die drei darauf zurückgreifen können, wenn mal was sein sollte. Quasi ein Depot», erinnert sich Holger G.

Habil Kılıç freut sich auf die Geburt seiner zweiten Tochter. Seine Frau ist gerade mit dem ersten Kind in der Türkei, um dort in Ruhe ein paar Wochen ihrer Schwangerschaft zu verbringen.

Eigentlich arbeitet der 38-jährige Kılıç auf dem Gemüsegroßmarkt in München. Aber in diesen Tagen kümmert er sich um das Familiengeschäft «Frischemarkt Kılıç» in Rahmersdorf im Münchener Osten. Der Laden liegt an der Bad-Schachener-Straße, einer vielbefahrenen, mehrspurigen Ausfallstraße. Eine blau-weiß gestreifte Markise und kleine Flaggen machen schon von weitem auf die feilgebotenen Tomaten, Salate, Bananen, Äpfel und Mandarinen aufmerksam. Die beiden Glasscheiben des Ladens sind von außen mit den Obst- und Gemüsekisten zugestellt. Die Tür zum Geschäft steht immer offen.

Habil Kılıç ist am 29. August 2001 allein im Laden, als gegen 10:40 Uhr zwei Männer durch die offene Tür hereinkommen. Er steht hinter der Verkaufstheke.

Einer der beiden Männer geht um die Theke herum und feuert ohne Vorwarnung zwei Schüsse ab. Beim ersten zielt er mitten in Kılıç' Gesicht. Die Kugel tritt in der Nähe der Wange ein und kommt an seinem rechten Ohr wieder heraus. Der Getroffene taumelt zu Boden. Die zweite Kugel trifft den Gemüsehändler in den Hinterkopf und tritt auf der Stirnseite wieder aus. Habil Kılıç bleibt auf dem Rücken in einer Blutlache liegen. Danach verlassen Uwe

Mundlos und Uwe Böhnhardt den Frischemarkt unerkannt. Da der Killer wahrscheinlich eine Plastiktüte über seine Pistole gezogen hat, bleiben nicht einmal Patronenhülsen im Laden zurück.

Zwei Zeuginnen sagen später in Vernehmungen aus, zur Tatzeit zwei auffällig schnell vorbeirasende Mountainbikefahrer beobachtet zu haben, die aus der Richtung des Ladens kamen. Sie beschreiben die Fahrer als 20- bis 30-jährige Männer mit dunklen Haaren und einem Rucksack.

29 Plätzchen

Im Frühjahr 2002 finden die Eltern von Uwe Böhnhardt wieder einen Zettel in ihrem Blechbriefkasten. Sie stehen zum angekündigten Termin vor der Telefonzelle, es klingelt. Ihr Sohn bittet sie, zum nächsten Treffen aktuelle Fotos seiner Nichte und seines Kinderzimmers mitzubringen; Beate Zschäpe wünscht sich Plätzchen- und Kuchenrezepte von Brigitte Böhnhardt.

«Ein bisschen gewundert hat es mich schon, es war ja erst Frühjahr, und da habe ich gedacht, na ja, da hat sie ja noch Zeit bis Weihnachten zum Üben», erinnert sich Mutter Böhnhardt. Zum Treffen bringt sie ein Backbuch mit und Zettel mit Plätzchenrezepten, die sie aus anderen Büchern abgeschrieben hat. Plätzchen von Mutti. Als Uwe Mundlos die Backrezepte sieht, ruft er: «Och, das ist mein Lieblingskuchen, den hab ich immer so gern gegessen.»

Während die beiden Frauen die Rezepte studieren, versucht Brigitte Böhnhardt, etwas über das Zusammenleben des Trios herauszufinden.

Brigitte Böhnhardt: «Spielst du jetzt eigentlich die Hausfrau für alle beide?»

Beate Zschäpe: «Ja.»

Brigitte Böhnhardt: «Und mit wem bist du so zusammen?»

Beate Zschäpe: «Eigentlich mit niemandem. Wir sind drei Freunde. Jeder hat sein eigenes Zimmer.»

Ein anderes Mal, als dieselbe Frage aufkommt, antwortet Zschäpe: «Ich bin mit dem Uwe zusammen», erinnert sich Brigitte Böhnhardt. «Ich habe damals ganz vergessen zu fragen, welchen Uwe sie
meint, weil ich davon ausging, sie meint meinen Uwe.»

Sie reden noch ein bisschen über die Katzen und den Haushalt,
aber im Kopf von Mutter Böhnhardt will das alles nicht zusammen-
gehen. «Wie kann eine junge Frau mit zwei jungen Männern zusammenleben, ohne mit irgendjemandem liiert zu sein? Also, das
erschließt sich mir nicht.»

Auf die Eltern Böhnhardt wirken die nun bereits 28-, 27- und
25-jährigen Kinder älter und reifer; seit vier Jahren leben sie bereits versteckt im Untergrund. «Äußerlich hatten sie sich ansonsten
nicht verändert. Sie sahen noch genau so aus wie in der Zeit vor
ihrem Verschwinden 1998», erinnert sich Frau Böhnhardt.

Sie und ihr Mann sind vollkommen überrascht, als eine Stunde
vor dem Abschied einer der drei plötzlich sagt: «Wir stellen uns auf
keinen Fall, wir gehen jetzt weg.»

Die Ankündigung, Deutschland verlassen und die Böhnhardts
nicht wiedersehen zu wollen, trifft die Eltern sehr. «Ich hab das aber
nicht geglaubt, ich habe das in dem Moment überhaupt nicht erfasst», sagt Brigitte Böhnhardt heute. Trotzdem lässt sie sich nichts
anmerken. «Ich habe ihnen alles Gute gewünscht. Seht zu, dass ihr
ordentlich auf den rechten Weg kommt.»

Der Abschied wird furchtbar. «Am Ende haben alle fünfe geheult», erinnert sich Jürgen Böhnhardt. «Ich merke auch immer
noch die Umarmung von dem Uwe Mundlos, der mir auch noch
mal aufgetragen hat, seine Mutti zu grüßen, die er sehr geliebt hat.»
Während Mutter Böhnhardt das erzählt, stockt sie, sie muss sich die
Tränen verkneifen. «Ich sehe den immer noch, und ich spüre auch
immer noch den Druck von Uwe Mundlos' Händen auf meiner
Schulter. Ich habe ihm in sein Ohr geflüstert, du bist der Älteste,
pass auf den Uwe auf. Beate habe ich ganz lange umarmt und hab
gesagt, Mädchen, überleg dir das doch. Du bist eine Frau, was willst
du denn machen?» Sie umarmt ihre Fast-Schwiegertochter damals
lange, dabei beginnt auch Beate Zschäpe zu schluchzen.

Die gesamte Rückfahrt nach Jena weint Brigitte Böhnhardt. «Ich habe tagelang nur geheult. Ich wusste in dem Moment, die meinen das ernst.» Die Eltern sind davon überzeugt, dass ihr Sohn, Beate Zschäpe und Uwe Mundlos ins Ausland gehen werden.

In den kommenden Jahren warten die Böhnhardts weiter auf ein Zeichen, auf einen Zettel im Briefkasten, eine Notiz von Freunden, einen Anruf. Nie wieder kommt eine Nachricht, sodass sie irgendwann hoffen, die Gruppe lebe irgendwo – vielleicht in Australien – und führe dort ein ruhiges Leben.

30 Vierzehn Wörter

Warum Uwe Böhnhardt und Uwe Mundlos zwischen 2001 und 2004 nicht weitermorden, ist nicht klar. Bekannt ist aber, dass sie in diesen Jahren tagsüber viel Zeit im Wald verbringen, um ihre Fitness zu trainieren. Und abends arbeiten sie an ihrem Nachlass.

Inzwischen haben sie insgesamt vier Menschen getötet, das möchten sie für die Nachwelt festhalten. Am 28. Oktober 2001 speichern sie die neueste Version des Bekennervideos unter dem Dateinamen NSU FILM.avi auf ihrem Computer in der Polenzstraße. Der neue Film beginnt mit einem graphischen Element, das 14 leere Kästchen zeigt. Im Laufe des Films werden diese Kästchen mit Namen gefüllt. Mit den Namen der Opfer des «NSU».

Die Zahl 14 könnte eine Anspielung auf den Szenecode «14 Words» sein. Er verweist auf die Länge eines Satzes, der dem US-amerikanischen Neonaziterroristen David Lane zugeschrieben wird: «We must secure the existence of our people and a future for White children» («Wir müssen die Existenz unseres Volkes und die Zukunft für die weißen Kinder sichern»). In der Neonaziszene weiß jeder, was sich hinter dem Code verbirgt.

Das Video zeigt Fotos der Tatorte und Mitschnitte aus Fernsehsendungen, die über die Attentate berichtet haben. Danach blenden die beiden jedes Mal eine Warnung ein:

«HABIL K. IST
NUN KLAR, WIE
ERNST UNS DER
ERHALT DER
DEUTSCHEN NATION
IST»

Hinter dem Spruch ist ein Totenkopf zu sehen, der zwischen den Zähnen ein Leichenhaus-Schildchen hält, auf dem der Tag des Mordes an Habil Kılıç notiert ist.

Nachdem fünf Kästchen mit den Namen der vier Todesopfer in Nürnberg, Hamburg und München sowie dem Opfer des Bombenanschlags in Köln gefüllt sind, erscheint die Schlusssequenz:

«HEUTE IST NICHT
ALLE TAGE
WIR KOMMEN WIEDER
KEINE FRAGE»

Wieder unterlegen Mundlos und Böhnhardt das Video mit der Musik der Rechtsrock-Band «Noie Werte».

Im März 2002 speichern die Mitglieder des Trios eine Art Manifest, ein Pamphlet ohne Überschrift. Die Computerdatei trägt den Namen «NSU Brief.cdr». Anscheinend wollen sie Kontakt mit der Außenwelt aufnehmen:

«VERBOTE ZWINGEN UNS NATIONALISTEN IMMER
WIEDER NACH NEUEN WEGEN IM WIDERSTANDS-
KAMPF ZU SUCHEN. VERFOLGUNG UND STRAFEN
ZWINGEN UNS ANONYM UND UNERKANNT ZU AGIE-
REN. DER NATIONALSOZIALISTISCHE UNTERGRUND
VERKÖRPERT DIE NEUE POLITISCHE KRAFT IM
RINGEN UM DIE FREIHEIT DER DEUTSCHEN NATION.
KEINE PARTEI ODER VEREIN IST DIE GRUNDLAGE DES

NATIONALSOZIALISTISCHEN UNTERGRUNDES (NSU)
SONDERN DIE ERKENNTNIS NUR DURCH WAHREN
KAMPF DEM REGIME UND SEINEN HELFER ENT-
GEGENTRETEN ZU KÖNNEN. DIE AUFGABEN DES NSU
BESTEHEN IN DER ENERGISCHEN BEKÄMPFUNG DER
FEINDE DES DEUTSCHEN VOLKES UND DER BEST-
MÖGLICHEN UNTERSTÜTZUNG VON KAMERADEN
UND NATIONALEN ORGANISATIONEN. SOLANGE
SICH KEINE GRUNDLEGENDEN ÄNDERUNGEN IN DER
POLITIK, PRESSE UND MEINUNGSFREIHEIT VOLLZIE-
HEN, WERDEN DIE AKTIVITÄTEN WEITERGEFÜHRT.
GETREU DEM MOTTO. ‹SIEG ODER TOD› WIRD ES
KEIN ZURÜCK GEBEN. ENTSCHLOSSENES, BEDIN-
GUNGSLOSES HANDELN SOLL DER GARANT DAFÜR
SEIN, DAS DER MORGIGE TAG DEM DEUTSCHEN
VOLKE GEHÖRT.»

Wahrscheinlich hoffen die drei, dass aus der Zelle eine Bewegung
wird. Am Ende des Briefentwurfs heißt es:

«BEACHTE: BEILIEGENDE UNTERSTÜTZUNGEN
ZIEHEN KEINERLEI VERPFLICHTUNGEN NACH SICH.»

Die Generalbundesanwaltschaft vermutet, «dass die Mitglieder des
NSU beabsichtigten, den Briefempfängern finanzielle Unterstützung zu gewähren». Ob jedoch jemals Geld aus Banküberfällen der
Zwickauer Zelle in rechte Kameradschaften, «Weltnetzseiten» oder
braune Fanzines geflossen ist, ist nicht bekannt.

Allerdings findet sich ein möglicher Hinweis darauf in der Neo-
nazipostille «Der Weisse Wolf», die vor allem in Brandenburg und
Mecklenburg-Vorpommern vertrieben wird. In der Ausgabe 18 von
Anfang 2002 steht auf der zweiten Seite, unter dem Editorial des
Herausgebers: «Vielen Dank an den NSU, es hat Früchte getragen
;-).» Dann folgt ein Aufruf, der an die RAF erinnert: «Der Kampf
geht weiter …»

Was der an den «NSU» gerichtete Spruch genau bedeutet, ist noch nicht abschließend geklärt. Sicherheitsexperten sehen darin die Reaktion auf eine Spende, die das Terrortrio an die Macher des «Weissen Wolfs» gesandt haben könnte. Der Dank kann aber auch nur ein zynisches Lob für die Verbrechen sein, die der «Nationalsozialistische Untergrund» bis dahin begangen hat. Gekannt hat das Trio den «Weissen Wolf» jedenfalls: Als die Fahnder im Januar 1998 die Garage durchsuchten, in der Böhnhardt und Mundlos die Bomben gebaut hatten, fanden sie auch eine Ausgabe der Zeitschrift.

Im Jahr 2002 oder 2003, also in der Zeit, als Mundlos und Böhnhardt nicht morden, scheinen sich die Mitglieder der Zelle nicht mehr so sicher gewesen zu sein mit ihrem Lebensstil. Bei einem Besuch des Helfers Max-Florian B. in ihrer Zwickauer Wohnung soll Uwe Mundlos Verständnis für dessen Ausstieg aus der rechten Szene gezeigt haben; seine eigene Entscheidung für den Untergrund bedauerte er angeblich. «Ich hätte mein Studium nicht abbrechen sollen. Ich habe mir mein Leben verbaut», soll er gesagt haben.

31 Regionalexpress nach Zwickau

Holger G. besucht seinen alten Kumpel Ralf Wohlleben in dessen Wohnung in Jena-Winzerla. Ein Wochenende lang reden sie über früher. G. kann sich nicht mehr genau erinnern, wann das Wiedersehen stattgefunden hat, wahrscheinlich war es 2002. Kurz vor G.s Abreise verschwindet Wohlleben im Nebenzimmer. Er kommt mit einem Stoffbeutel zurück und steckt ihn G. in die Reisetasche. «Kannst du den Beutel nicht in Zwickau vorbeibringen?», fragt er den überraschten Freund. «Ich stehe eventuell unter Beobachtung, du könntest den Beutel doch aber problemlos bei den dreien abgeben.» So erinnert sich G. heute.

Die beiden jungen Männer kennen sich seit Ende der achtziger Jahre. Als 15-Jährige besuchen beide die gleiche Polytechnische Oberschule. G. ist der Ältere, Wohlleben der Ehrgeizigere. Nach der Wende zieht Holger G. nach Niedersachsen und arbeitet in der Nähe von Hannover bei einer Spedition.

Er fühlt sich unwohl mit diesem Kurierauftrag, aber für das Trio scheint der Beutelinhalt wichtig zu sein. Kurz nach dem Untertauchen der Zelle hat G. ihr auf Bitte von Wohlleben bereits einmal 3000 DM gespendet. Ein Jahr später spricht G. den militanten Neonazi Thorsten H. auf dessen Hochzeit an, ob er nicht dabei helfen könne, die drei außer Landes zu schaffen. Thorsten H. ist führend im Rechtsrock-Geschäft und innerhalb der Szene bekannt für seine guten internationalen Verbindungen. Ein anderes Mal bestellt Ralf Wohlleben seinen alten Schulfreund G. auf einen Autobahnrastplatz bei Göttingen, um mit ihm über neue Wohnorte für das Trio zu sprechen.

Nun also Zwickau. Als Wohlleben seinen Gast mit dem Auto zum Bahnhof bringt, fügt er noch hinzu, es sei besser, dass G. nicht wisse, was die drei mit dem Inhalt des Beutels vorhätten. «Frag nicht weiter nach.» Im Regionalexpress ist G. endlich allein, seine Hand wandert unauffällig in die Reisetasche; er versucht zu fühlen, was sich in dem Beutel befindet. Eine Pistole, gerader Lauf.

Eine Zugfahrt, nicht länger als ein Kinofilm, macht aus einem Kameraden einen Mordunterstützer.

Als G. in Zwickau aus dem Zug steigt, steht Zschäpe am Bahnsteig. Gemeinsam laufen sie zu Fuß den knappen Kilometer zur geheimen Wohnung des Trios in der Polenzstraße 2.

Als G. endlich auf der Couch im Wohnzimmer sitzt, atmet er tief durch, öffnet seine Tasche und sagt: «Hier, ich hab was für euch!» Er reicht den Stoffbeutel einem der Männer. Der holt die Pistole heraus, lädt sie durch. Danach bringt er die Waffe aus dem Zimmer. Ob es Böhnhardt oder Mundlos war, der die Pistole entgegengenommen hat, weiß G. heute nicht mehr. Er selbst will aber angemerkt haben: «Das will ich nicht noch einmal für euch machen. So funktioniert das nicht, man kann sich doch nicht anmaßen, mit fünf Leuten die

Welt zu retten! Mit Waffen will ich nichts zu tun haben. So einen Scheiß mache ich nicht noch mal.»

Im August oder September 2002 erkennt ein alter Freund Uwe Böhnhardt wieder. Beide stehen an einer Ampelkreuzung in Jena mit ihren Autos nebeneinander und warten auf Grün. Sie geben sich kurz ein Zeichen und fahren dann über eine Schnellstraße gemeinsam ins Jenaer Zentrum. Auf dem zentralen Eichplatz steigen sie aus und unterhalten sich. Böhnhardt erzählt seinem Freund, dass er jetzt in der Schweiz lebe und es allen gutgehe. «Er sah noch genauso aus wie 1998. Weder seine Kleidung noch der Haarschnitt oder die Gesichtszüge hatten sich seit damals merklich verändert», berichtet der später der Polizei. In der rechten Szene flüstert man sich damals zu, Uwe Böhnhardt sei noch drei- bis viermal im Jahr in Jena.

Am 25. September 2002 überfallen Uwe Mundlos und Uwe Böhnhardt ihre fünfte Bank in Folge, diesmal eine Sparkassenfiliale in Zwickau-Auerbach. Sie kommen auf Trekkingrädern und stürmen gegen 8:50 Uhr in die Filiale, dabei versprühen sie Reizgas. Beide tragen Perücken, Tücher vor dem Gesicht und dunkle Sonnenbrillen. Als sie flüchten, nehmen sie 48 571 Euro mit.

Knapp ein Jahr später, am 15. September 2003, endet die Fahndung nach dem Trio. Straftaten wie die «Vorbereitung eines Explosionsverbrechens», dessentwegen die drei gesucht werden, verjähren nach fünf Jahren. Zwar hat die Staatsanwaltschaft Gera diese Frist noch künstlich hinausgezögert, aber jetzt muss der Staatsanwalt die Verfügung zur Einstellung des Verfahrens unterschreiben. Juristisch gesehen sind Uwe Mundlos und Beate Zschäpe nunmehr unschuldig – sie könnten theoretisch wieder auftauchen. Nur nach Uwe Böhnhardt wird noch bis 2007 gefahndet.

Das Gericht und die Polizei wissen zu dem Zeitpunkt nicht, dass die Zelle in der Zwischenzeit schon Morde begangen, eine Bombe gelegt und Banken überfallen hat.

Als Siegfried Mundlos erfährt, dass das Verfahren gegen seinen Sohn eingestellt und damit auch die internationale Fahndung nach ihm beendet wird, geht er zur Polizeidirektion Jena und stellt eine Vermisstenanzeige. «Ich wollte, dass die Polizei gezwungen ist, weiter nach Uwe zu suchen», erklärt er später.

Eine Woche nachdem das Verfahren eingestellt ist, überfallen Böhnhardt und Mundlos eine Sparkasse in Chemnitz, ihre sechste. Alles läuft wie immer, nur die Beute ist diesmal kleiner: 435 Euro.

Auf den Festplatten ihrer Computer sammeln die drei in dieser Zeit Gedichte des Germanenmythikers Felix Dahn, des NS-Schriftstellers Herbert Böhme und des Aphoristikers Erich Limpach – und viel Musik. Die Songs sowie gespeicherte Bilder, Filmausschnitte und Nazisymbole wollen Uwe Mundlos und Uwe Böhnhardt für die Herstellung des Bekennervideos benutzen.

Auf den Rechnern finden sich außerdem Bilddateien, die sie wahrscheinlich für die Produktion von T-Shirts verwenden wollen; verkauft werden sollen die «T-Hemden» über Kontaktpersonen. Darauf lassen die Datei- und Ordnernamen schließen, die Kriminaltechniker nach dem Auffliegen der Zelle auf den PCs finden. Sie heißen «tshirts» und «poster» sowie «schrödertshirt».

Im zuletzt genannten Ordner liegen Fotomontagen, die den damaligen Bundeskanzler Gerhard Schröder hinter Gitterstäben zeigen. Auf einem Bild mit dem Namen «schrödertshirt2.png» ist Schröders linke Brust mit einem gelben Stern versehen, der offensichtlich den «Judenstern» darstellen soll. «Don't forget you are the next» lautet die Bildunterschrift. Andere Motive zeigen Schröder mit dem Spruch «Niemand entgeht der Gerechtigkeit».

Mitte Oktober 2003 treffen sich in Schwäbisch Hall wieder Polizisten aus den Landeskriminalämtern, BKA-Ermittler, Mitarbeiter des Innenministeriums und Staatsanwälte der Generalbundesanwaltschaft, um sich über die Gefahr rechter Terrorgruppen auszutauschen. Alle Teilnehmer der «Bund-Länder-Tagung» sind sich sicher, dass derzeit keine Neonazianschläge geplant würden; es gebe auch keine Hinweise darauf, dass sich Rechte Waffen oder Sprengstoff besorgten oder dass «sich innerhalb von Gruppierungen konspirativ arbeitende Zirkel gebildet haben».

Aber die Beamten machen sich Sorgen über ihre eigene Zusammenarbeit, die funktioniere nicht besonders gut. Es bestehe die Gefahr, dass der «Informationsaustausch wieder in das ‹übliche Nebeneinanderherarbeiten› umschlägt».

Am Ende des Treffens einigen sich die Rechtsextremismus-Experten sämtlicher deutscher Sicherheitsbehörden: «Eine Gewalt bejahende Diskussion findet in der rechtsextremistischen Szene zzt. nicht statt. Vielmehr lehnt sie – möglicherweise taktisch motiviert – terroristische Gewalt zur Erreichung ihrer Ziele nahezu einhellig ab.»

32 Doppelleben

Während der sieben Jahre in der Zwickauer Polenzstraße bauen Uwe Mundlos und Uwe Böhnhardt ihren Kellerraum zu einem «Hochsicherheitstrakt» aus. Anstatt des üblichen Holzlattenverschlags bringen sie zwei massive Türen an, um ungestört vor den Blicken der Nachbarn werkeln zu können. Die Lattenrostwände zu den Kellerabteilen nebenan hängen sie mit Tüchern ab.

In all den Jahren sehen die Hausbewohner die Männer meist, wenn sie gerade ihre Fahrräder in den Keller stellen. Einmal hört eine Mieterin, wie sich Böhnhardt und Mundlos dabei unterhalten. Sie reden über Waffen, mit denen sie auf Leute schießen wollen. Als die Frau deswegen Beate Zschäpe anspricht, ob ihre Mitbewohner auch Pistolen oder Gewehre in der Wohnung lagern, antwortet sie: «Ja, aber die beiden sind Mitglied im Schützenverein und haben eine Erlaubnis dafür.» Damit ist die Sache für die Nachbarin geklärt.

Am 25. Februar 2004 ist Mehmet Turgut seit zehn Tagen in Rostock zu Besuch, um einem Bekannten in dessen Dönerimbiss auszuhelfen. Kurz vor 10 Uhr schließt er «Mr. Kebab» auf. Der Imbiss ist in einem Container untergebracht, der im Rostocker Stadtteil Toitenwinkel auf einer freien Fläche zwischen Neubaublocks steht. Turgut räumt die Stehtische und einen Metallpapierkorb vor den Stand, brüht frischen Kaffee auf und startet den Motor, der den Dönerspieß im Kreis drehen lässt. Kurz nach zehn stellt sich der erste Kunde unter das Vordach und bestellt einen Kaffee aus der Maschine.

Der junge Mann hinter dem Verkaufstresen stammt aus dem Dorf Kayalik Köyü in Ostanatolien. Die Berge sind karg in dieser Gegend, im Winter wird die Erde unter dem Schnee bis zum Frühling unnutzbar. Die Menschen leben von Ackerbau und Viehzucht. Ein Holzwagen, der von zwei Kühen gezogen wird, ist in den Bergen kein ungewöhnliches Transportmittel. Für einen jungen Mann wie Mehmet Turgut ist das kein besonders erstrebenswertes Leben.

Dreimal ist Mehmet Turgut in den vergangenen Jahren unter großer Gefahr illegal nach Deutschland eingereist. Zehn Jahre hat er versucht, im Land seiner Träume Fuß zu fassen. Jetzt, Anfang 2004, sieht er für sich ein, dass die Bundesrepublik nicht seine Zukunft sein wird. Zu seinem Chef sagt der 24-jährige Türke in diesen Tagen, dass er Angst habe, als Illegaler wieder verhaftet zu werden, und darum jetzt endgültig zurück in die Türkei gehen wolle. Doch dazu wird er keine Chance mehr erhalten.

«Er war der netteste Mensch, den ich je gekannt habe, immer sehr höflich, immer sehr freundlich», sagt ein Freund aus Rostock über Mehmet Turgut.

An diesem Mittwochmorgen im Februar 2004 ist Turgut noch bei der Vorbereitung der Zutaten für Dürüm und Döner, als Uwe Böhnhardt und Uwe Mundlos um 10:14 Uhr in die Küche des Dönerstandes treten. Einer hält Turgut eine Česká-Pistole mit einem langen Schalldämpfer ins Gesicht. Mehmet Turgut wirft sich auf den Boden, als ihn von oben vier Schüsse treffen. Die Kugeln durchsieben seinen Kopf, seine Kehle und seinen Nacken. Der letzte Schuss ist ein Steckschuss in den Kopf. Um 11:10 Uhr stirbt Mehmet Turgut.

33 Verkappte Grüne

Zschäpe, Mundlos und Böhnhardt sind zuverlässige Mieter, grüßen stets freundlich, wischen regelmäßig das Treppenhaus, und im Winter schippt einer der Männer auch mal den Schnee vor der Haustür – obwohl es einen Winterdienst gibt. Einmal verschwindet eine der beiden Katzen von Beate Zschäpe. Dem jungen Mann, der die geliebte Katze wiederbringt, zahlt sie 500 Euro Finderlohn. Wenn das Trio mal wieder länger unterwegs ist und Nachbarn seinen Hausdienst mit übernehmen müssen, bedankt sich Beate Zschäpe nach dem «Urlaub» bisweilen mit einem Blumenstrauß. Wegen ihrer Naturliebe, der Campingurlaube und weil die drei kein Auto haben, aber häufig mit dem Fahrrad fahren, glaubt eine Nachbarin, dass die drei jungen Menschen in der WG «verkappte Grüne» seien.

Manchmal setzt sich Beate Zschäpe nachmittags zu der Frauenrunde, die hinter dem Haus im Garten Kaffee trinkt und abends auch schon mal einen Wein aufmacht und grillt. Nach und nach freunden sich drei fast gleichaltrige Frauen im Haus an. Ihnen erzählt Zschäpe, einer der beiden Mitbewohner sei ihr Partner, der andere dessen Bruder. Mal behauptet sie, ihr Lebensgefährte sei bei seinem Vater angestellt und oft auf Montage, ein anderes Mal, er sei selbständig und deshalb so oft unterwegs. Auf jeden Fall müsse sie sich ums Geld keine Sorgen machen.

Im Sommer liegt Beate Zschäpe manchmal auf einer Decke hinter dem Haus und sonnt sich.

«Alle haben die Liese gemocht, sie hatte so was Unbeschwertes und Lustiges», erinnert sich ein Nachbar. Freundlich, zuvorkommend, höflich sei sie gewesen, sagen alle, mit denen man spricht.

«Sie war eine gute Seele», meint eine andere Nachbarin. «Ich warte drauf, dass es wieder mal klingelt, sie vor der Tür steht und mich in den Arm nimmt.»

Die Frauen erinnern sich daran, dass Beate Zschäpe stets modern gekleidet war, sich auch mal Ringelstrumpf-Leggins anzog und sich immer wieder anders zurechtmachte: «Sie hatte fünf verschiedene Gesichter.» Sandra Mayer, eine der Nachbarinnen, sagt: «Ich war immer begeistert, wie hübsch sie war.»

Oft klingelt Zschäpe tagsüber bei den alleinerziehenden Müttern und spielt ausgelassen mit deren Kindern. Zusammen rätseln sie, welche Bilder beim Memory-Spiel zusammenpassen, oder unterhalten sich. «Die hatte ein Händchen für Kinder, das sah man», sagt Mayer. Manchmal nimmt Beate Zschäpe auch die Hand der geistig zurückgebliebenen Tochter einer der Nachbarinnen und schlendert mit ihr zusammen in den Supermarkt. Das Mädchen darf sich dann immer etwas aussuchen.

Ihre beiden Katzen Lilly und Heidi sind ihr Ein und Alles. «Das waren ihre Babys», sagt Sandra Mayer. Als eine der Katzen davonläuft, ist Zschäpe niedergeschlagen und weint bitterlich. «Ich habe die Frau noch nie so fertig gesehen», erinnert sich die Nachbarin.

Wenn die Kinder der Nachbarinnen im Bett sind, setzt sich Zschäpe an den Küchentisch und bleibt noch zum Quatschen bei den Müttern. «Wir haben dann meist ein Glasel oder auch mal zwei Flaschen Wein getrunken», sagt eine von ihnen. «Manchmal waren es auch drei Flaschen, und zu bestimmten Anlässen gab's auch Schnäpse.» Berauscht vom Alkohol reden die Frauen über Männer, Mode und den ganzen Rest des Lebens. «Na, so Frauensachen eben», sagt Peggy Prohlis.

Zschäpe hört lieber zu, als aus ihrem eigenen Leben zu berichten. Für eine der Nachbarinnen wird sie zu einer Art Therapeutin. Ihr konnte die Frau alle Probleme erzählen: «Sie hat uns zugehört. Sie hat wirklich immer gesehen, wenn was mit mir nicht in Ordnung ist. Das hat uns so verbunden. Sie weiß mehr von den Sachen über mich als manch anderer. Ihr konnte ich mich anvertrauen, ich konnte ihr blindlings vertrauen.» Obwohl die Frau fast acht

Jahre älter ist, bezeichnet sie Zschäpe noch heute als «meine große Schwester».

In den Jahren im Haus redet Beate Zschäpe nur selten über ihre eigenen Nöte. Einmal beklagt sie sich, dass die Männer oft im PC-Raum schliefen und dass «ihr Mann» nicht mehr mit ihr im Zimmer übernachten würde. Aber trotzdem sei ihre Beziehung in Ordnung.

Im Mai 2004 braucht die Zelle wieder Geld: Innerhalb von fünf Tagen rauben Böhnhardt und Mundlos zwei Banken in Chemnitz aus, eine am Freitag, die zweite am Dienstag darauf. Sie haben einen Revolver und eine Pumpgun dabei. Beim ersten Überfall sind sie genervt über die vielen kleinen Scheine, einer der beiden brüllt beim Hinausgehen: «Seid ihr eine beschissene Bank oder ein Kleingartenverein?» Beim zweiten Überfall benutzen sie dreist noch einmal die Plastiktüten mit den Aufschriften «Bahr Heimwerkermärkte» und «Kaufland», die Augenzeugen schon beim ersten Bankraub bemerkt haben. Insgesamt erbeuten sie an diesen beiden Tagen über 100 000 Euro in bar und 4250 Euro in Reiseschecks.

34 Keupstraße, Köln

Die Aufnahmen, die die Viva-Kameras am 9. Juni 2004 machen, sind die journalistisch wohl bedeutendsten, die der Musiksender jemals aufgezeichnet hat. Dabei hat Viva gar nicht geplant, die Bilder jemals auszustrahlen: Sie stammen von den Überwachungskameras des Sendezentrums. Zu sehen ist, wie Uwe Mundlos und Uwe Böhnhardt durch die Schanzenstraße in Köln laufen. Sie sind auf dem Weg zu einem Bombenanschlag.

Drei Tage zuvor hat Böhnhardt unter seinem Tarnnamen Holger G. in Zwickau einen schwarzen V W Touran gemietet, Kennzeichen: Z-EH 70. Er und Mundlos packen drei Fahrräder in die Großraumlimousine – ein Damenrad von Aldi und zwei Mountainbikes. Auf den Gepäckträger des Discounterfahrrads haben die beiden einen Motorradkoffer geschnallt.

Böhnhardt und Mundlos laufen fünfmal an den Viva-Kameras im Stadtteil Köln-Mülheim vorbei. Auf den Aufnahmen sieht man unter anderem, wie Mundlos allein mit einem Fahrrad mit Hartschalenkoffer auf dem Gepäckträger in Richtung Keupstraße geht. Kurz darauf folgt ihm Böhnhardt mit zwei Mountainbikes. Mundlos stellt das Aldi-Fahrrad vor dem Friseurladen «Kuaför Özcan» in der Keupstraße ab. In der Straße betreiben viele Türken kleine Unternehmen: Fahrschulen, Kioske, Cafés, Schreibwarenläden, Restaurants, Immobilienbüros. Nachdem Mundlos das Rad an die Fensterscheibe gelehnt hat, fahren er und Böhnhardt auf ihren Mountainbikes davon.

Zurück lassen sie eine selbstgebastelte Nagelbombe in dem Hartschalenkoffer auf dem Gepäckträger des Damenrads. Sie haben sie aus 5,5 Kilogramm Schwarzpulver, tausend Zinknägeln, einer Glühbirne und einem Batterieblock selbst gebastelt und mit einer Funksteuerung für den Flugmodellbau versehen.

13 Personen halten sich gerade im und vor dem Friseurladen auf, als Uwe Mundlos und Uwe Böhnhardt die Bombe um 15:56 Uhr aus sicherer Entfernung zünden. Es gibt einen Riesenknall, die Nägel fliegen umher. 24 Menschen werden teilweise schwer verletzt, zwei Opfer müssen in ein künstliches Koma versetzt werden.

Der Anschlag soll die türkischstämmigen Kleinunternehmer in der Straße zweimal treffen – einmal als direkte Opfer und einmal, indem das Viertel und ihre Straße fortan als gefährlich gebrandmarkt sind und potenzielle Kunden aus Angst fernbleiben.

Weil die Polizisten kein Bekennerschreiben in der Keupstraße finden, entscheidet ein Oberstaatsanwalt der Abteilung Staatsschutz der Staatsanwaltschaft Köln einen Tag nach dem Bombenattentat, dass es «keine Hinweise auf eine terroristische Lage» gebe.

Bundesinnenminister Otto Schily (SPD) verkündet diese These öffentlich: «Die Erkenntnisse, die unsere Sicherheitsbehörden bisher gewonnen haben, deuten nicht auf einen terroristischen Hintergrund, sondern auf ein kriminelles Milieu.» Zu diesem Zeitpunkt haben die Spurensicherer der Soko noch nicht einmal den Tatort verlassen.

Dieser schnelle Ausschluss eines fremdenfeindlichen oder politischen Motivs wird die Arbeit der Ermittler stark beeinflussen.

Nach dem Nagelbombenanschlag startet die Polizei eine Ringfahndung. In den nächsten Tagen werden in der Keupstraße 35 Anwohner vernommen. Die Ermittler verteilen Handzettel in deutscher und türkischer Sprache, stellen ein baugleiches Fahrrad wie das bei der Tat verwendete im Bezirksrathaus von Köln-Mülheim aus, werten alle Mobiltelefone aus, die während der Tatzeit in der Funkzelle im Bereich um die Keupstraße eingebucht waren, besuchen die ZDF-Sendung «Aktenzeichen XY … ungelöst» und beginnen eine Rasterfahndung im Viertel, bei der alle 25- bis 35-jährigen Männer überprüft werden. All das führt zu keinem Ergebnis. Auch als die Polizei 20 000 Euro für Hinweise, die zur Ergreifung der Täter führen, aussetzt, kommen keine relevanten Tipps aus der Bevölkerung.

Die Polizei vermutet rivalisierende türkische und kurdische Gruppen in der Keupstraße als mögliche Täter. Darum schleust sie fünf verdeckte Ermittler in das Milieu ein, «um die Strukturen der untereinander konkurrierenden türkischen Gruppierungen, deren Angehörige sowie mögliche Beziehungen zu den möglichen deutschen Tatverdächtigen zu erhellen und diesbezügliche Beweismittel zu beschaffen». Auch der Bruder des Friseurgeschäft-Inhabers wird einen Monat lang beschattet. Die Fahnder vermuten bei der Tat einen Bezug zum «Türsteher-Milieu» oder zur Kölner Drogenszene.

Nach einem halben Jahr verdeckter Ermittlungen stellt die Polizei fest, dass es keinen Zusammenhang zum «Rotlicht-, Rauschgifthandel- und Schutzgelderpresser-Milieu» gibt. Aber die Zivilpolizisten haben genau hingehört, wenn ihnen die Bewohner der Keupstraße ihre Vermutungen über die Täter berichteten:

«Die geäußerten Meinungen über die Hintergründe des Anschlags sind vielfältig (…) und reichen bis zu einem Zusammenhang mit den Serienmorden an türkischen Geschäftsleuten in Deutschland.» Und weiter: «Es ist demzufolge auch nicht auszuschließen, dass der Sprengstoffanschlag von Einzeltätern aus persönlicher und möglicherweise auch nicht auszuschließender fremdenfeindlicher Motivation verübt wurde.» Übersetzt bedeutet das: Die Täter könnten Neonazis sein.

Am 22. September 2006 erhält die inzwischen eingerichtete Soko «Bosporus» beim LKA Bayern einen Hinweis von Ermittlern. Auf dem Spurenblatt «Abklärung Nagelbombenanschlag Köln» werden alle Ähnlichkeiten zwischen der Mordserie und dem Bombenanschlag in Köln aufgelistet. Die Spur bekommt die Nummer 349. So werden der Zeugin eines Mordes in Nürnberg drei Sequenzen der Viva-Überwachungskameravideos gezeigt. Die Frau erkennt darauf, dass die beiden Radfahrer von Köln in Größe, Statur, Gesichtsform, Profil und Gesichtsausdruck den Männern ähneln, die sie in Nürnberg in der Nähe des Tatorts auf Rädern gesehen hat.

Der zuständige Soko-Mitarbeiter sieht noch weitere große Ähnlichkeiten zwischen den Morden, die seine Soko untersucht, und dem Anschlag in Köln: Stets schlugen die Täter mittwochs zu, immer benutzten sie Fahrräder zur Flucht, und sie wollten meistens türkische Bürger töten. Trotzdem kommt die Soko zu dem Schluss: «Derzeit bestehen keine weiteren Ansätze, einen Tatzusammenhang zu be- bzw. entkräften.» Danach kommt Spurnummer 349 in die Akte «erledigte Spuren».

Im Jahr 2008 stellt die Staatsanwaltschaft Köln die Ermittlungen wegen des Nagelbombenanschlags ein, es fehlten «jegliche Ansatzpunkte» für weitere Untersuchungen.

Mundlos, Böhnhardt und Zschäpe speichern später die Videoaufzeichnungen der Viva-Kameras aus Köln unter den Dateinamen «gerri auf kamera.avi» und «max auf kamera.avi» auf ihren Rechnern. Max und Gerri sind die Spitznamen der Tarnidentitäten von Mundlos und Böhnhardt. Außerdem finden die Polizisten 2011 im Schutt des Zwickauer Hauses ein Mobiltelefon, dessen Nummer sie 2006 bereits bei der Funkzellenauswertung in der Nähe des Tatorts registriert haben – weil die Überprüfung des offiziellen Besitzers des Handyvertrags aber ohne Erkenntnisse blieb, versandete die Spur.

Auf der «Paulchen Panther»-DVD, die Beate Zschäpe 2011 versendet, bekennt sich der «Nationalsozialistische Untergrund» zu dem Bombenanschlag. In dem Video macht sich das Trio über die Opfer lustig, nennt den Anschlag «AKTION DÖNERSPIESS» und blendet ein Schild mit der Aufschrift «BOMBENSTIMMUNG FÜR DIE KEUPSTRASSE» ein.

Über mehrere Minuten zeigt der Film Ausschnitte aus TV-Berichten, die im WDR, bei n-tv und dem ZDF über den Anschlag gesendet wurden. Es sind traurige Bilder von einem Feuerwehrmann, der eine verletzte Frau mit Kopftuch wegträgt, von einem Opfer, das mit Bandagen auf der Krankentrage liegt, und Verletzten mit Kopfverbänden.

Auf der DVD kommentiert der Sprecher:

«Er ahnt ja nicht, dass wir schon wissen,
dass hinter beiden Ärgernissen
der rosarote Panther steckt,
der wieder mal was ausgeheckt,
was bösen Leuten überhängt
und über das der Gute lacht!»

Es folgt eine Trickfilmsequenz, auf der der rosarote Panther in einem Cabrio durch eine Menschenmenge fährt, Luftschlangen und Konfetti fliegen.

«Konfetti gibt es und viel Jubel für Paulchen Panther,
der genießt den Trubel,
denn schließlich ist es der Gemeinde Dank dafür,
dass ihre Straßen blitzeblank!»

Am Straßenrand ist ein Schild zu sehen, auf dem steht: «HOCH LEBE PAULCHEN UND DER NSU.»

Zu ihrem Anschlag wurden Uwe Mundlos und Uwe Böhnhardt vermutlich von ähnlichen Aktionen der Rechtsterroristen von «Combat 18» inspiriert. Der bewaffnete Arm des «Blood & Honour»-Netzwerks hatte im April und Mai 1999 drei Sprengstoffattentate in London verübt. Ziel waren jedes Mal Viertel, in denen hauptsächlich Familien aus Afrika, Bangladesch und der Karibik leben, einmal ein Pub, der bei Schwulen sehr beliebt war. Für die Anschläge benutzten die «Combat 18»-Terroristen ebenfalls Nagelbomben.

Die Explosionen richteten Blutbäder an: «Ich hörte verzweifelte Schreie, sah verbrannte Gesichter und abgerissene Körperteile», zitiert eine Zeitung einen Augenzeugen. Die Todesopfer wurden von den Bomben regelrecht zerfetzt. Bei den Anschlägen starben drei Menschen, über hundert wurden verletzt.

In einem Bekennerschreiben drohte «Combat 18» damit, alle Minderheiten auszurotten, die die britische Insel nicht bis zum 31. Dezember 1999 verlassen würden. Der 23-jährige Haupttäter der Londoner Bombenserie, David Copeland, war durch den Roman «Turner Diaries» inspiriert worden – dasselbe Buch, das auch den US-Neonazi Timothy McVeigh bei seinem Bombenanschlag in Oklahoma 1995 beeinflusst hatte. Die «Turner-Tagebücher» beschreiben, wie «Leadership Resistance» funktioniert, das Konzept einer autarken Zelle, die sogar einen Rassenkrieg auslösen kann.

Auch das «Blood & Honour»-Handbuch empfiehlt, Untergrundzellen aufzubauen: «‹Leadership Resistance› bedeutet, dass kleine Zellen einer winzigen Gruppe von nationalen Revolutionären (einschließlich Ein-Mann-Operationen) unabhängig agieren und direkte Gewaltaktionen und/oder Sabotage gegen die ‹Zionistisch besetzte Regierung› durchführen.» Weiter heißt es: «Die Untergrundzelle sollte ihre Operationen sorgfältig planen und jeden Kontakt mit dem legalen Teil des politischen Kampfes zur eigenen Sicherheit vermeiden.» Um für den Untergrundkampf gerüstet zu sein, legt das «Blood & Honour Field Manual» den rechten Terroristen «mentales Training» und «physische Fitness» nahe.

Besonders Deutschland wird das Konzept der «Leadership Resistance» empfohlen, weil «die Diktatur der jüdischen Regierung» die Naziszene unter strenger Beobachtung habe.

Während die Ermittlungsarbeiten in Köln gerade erst anlaufen, erstellt das Bundesamt für Verfassungsschutz im Juni 2004 ein internes Dossier zum Thema «Rechtsextremismus Nr. 21 – Gefahr eines bewaffneten Kampfes deutscher Rechtsextremisten – Entwicklungen von 1997 bis Mitte 2004».

In dem Papier fassen die Verfassungsschützer alle Gefahren von Rechtsterroristen und Rechtsextremisten in Deutschland zusammen. Ab Seite 15 gehen sie unter Punkt «2.10 Rohrbombenfunde in Jena» in wenigen Zeilen auch auf Uwe Böhnhardt, Uwe Mundlos und Beate Zschäpe ein. Die Behörde geht davon aus, dass die drei Untergetauchten ungefährlich sind. Abschließend schreiben die Autoren: «Auch haben sich keine Anhaltspunkte für weitere militante Aktivitäten der Flüchtigen ergeben.»

Zwei Jahre später schafft das Bundesamt für Verfassungsschutz die eigenständige Abteilung für Rechtsextremismus ab. Ab 2006 gibt es nur noch die allgemeine Abteilung Extremismus, sie nennt sich «Abteilung 2 – Deutscher Linksextremismus, -terrorismus und Rechtsextremismus, -terrorismus».

Irgendwann im Jahr 2005 bekommt Holger G. in seinem Haus in Lauenau überraschend Besuch. Vor der Tür stehen Zschäpe, Mundlos und Böhnhardt. Im Jahr zuvor haben sie noch gemeinsam Tage in Lübeck verbracht, danach hat er länger nichts von seinen alten Freunden aus Jenaer Zeiten gehört. Es ist der erste Besuch des Trios bei G. zu Hause in Niedersachsen.

«Die Freude war groß, sie wiederzusehen», erinnert sich Holger G., «ich habe aber auch klargemacht, dass ich mit der ganzen Szene nichts mehr zu tun habe.» Er hat den Eindruck, dass sie ihn verstehen, glaubt, sie hätten ebenfalls mit dem braunen Milieu gebrochen. «Sie haben mir nicht das Gefühl gegeben, dass ich ein Verräter sei.»

Ihr Verständnis und ihre Empathie sind nicht ganz selbstlos: Für das Trio ist es sogar besser, dass G. nicht mehr politisch aktiv ist.

Seine Identität ist jetzt noch unauffälliger. Zwar haben sie derzeit keinen Wunsch an ihn. Aber ein Jahr später werden sie Holger G. bitten, einen Führerschein und, im Jahr darauf, noch eine AOK-Karte für sie zu organisieren.

Im Mai 2005 veröffentlicht das Bundesamt für Verfassungsschutz die Broschüre «Verfassungsschutz gegen Rechtsextremismus». Darin heißt es auf Seite 3: «Terroristische Vorhaben zur Erreichung rechtsextremistisch motivierter Zielsetzungen werden als kontraproduktiv angesehen.» Im Klartext: Neonazis in Deutschland lehnen Gewalt ab, es gibt keinen braunen Terror.

35 Nachbarn

Über Politik redet Beate Zschäpe mit den Nachbarinnen fast nie. «Das war nicht so unser Ding», sagt eine von ihnen. Nur einmal habe es ein kurzes Gespräch gegeben, das sie erst nach dem Auffliegen der Zelle richtig einzuordnen wusste. An diesem Abend lief eine Sendung über rechte Krawalle im Fernsehen. Der pubertierende Sohn der Nachbarin flachste herum: «Und ich war nicht dabei.» Zschäpe schaute ihn empört an und mahnte: «Lass die Finger davon, das bringt Unglück. Ich weiß, wovon ich rede, ich stand schon mal mit einem halben Bein im Knast.»

Gegenüber einem Nachbarn, der ein Dreivierteljahr über dem Trio gewohnt hat, soll Zschäpe einmal Türken als «Ausländerpack» bezeichnet haben. «Weil sie so schlecht auf Ausländer zu sprechen war, hat sich mein Bruder nicht getraut, uns zu besuchen, weil seine Frau Vietnamesin war. Wenn er zu Besuch kam, dann meistens alleine, ohne seine Frau. Sonst war Frau D. immer freundlich; nur wenn die Türken kamen, dann hat ihr Gesicht schon alles gesagt.»

An solche ausländerfeindlichen Aussagen können sich die eng befreundeten Nachbarinnen nicht erinnern. Manchmal gehen die Frauen gemeinsam zu «MOMA's Pizza ... Chicken & More». Sie lachen viel mit dem türkischen Besitzer Murat und singen Schlager mit ihm. Zu seinem Geburtstag bringen ihm die Frauen ein Ständchen. «Sie hat sich nie irgendwie abfällig gegenüber Ausländern oder Ähnlichen geäußert. Da gab es überhaupt nichts», sagt eine von ihnen.

Das bestätigt auch eine Familie, die in den neunziger Jahren aus Afghanistan nach Zwickau geflüchtet ist. Über das Trio sagt die Mutter: «Sie waren immer freundlich, wobei die Männer mich nur grüßten und kein Gespräch anfingen. (…) Frau D. hat mich dagegen öfter angesprochen. Kurz vor unserem Umzug ins Nachbarhaus ist sie sogar ungefragt mitgekommen in die neue Wohnung, als ich Sachen rüberbrachte. Sie half beim Tragen und sagte, wie hübsch alles aussehe in der neuen Wohnung.»

Schon lange vor Zschäpe, Mundlos und Böhnhardt war die afghanische Familie in die Polenzstraße gezogen. Vier Jahre wohnte die Familie mit ihren Kindern zwei Etagen über der Zelle. Der Sohn erinnert sich, wie einer der Männer ihm half, sein Fahrrad hoch in die Wohnung zu tragen. «Er hat gelächelt und mir auf die Schulter geklopft», sagt er.

Viele Menschen erinnern sich in der Polenzstraße an die drei nur als hilfsbereite und freundliche Nachbarn. Manchmal ist das Geld der alleinerziehenden Nachbarin Sandra Mayer schneller alle als der Monat. Dann fackelt Beate Zschäpe nicht lange, schnappt sich die zwei Kinder und geht mit ihnen für die nächsten vier, fünf Tage einkaufen. Das Geld für die spontanen Hilfsaktionen will sie nie wiederhaben. «Sie war schon 'ne Herzensgute», sagt Mayer.

Zschäpes Großzügigkeit ist allerdings nicht völlig selbstlos. In heiklen Situationen kann sie sich auf das Vertrauen der Nachbarn verlassen. Einmal trifft sie eine Hausbewohnerin in der Zwickauer Innenstadt und sagt ihr, dass sie ein Mobiltelefon mit Prepaidkarte brauche; leider habe sie ihren Ausweis zu Hause liegenlassen. Die Nachbarin erweist ihr den Gefallen und registriert das Handy auf ihren Namen. Beate Zschäpe bedankt sich bei der Hartz-IV-Empfängerin mit einem 50-Euro-Schein.

Viel Zeit verbringt Zschäpe in diesen Jahren mit Kochen und Backen. Nachbarn berichten, dass sie jeden Tag am Herd gestanden habe, meist mit einem Lied auf den Lippen. Wenn es mal wieder lecker aus dem offenen Küchenfenster der Erdgeschosswohnung duftete, hieß es: «Oh, die Liese kocht wieder!»

Kochen, zuhören, Fahrrad die Treppe hochschleppen – das ist die eine Seite des Trios aus der Polenzstraße, die öffentliche Seite. Die Wohnung der drei bleibt für die meisten Bekannten jedoch tabu. Hinter der Wohnungstür liegt eine vollkommen andere Welt. Eine Welt, die nichts zu tun hat mit kuscheliger Weinatmosphäre und Kinderspielen. Hier beugt man sich über Stadtpläne und Adresslisten – und plant die Morde an Ausländern.

Durch Internetrecherchen und vielleicht auch über Unterstützer aus der lokalen Neonaziszene in den einzelnen Städten findet die Zelle ihre Ziele. Mundlos und Böhnhardt legen Listen mit den Adressen von Imbissen, aber auch von Parteibüros und Moscheevereinen an. Neben den Adressen notieren sie die Koordinaten im Stadtplan und die Ergebnisse von Ausspähaktionen.

Manchmal kennen sie ihre potenziellen Opfer so gut, dass sie wissen, zu welchen Uhrzeiten die Läden nur schwach besucht sind. Über einen Verkäufer in einem Büdchen notieren sie: «Problem Tankstelle nebenan. Türke aus Tankstelle geht in jeder freien Minute zu Reden rüber.»

Das Büro des CSU-Politikers Hans-Peter Uhl in München scheint ideal für ihre Zwecke: «Sehr gute Lage, Zugang im Garten.» Über ein ausgespähtes Asylbewerberheim in Nürnberg halten sie fest: «Asylheim 1, Industriestr. 18. Tür offen ohne Schloss, Keller zugänglich.» Über ein anderes Heim schreiben sie: «Viele Häuser, weit draußen, großes Gelände.»

Das Ziel der Terroristen ist es, «unarische» Männer im zeugungsfähigen Alter zu töten – damit die Familien am härtesten getroffen werden. Darum sehen sie von der Ermordung eines ausspionierten türkischen Unternehmers in Dortmund ab. Das Ziel «Türkischer Laden 2» in der Rahmer Straße sei zwar ein «sehr gutes Objekt. Guter Sichtschutz» und auch die Person «gut, aber alt (über 60)».

Nach Erkenntnissen der Ermittler klammern sich Mundlos und Böhnhardt nicht an die vorher ausgespähten Ziele. Sie fahren zwar die einzelnen Parteibüros, Internetcafés und Kioske ab, entscheiden aber spontan, wo die Situation gerade am besten ist, um einen Stopp einzulegen. Auf ihren Touren entdecken sie manchmal auch Opfer, die gar nicht auf ihren Adresslisten stehen – dafür spricht, dass sie einige Männer hinrichten, zu denen die Ermittler später keine Hinweise und Kartenausschnitte finden werden.

İsmail Yaşar besitzt eine Dönerbude im Bezirk St. Peter im Südosten Nürnbergs. Der «Scharrer-Imbiss» steht auf einem Edeka-Parkplatz in einem Wohngebiet, nicht weit von einer Grundschule und einer Sparkassenfiliale. Der Imbiss ist nichts Besonderes, aber er ist sein eigenes Geschäft: ein weißer Container mit einer kleinen Küche. An ein paar Tischen kann man drinnen essen oder sich auch vom Parkplatz aus durch ein Verkaufsfenster eine Dönertüte mitnehmen.

Am 8. Juni 2005 mieten Uwe Böhnhardt und Uwe Mundlos in Zwickau einen Škoda-Octavia-Kombi und fahren nach Nürnberg. Zu Hause haben sie einen Stadtplanauszug für Nürnberg ausgedruckt, im Laderaum sind zwei Mountainbikes verstaut. In Bayern angekommen, fahren sie auf ihren Rädern durch die Stadt. Auf dem Stadtplan haben sie sieben Ziele von «X1» bis «X7» markiert. Auf einem separaten Zettel stehen die Adressen zu den Zielen. Als Position sieben ist handschriftlich vermerkt: «X7 Scharrer Str neben Post Imbiß G10.»

Am nächsten Morgen schließt İsmail Yaşar gegen 8 Uhr seinen Imbiss auf, schaltet den Dönerspieß-Motor an und stellt einen kleinen Campingtisch und zwei gestreifte Campingstühle auf. Morgens ist noch nicht viel los, aber ein paar Kunden kann er schon bedienen. Gegen 9:20 Uhr fährt ein guter Bekannter mit dem Auto vorbei und winkt Yaşar zu.

İsmail Yaşar lebt schon sein halbes Leben in Franken. Als 23-Jähriger ist er aus dem Südosten der Türkei, aus Alanyurt in der Nähe der syrischen Grenze, nach Deutschland ausgewandert. Er heiratet

Nach einem Prozess gegen den Rechtsterroristen Manfred Roeder verlassen Mitglieder der «Kameradschaft Jena» 1996 den Gerichtssaal in Erfurt: Uwe Böhnhardt, Ralf Wohlleben, André K. und Uwe Mundlos (v. l. n. r.).

Auf einer Demonstration der Kameradschaft «Thüringer Heimatschutz» demonstrieren Beate Zschäpe und Uwe Mundlos 1997 in Neuhaus am Rennweg.

Uwe Böhnhardt gilt als aggressiv, brutal und ist ein «Waffennarr». Das Foto zeigt ihn als 20-Jährigen in Erfurt 1996.

Ab 1992 sieht man Uwe Mundlos und Uwe Böhnhardt fast nur noch zusammen. Von nun an sind sie unzertrennlich.

Im August 1996 fahren Uwe Mundlos und Beate Zschäpe mit anderen Neonazis aus Jena zum Gedenkmarsch für Rudolf Heß nach Worms. Mit ihnen demonstriert auch Holger Apfel (Kreis oben), der heutige Parteivorsitzende der NPD.

Nach außen ist Beate Zschäpe 1996 noch das liebe Mädchen, innerlich ist sie damals aber bereits fest von der Nazi-Ideologie überzeugt.

In den neunziger Jahren legt sich Uwe Mundlos häufiger mit der Polizei an, einmal prügelt er sich mit Beamten in Jena.

Zwischen 1995 und 1998 will Uwe Mundlos sein Abitur am «Ilmenau-Kolleg» nachholen. An der Schule bleibt er ein Außenseiter, auf Klassenfotos versteckt er sich. Nur dieses eine Bild von 1996 ist aus dieser Zeit bekannt.

Am 24. Januar 1998 demonstrieren Beate Zschäpe, Uwe Mundlos und Uwe Böhnhardt noch in Dresden gegen die Wehrmachtsausstellung – zwei Tage später tauchen sie unter.

Ein rechtsradikales Waffen- und Propagandaarsenal präsentierte gestern das Landeskriminalamt in Erfurt. Das Material war der Polizei bei einer großangelegten Razzia in Jenaer Wohnungen und Garagen in die Hände gefallen. 14.2.98 (Foto: OTZ/Döbert)

Neonazis in Jena planten
spektakuläre Gewaltaktion

Bombenfund belegt eine erschreckend gewachsene Gewaltbereitschaft

Erfurt/Jena (OTZ). In der Jenaer Bombenwerkstatt von Rechtsextremisten sieht der Thüringer Verfassungsschutz

wurde allerdings nicht gefunden.

Einen möglichen Zusammenhang zu Saalfeld, wo Mitte

gehörige aus Jena bezeichneten sich als „Kameradschaft Jena". Das Landeskriminalamt in Erfurt geht davon aus, daß es sich

Das Trio flüchtet, weil Ermittler des LKA am 26. Januar 1998 Gewehre, Armbrüste, TNT-Sprengstoff und Nazi-Propaganda in Garagen und Wohnungen der drei finden.

Um an Geld zu kommen, basteln die drei in ihren ersten Monaten im Untergrund die rassistische Monopoly-Version «Pogromly», die sie in der Szene verkaufen.

Bei mindestens 15 Überfällen auf Sparkassen, Postfilialen und Banken sollen Uwe Mundlos und Uwe Böhnhardt über 600 000 Euro erbeutet haben. Mit dem Geld finanzieren sie ihr Untergrundleben.

Ab 2007 fährt das Trio jedes Jahr auf die Insel Fehmarn in den Sommerurlaub. Uwe Mundlos lernt hier surfen und viele neue Freunde kennen. Den Ferienbekanntschaften stellt er sich als «Max» vor.

Braungebrannt und entspannt sitzen Uwe Böhnhardt und Uwe Mundlos (r.) 2007 vor einem Wohnwagen auf einem Campingplatz auf Fehmarn.

Nach dem Banküberfall in Eisenach am 4. November 2011 werden Mundlos und Böhnhardt aufgespürt. Als die Polizei sie findet, erschießen sie sich in ihrem Wohnmobil.

Drei Stunden nach dem Selbstmord ihrer zwei Komplizen zündet Beate Zschäpe die konspirative Wohnung in Zwickau an. Das Haus in der Frühlingsstraße 26 wurde 2012 abgerissen.

eine deutsche Frau und erhält eine Aufenthaltserlaubnis. Später lässt er sich scheiden. Im Jahr der Wiedervereinigung heiratet er erneut. Kurz darauf kommt sein Sohn zur Welt.

Anfangs schlägt sich Yaşar als selbständiger Händler für türkische Spezialitäten durch, gründet mit seiner Frau eine Änderungsschneiderei und ein Geschäft für neue und gebrauchte Kleidung, um dann schließlich im Jahr 2004 den Dönerstand zu übernehmen. İsmail Yaşar, mittlerweile 50, ist ein sehr traditioneller Mann, engagiert sich im türkischen Freizeitverein Nürnberg Süd e. V. Er gilt als freundlich und fleißig. In seinem Gesicht trägt er einen mächtigen schwarzen Schnauzbart, der an den Bart des ehemaligen Handballbundestrainers Heiner Brand erinnert. Im Viertel St. Peter ist er beliebt, den Kindern gibt er auch mal ein Eis aus, versorgt sie mit warmem Mittagessen, wenn die Eltern bei der Arbeit sind. Man sagt, er sei ein guter Zuhörer, wenn Kunden mit Problemen in den Imbiss kommen.

Es ist 9:35 Uhr, İsmail Yaşar setzt sich kurz auf einen der Campingstühle vor seinem Laden, um ein wenig zu pausieren. Zur gleichen Zeit beobachtet eine Frau 300 Meter entfernt, wie zwei männliche Radfahrer an einer Litfaßsäule halten und etwas in einem Stadtplan suchen.

Gegen 9:55 Uhr tritt ein junger Mann mit weißer Handwerkerkleidung an das Fenster des Containers, bestellt einen Döner Kebab und geht sofort wieder.

Nur zwei Minuten später kommen zwei Männer. Es sind Uwe Böhnhardt und Uwe Mundlos. Sie steigen von ihren Trekkingfahrrädern und lehnen sie an die Bude. Die beiden tragen Rucksäcke, einer der beiden holt aus seinem eine gelbe Plastiktüte heraus. İsmail Yaşar steht hinter seinem Verkaufstresen.

Sofort schießt einer der Männer zweimal auf Yaşar. Der erste Schuss streift den Türken nur und durchlöchert die Tür hinter ihm. Der zweite Schuss trifft ihn dafür umso heftiger. Die Patrone dringt oberhalb des rechten Ohres in seinen Kopf ein und tritt unterhalb des linken Ohres wieder aus. İsmail Yaşar stürzt rückwärts zu Boden. Der Täter schießt noch dreimal auf sein wehrloses Opfer, die

Kugeln treffen den Oberkörper und durchsieben sein Brustbein, die linke Schulter, seine Rippen, die Halswirbelsäule, die rechte Achsel und den Halsbereich. Blutüberströmt bleibt İsmail Yaşar hinter seiner Ladentheke liegen. Die fünf Schüsse sind so laut, dass verschiedene Ohrenzeugen sie hören.

Als um 10:04 Uhr ein Passant am Imbiss vorbeiläuft, ducken sich die beiden Täter hinter der Theke ab. Der Mann ärgert sich über die zwei Trekkingräder, die in den Gehweg hineinragen. In den nächsten Minuten bemerken mehrere Zeugen die beiden Fahrradfahrer, die aus Richtung des Tatorts kommen.

Gegen 10:30 Uhr beobachtet ein Mann auf dem einen Kilometer entfernten Parkplatz am Wöhrder See, wie zwei Männer ihre Fahrräder in einen schwarzen Van einladen.

36 Die Presse recherchiert I

Am 11. Juni 2005 berichtet die *Nürnberger Zeitung* über die Mordserie und ihre möglichen Hintergründe: «Die am meisten favorisierte Theorie ist ebenfalls der Kriminalgeographie entlehnt. In Nürnberg startete die Mordserie, hier ist auch der Schwerpunkt mit drei von sechs Morden. Geht es um Drogendepots bei biederen und somit unverdächtigen Geschäftsleuten, die durchaus ein paar Euro nebenbei brauchen können? Einiges spricht für die Theorie: Nürnberg liegt verkehrsgünstig. Die Heroin-Route von Osteuropa nach Holland führt übers Autobahnkreuz Nürnberg. Auf der Kokain-Route von den Niederlanden nach Italien ist Nürnberg ebenfalls verzeichnet.» Die Zeitung stützt sich auf die Aussage eines Polizisten, der auch klarmacht, welche Motive keinesfalls in Frage kommen: «Ausgeschlossen wurden auch jetzt wieder politische und religiöse Hintergründe, auch seien die Täter nicht im rechtsextremen Milieu zu suchen.»

Das Boulevardblatt *Bild* berichtet, dass alle sechs bisherigen türkischen Opfer der Mordserie Geschäfte mit einem Im- und Export-unternehmen in Istanbul gemacht haben. Die Männer sollen der Zeitung zufolge vor allem in Drogengeschäfte investiert haben. Auch *Die Welt* kolportiert eine ähnliche Vermutung: «Drogen sind das wahrscheinlichste Motiv», wird ein Nürnberger Kriminalrat zitiert. Nach Informationen der Zeitung wurden die sechs Türken im Auftrag einer Bande ermordet, die aus den Bergen Anatoliens heraus operiert. «Ein Ermittler: ‹Sie verdient ihr Geld mit Drogengeschäften und dem Verschieben von gestohlenen Autos.› Demnach mussten sie sterben, weil sie als Drogentransporteure für die Bande Geschäfte auf eigene Faust machten oder sich den Geschäften verweigerten.»

Die *Mainzer Zeitung* schließt sich dieser Sicht an: «In den ersten vier Fällen ist eine Verbindung zu Rauschgifthändlern in den Niederlanden denkbar», zitiert sie einen Polizisten. «Der Drogenhintergrund sei derzeit die wahrscheinlichste Möglichkeit gegenüber Schutzgeld, Geldwäsche, Rache oder anderen Motiven.»

Auch die *Süddeutsche Zeitung* schreibt über den aktuellen Mordfall und berichtet über die zwei Männer, die am Tatort gesehen wurden: «Fieberhaft suchen sie in Nürnberg nach zwei Radfahrern, die sich ähnlich sehen sollen, beide knapp 1,90 Meter groß, dunkelhaarig, schlank. Der eine trug Baseballmütze, der andere Sonnenbrille, beide Rucksack. Sie wurden gesehen, als sie in der Nähe der Scharrerstraße einen Stadtplan studierten. Um zehn Uhr früh standen sie vor der Dönerbude, als sie weiterfuhren, steckte einer der beiden einen Gegenstand in den Rucksack. Sind es Zeugen, Täter? Von den beiden fehlt jede Spur.»

Für die Polizisten der eingerichteten Soko «Bosporus» verdichtet sich die Hypothese, dass es sich bei der Mordserie seit 2000 um eine Reihe zusammenhängender Taten handelt. Ein wichtiges Indiz dafür ist die immer gleiche Mordwaffe. Auch İsmail Yaşar stirbt durch eine Pistole Česká 83, Kaliber 7,65 Millimeter.

Sechs Tage nach dem Mord in Nürnberg wartet Theodoros Boulgarides weiter südlich auf Kunden für seinen «Schlüsselnotdienst 24

Stunden für ganz München», wie er seinen Service bewirbt. Es ist der 15. Juni 2005. Boulgarides hat seinen Schlüsseldienst erst vor 14 Tagen eröffnet. Dem Geschäft im Münchner Stadtteil Westend hat er den Namen «Schlüsselwerk» gegeben, es soll jung klingen und modern. Gemeinsam mit seinem deutschen Geschäftspartner will sich der 41-jährige Grieche eine kleine Existenz aufbauen. Er hat seine geschiedene Frau und zwei Töchter zu versorgen. Das Viertel, in dem der Laden liegt, ist beliebt bei griechischen Einwanderern. In der Nähe des Schlüsseldienstes gibt es zwei griechische Tavernen, das Begegnungszentrum «Griechisches Haus Westend» ist nicht weit entfernt, und Boulgarides selbst ist Stammkunde im griechischen «Sportcafé Difekali» um die Ecke. In der Kneipe «Trappentreuhof» im Nachbarhaus treffen sich regelmäßig griechische Männer zum Kartenspielen.

Der Laden befindet sich im Erdgeschoss eines mehrstöckigen Altbaus an einer Bushaltestelle. Durch das Schaufenster und eine Glastür kann man von außen gut hineinschauen. Im Kundenraum steht ein brusthoher Verkaufstresen, der den Zugang zur angrenzenden Werkstatt versperrt. Im hinteren Bereich des Schlüsseldienstes führt eine Tür zu Boulgarides' Wohnung.

Theodoros Boulgarides lebt schon lange in München, seit 25 Jahren ist das Westend seine Heimat. Geboren wurde er im nordgriechischen Dorf Triantafillia, nahe der Grenze zu Bulgarien. Als Jugendlicher zieht er mit seiner Familie nach Bayern. Nach dem Abitur bekommt er einen Job bei Siemens in der Mikrochipherstellung. Hier trifft er seine spätere deutsche Frau.

Danach arbeitet Boulgarides viele Jahre für die Deutsche Bahn AG: Erst verkauft er Snacks in der Minibar von Reisezügen, arbeitet dann als Rangierer und zuletzt als Fahrkartenkontrolleur bei der S-Bahn in München. Mit der Abfindung von der Bahn macht er sich 2005 selbständig. Drei Monate lang renoviert er die Wohnung und den Laden in der Trappentreustraße. Er setzt große Hoffnungen in das Geschäft.

Auch privat startet Theodoros Boulgarides neu. Nach seiner Scheidung ist er frisch verliebt.

Mit der Scheidung und der Ladeneröffnung scheint Boulgarides' Leben wieder geordnet. Die Geschäfte laufen gut an, die ersten Aufträge für Türöffnungen trudeln ein. «Er war lebenslustig», sagt ein Freund. «Ich kenne ihn nur freundlich und hilfsbereit», ergänzt der Wirt der «Taverna Hellas», die direkt neben Boulgarides' Schlüsseldienst liegt. Theo, wie ihn hier alle nennen, habe ihm an jenem 15. Juni begeistert erzählt, gerade neue Möbel für die Wohnung bestellt zu haben.

Obwohl der Laden eigentlich schon geschlossen ist, betreten kurz nach halb sieben zwei Männer das Geschäft: Böhnhardt und Mundlos. Einer von ihnen hebt eine Plastiktüte hoch, die er in der rechten Hand trägt, und zielt auf das Gesicht des Ladenbesitzers, der hinter dem Verkaufstresen steht. Unmittelbar danach fällt der erste Schuss. Die Kugel tritt am Nasenflügel in Boulgarides' Kopf ein und bleibt in seinem Hinterkopf stecken. Sofort kippt das Opfer nach hinten weg. Der Killer macht zwei Schritte um den Tresen herum und feuert zwei weitere Schüsse auf den Kopf des am Boden liegenden Geschäftsmanns ab. Sie zertrümmern sein Kinn, ein Ohr und die linke Wange.

Die Täterbeschreibungen der Zeugen ähneln stark den Beschreibungen der Täter, die erst vor sechs Tagen in Nürnberg gemordet hatten – die Tatorte liegen nur 170 Kilometer entfernt voneinander. Und noch eine Gemeinsamkeit haben beide Morde. Die Tatwaffe ist in beiden Fällen eine Česká.

Dreieinhalb Stunden vor dem Mord hat jemand, wahrscheinlich Beate Zschäpe, von einer Telefonzelle in der Nähe der Zwickauer Polenzstraße auf einem Handy der beiden Männer angerufen – zu dem Zeitpunkt ist das Mobiltelefon in einer Funkzelle in der Trappentreustraße eingebucht. Bereits am Nachmittag müssen sich Uwe Mundlos und Uwe Böhnhardt also in der Nähe des Schlüsseldienstes aufgehalten haben.

37 «Döner-Morde»

Eigentlich ist es der Höhepunkt in der Karriere jedes Journalisten, wenn er ein Wort erfindet, das später jeder im Land kennt und benutzt. Aber niemand in der Redaktion der *Nürnberger Zeitung* ist heute noch stolz darauf, den Begriff «Döner-Mord» vermutlich zuerst verwendet zu haben.

Am 31. August 2005 veröffentlicht die *Nürnberger Zeitung* einen kurzen Bericht über die Ermittlungsarbeit der Staatsanwaltschaft Nürnberg, die versucht, die «mysteriöse Mordserie an sieben ausländischen Kleinunternehmern in Deutschland» aufzuklären. Der Text ist nur 341 Worte lang und wird in Deutschland nicht besonders wahrgenommen. Die Überschrift lautet «‹Döner-Mord› – Nun wird bei Banken gefahndet».

Nur andeutungsweise ist den Zeilen zu entnehmen, worauf sich der Begriff in der Überschrift bezieht: «Zuletzt wurden im Juni ein türkischer Dönerstandbesitzer in Nürnberg und ein griechischer Betreiber eines Schlüsseldienstladens in München getötet.» Eigentlich wollte der Polizeireporter «Der Mord an dem Döner-Verkäufer» über den Bericht schreiben, aber aus Platzmangel kürzte er die Überschrift ein – so entstand das Wort «Döner-Mord».

Bis zu diesem Zeitpunkt sind sieben Personen hingerichtet worden, drei davon in Nürnberg. Aber nur zwei der ermordeten Männer arbeiteten in einem Dönerimbiss: Mehmet Turgut in Rostock und İsmail Yaşar in Nürnberg. Die anderen Opfer sind Blumen- oder Gemüsehändler, Änderungsschneider und Schlüsseldienstinhaber.

Fast ein Jahr dauert es, bis der Begriff am 8. April 2006 etwas verändert als «Döner-Mörder» bundesweit in der *Frankfurter Allgemeinen Zeitung* und international in der *Neuen Zürcher Zeitung* auftaucht. Beide Meldungen basieren auf einer Nachricht der Deutschen Presse-Agentur (dpa). In diesen Tagen variieren andere Medien das Schlagwort weiter, spitzen es zu, und es entsteht der Ausdruck «Döner-Killer», den am 11. April zuerst das Münchner Boulevardblatt *Abendzeitung* (*AZ*) druckt, einen Tag später auch die *Bild*-Zeitung, kurz darauf die *Bild am Sonntag* (*BamS*).

Auch hier gibt es wieder keine Erklärung in den Artikeln, warum die ermordeten Kleinunternehmer in Nürnberg, München, Rostock und Hamburg alle Opfer einer «Döner-Mord»-Serie geworden sein sollen. Vielleicht, weil eine «Dönerbande» sie ermordete, wie die *BamS* spekuliert?

«Unser Polizeireporter hat den Begriff ‹Döner-Killer› erstmals bei seinen Recherchen von türkischstämmigen Münchner Geschäftsleuten gehört», sagt Georg Thanscheidt, der stellvertretende Chefredakteur der *Abendzeitung*. In einem späteren Bericht legt die *AZ* die Herkunft des Wortes offen und schreibt: «‹Döner-Killer›, wie der Mörder von Türken inzwischen auch genannt wird.»

Ab April 2006 schreiben anscheinend alle Medien voneinander ab, fast überall tauchen der Ausdruck «Döner-Morde» und seine Variationen nun auf – von der *taz* über die *Süddeutsche Zeitung* bis hin zum *Spiegel*.

2011 wird der Begriff «Döner-Mord» zum «Unwort des Jahres» gewählt. In der Begründung der Jury heißt es: «Mit der sachlich unangemessenen, folkloristisch-stereotypen Etikettierung einer rechtsterroristischen Mordserie werden ganze Bevölkerungsgruppen ausgegrenzt und die Opfer selbst in höchstem Maße diskriminiert, indem sie aufgrund ihrer Herkunft auf ein Imbissgericht reduziert werden.»

Derweil hat die Soko «Bosporus» noch immer keine heiße Spur. Der 30. November 2005 ist ein wichtiger Tag. In einer Strategiebesprechung diskutieren die Ermittler erstmals, dass der Täter kein Krimineller sein muss, sondern auch ein «Sniper» sein könnte – ein aus dem Hinterhalt schießender Heckenschütze, der seine Opfer zufällig auswählt. Der Leiter der Soko beauftragt noch am selben Tag einen Profiler des Polizeipräsidiums München, ein «Täterprofil» in diese Richtung hin zu entwickeln.

Der Fallanalytiker schreibt zwei Analysen, die zweite wird ein halbes Jahr später fertig.

38 AOK

Im Februar 2006 erhält Holger G. einen Anruf von seinem Doppelgänger Uwe Böhnhardt. Beate gehe es sehr schlecht, sie müsse dringend zum Arzt. Dafür brauche sie aber eine Versichertenkarte. Ob er nicht eine besorgen könne. Daraufhin ruft G. bei einem befreundeten und vorbestraften Skinhead in Hannover an. Für 300 Euro rückt dieser die AOK-Krankenversicherungskarte seiner Frau heraus. Sie meldet die Karte bei ihrer Krankenkasse als verloren. G. verspricht dem Skin, dass er «keinen Scheiß» mit der Karte machen werde, und übergibt sie bald darauf bei einem Treffen dem Trio. Die drei versprechen ihrerseits, die Karte nur einmal zu benutzen. Doch sie belügen ihren Unterstützer. Beate Zschäpe verwendet die AOK-Karte noch mindestens für drei weitere Behandlungen bei Zahnärzten in Halle/Saale im Mai 2006. Der Name der Frau, die sie nicht kennt, wird eine von Zschäpes elf Tarnidentitäten.

Vera Bozic wohnt in der Mallinckrodtstraße in der nördlichen Dortmunder Innenstadt, zwei Häuser neben einem Kiosk. Am 4. April 2006 sind ihre Zigaretten alle, sie will schnell neue kaufen. Als sie auf die Straße tritt, sieht sie zwei Männer auf dem Bürgersteig vor dem Kiosk; einer läuft zu Fuß und trägt einen Rucksack, der andere fährt mit dem Fahrrad neben ihm. Der Fahrradfahrer hat einen «gemeinen Ausdruck im Gesicht», sagt Bozic später. Sie hat Angst vor den «Junkie-Typen», verschiebt den Kioskbesuch lieber und geht zurück in ihre Wohnung.

Nach zwanzig Minuten wagt Vera Bozic einen neuen Versuch. Kurz bevor sie am Kiosk ankommt, entdeckt sie die beiden Fremden wieder, sie stehen in der Hofeinfahrt neben dem Geschäft. Kurz vor 13 Uhr gehen sie mit entschiedenen Schritten hinein. Sie haben einen «stechenden bösen Blick» und «auffällige Augen». Wieder bekommt sie Angst, doch anstatt an den zwei Männern vorbeizugehen, überquert sie die Straße und geht zur Sparkasse. Um 12:59 Uhr hebt sie Geld ab.

Der Kiosk, in dem die beiden Männer verschwunden sind, gehört dem deutschen Staatsbürger Mehmet Kubaşık. Das Geschäft läuft nicht gut. Eigentlich möchte der 39-jährige Vater von drei Kindern den Kiosk verkaufen. Seit zwei Jahren schuftet er jeden Tag darin. Er hat den Laden übernommen und gehofft, durch viel Schweiß mit dem Verkauf von Süßigkeiten, Zigaretten und Alkohol seine Familie ernähren zu können. 18 Stunden hat der Kiosk täglich geöffnet, Hobbys, Urlaub oder Freizeit leistet sich Kubaşık nicht. Die Folgen eines Schlaganfalls machen ihm zusätzlich zu schaffen. Aber der Laden ist der ganze Stolz der Familie.

Der Kiosk befindet sich in einem Mehrfamilienhaus, an der Außenfassade ist ein Schild «Trinkhalle» angebracht. Die Mallinckrodtstraße ist eine vierspurige, vielbefahrene Stadtautobahn. Vor allem Ausländer betreiben hier kleine Geschäfte und Gaststätten. Fast jeder zweite Bewohner im Viertel ist Türke.

Mehmet Kubasik stammt aus den kurdischen Gebieten im Süden der Türkei, nah an der Grenze zu Syrien. Er wird in der Ortschaft Pazarcik am Rande des Kartalkaya-Stausees geboren. Die inoffizielle «Hauptstadt der Kurden», Diyarbakir, liegt nur knapp 350 Kilometer entfernt. Bekannt wird die Region vor allem durch die blutigen Kämpfe zwischen dem türkischen Militär und Partisanen der kurdischen Terrororganisation PKK. Damals ist es ein Gebiet, in dem man seine Kinder nur ungern großzieht.

Bekannte beschreiben Mehmet Kubaşık als ruhigen, besonnenen Menschen, der hart und viel arbeitet. «Er war ein Familienmensch. Er ging nie in die Kneipe, war nie länger als zwei Tage von uns weg», erinnert sich seine Ehefrau. Hat er seinen Wohnungstürschlüssel zu Hause vergessen, schläft er lieber im Kiosk, um seine Familie nicht zu wecken, wenn er nachts nach Ladenschluss heimkommt. «So war er. Die Familie ging ihm über alles», sagt seine Tochter.

Es ist ein normaler Kiosktag an diesem 4. April 2006. Bis zur Mittagszeit bedient Kubaşık Kunden, schaut aus dem Fenster, telefoniert mit seinem Bruder in der Schweiz. Dann kommen die beiden unbekannten Männer in den Laden.

Vera Bozic, die Nachbarin, hat ihnen eben noch in die Augen geschaut.

Mehmet Kubaşık ist allein im Geschäft. Er steht hinter seinem Verkaufstresen und trägt eine Lederjacke. Uwe Mundlos und Uwe Böhnhardt treten an die Theke und schießen ohne Warnung. Der erste Schuss verfehlt den Kioskbetreiber. Der zweite durchschlägt seinen Augapfel und zerschmettert sein Gehirn. Sofort sackt Kubaşık zusammen, kippt nach vorn und bleibt kniend an einem Regal hängen. Die Mörder feuern trotzdem weiter auf ihn. Der dritte Schuss zertrümmert die rechte Schläfe, der vierte landet knapp neben dem Kopf in der Regalwand. Um 13:10 Uhr stellt der Notarzt den Tod vom Mehmet Kubaşık fest.

Später sagt die Tochter von Mehmet Kubaşık zur Polizei, dass ihr Vater keine Feinde gehabt habe. In der Türkei nicht und auch in Deutschland nicht. Sie ist überzeugt, dass er von Neonazis ermordet wurde. «Aber die Beamten haben nicht auf mich gehört.»

39 Tele-Internet-Café

Auf dem Rückweg von Dortmund nach Zwickau entscheiden Uwe Böhnhardt und Uwe Mundlos, in Kassel zu halten. Sie wollen noch jemanden ermorden.

Am 6. April 2006 öffnet der 21-jährige Halit Yozgat morgens sein «Tele-Internet-Café». Vor zwei Jahren hatte ihm sein Vater den Laden gekauft und die Einrichtung finanziert, damit sein Sohn etwas Sinnvolles zu tun hat. Das Internetcafé befindet sich im Erdgeschoss eines Wohnhauses in der Holländischen Straße. Sie ist eine graue Verkehrsader, eine Hauptstraße der Kasseler Nordstadt, an der viele Geschäfte leer stehen, vor allem Türken leben hier. Im Vorderraum des Cafés bietet Halit Yozgat seinen Kunden sechs Telefonzellen, vor allem für Auslandsgespräche, und im Hinterraum stehen sieben Computer mit Internetzugang.

Yozgat wurde in Kassel geboren und verbrachte hier eine normale Jugend. Freunde beschreiben ihn als einen ruhigen und religiösen Menschen, er ist Mitglied im türkischen Kulturverein um die

Ecke. Als Halit Yozgat 2003 seinen 18. Geburtstag feierte, hat er die deutsche Staatsbürgerschaft angenommen. Seit einiger Zeit besucht Yozgat nach der Arbeit jeden Tag ab 17 Uhr den Abendunterricht in der Kasseler Goetheschule, um seinen Realschulabschluss nachzuholen.

Heute, am 6. April 2006, wartet Halit Yozgat bereits ungeduldig auf seinen Vater, der ihn im Internetcafé ablöst, damit er zur Schule gehen kann. Es ist einiger Betrieb an den PCs und in den Telefonzellen. Ein Iraker telefoniert, auch eine türkische Frau sitzt mit ihrem Kind in einer der Zellen im Vorderraum. Zwei Jugendliche und ein Mann Mitte vierzig benutzen die Rechner im Hinterraum. Sechs Kunden befinden sich insgesamt in dem Laden, als kurz vor 17 Uhr zwei neue Kunden zur Tür hereinkommen.

Doch die beiden Männer wollen nicht chatten, sie wollen töten. Innerhalb weniger Sekunden holen sie eine Pistole mit Schalldämpfer hervor. Einer der Männer zielt zweimal auf den Kopf von Yozgat, der hinter seinem Schreibtisch sitzt. Die Schüsse zertrümmern die Schläfe und den Hinterkopf des Opfers. Halit Yozgat rutscht vom Stuhl und bleibt mit angewinkelten Armen bäuchlings auf dem staubigen Boden liegen. Nach wenigen Augenblicken ist alles vorbei, die Killer verschwinden unerkannt.

Später werden die Kunden aussagen, dass sie die Schussgeräusche zwar gehört, aber nicht als Schüsse erkannt hätten. Wieder lassen die Täter keine Patronenhülsen als Beweisstücke zurück. Nach dem Ende seines Telefonats bleibt der Iraker im Laden und wartet auf den vermeintlich abwesenden Cafébetreiber, um sein Gespräch zu bezahlen. Dass dieser blutend hinter seinem Schreibtischtresen liegt, merkt der Mann nicht.

Ein anderer Kunde beendet das Surfen im Internet kurz nach fünf. Weil der Kunde den Besitzer Halit Yozgat nicht sieht, legt er 50 Cent auf den Schreibtisch und verlässt das Geschäft um 17:02 Uhr – während Yozgat nur wenige Zentimeter entfernt stirbt.

Der Mann ist Mitarbeiter des hessischen Verfassungsschutzes und V-Mann-Führer für den Bereich «Ausländerkriminalität». Zu seinen Klienten gehören Türken aus dem Umfeld der «Grauen Wölfe», einer rechtsextremen türkischen Organisation. Später finden Ermittler im Haus seiner Eltern mit der Schreibmaschine abgetippte Seiten des verbotenen Buches «Mein Kampf» von Adolf Hitler, ein Buch über Serienmorde und eine scharfe Waffe. In seinem Heimatort hat er den Spitznamen «Klein Adolf».

Dieser Verfassungsschützer sitzt im Hinterraum des Internetcafés, während im Vorderraum ein türkischstämmiger Mann hingerichtet wird. Die Polizei ermittelt. Einen Zusammenhang zwischen dem Mord und dem Geheimdienstler können die Polizisten der Soko «Bosporus» trotz intensiver Ermittlungen aber nicht finden. Am 18. Januar 2007 wird das Verfahren gegen den Verfassungsschützer von der Staatsanwaltschaft Kassel eingestellt.

40 Die Presse recherchiert II

Nach dem neunten Mord in Folge an ausländischen Kleinunternehmern berichten auch die Medien wieder verstärkt über die «Spur des Serienkillers». Allen voran die Boulevardzeitung *Bild*. Am 12. April 2006 nennt sie «vier heiße Spuren»: «Drogenmafia, organisierte Kriminalität, Schutzgeld, Geldwäsche.»

Die *Bild* zitiert den Kriminologen Christian Pfeiffer mit den Worten: «Schutzgeld als Motiv liegt auf der Hand. Es kann sein, dass die Getöteten gar nicht zu den Erpressten gehörten. Die Organisation hat sie vielleicht zur Abschreckung benutzt. Ihre Opfer wählt sie völlig willkürlich aus. Deshalb kann die Polizei auch keine Verbindung finden – es gibt keine.»

Der *Weserkurier* aus Bremen schreibt: «Zugleich rückt eine Istanbul-Connection in den Blickpunkt. Nach bisher unbestätigten Berichten soll es Anhaltspunkte dafür geben, dass alle neun Mordopfer in den vergangenen Jahren Kontakt zu einem Import-Export-Unternehmen in Istanbul hatten. Möglicherweise spiele die Drogenmafia eine Rolle in der Mordserie, wird spekuliert. Die Türkei ist eines der wichtigsten Transitländer für Heroin, das aus Afghanistan nach Deutschland und in andere europäische Länder geschmuggelt wird.»

Die *Nürnberger Zeitung* spricht mit einem Leiter der Soko «Bosporus» und zitiert ihn mit den Worten: «Die Opfer sind die letzten Glieder einer Kette, die ins Milieu organisierter Kriminalität führt. Geld spielt eine Rolle.»

Dem *Focus* gibt der damalige Leiter auch ein Interview: «Die neun Morde seien sehr rational, überlegt und planvoll ausgeführt worden. Deshalb lassen sich persönliche Motive wie Rache eher ausschließen.» Von der These, es handle sich um einen geisteskranken Serienmörder, der ohne Motiv tötet, hält der Kripomann laut dem Magazin überhaupt nichts. «Ebenso wenig von ausländerfeindlichen Hintergründen.»

Das Magazin recherchiert der Mordserie auch nach und beklagt: «Die schwer durchdringbare Parallelwelt der Türken schützt die Killer.» In der *Süddeutschen Zeitung* äußert sich ein bayerischer Oberstaatsanwalt über die türkischen Bekanntenkreise der Opfer: Er habe den Eindruck, «da weiß einer mehr, aber er will es uns nicht sagen». Der Soko-Chef sagt der *SZ*, er habe «angesichts der Mauer des Schweigens» den Eindruck, dass «die Türken noch nicht in dieser Gesellschaft angekommen sind».

In der ZDF-Sendung «Aktenzeichen XY … ungelöst» nennt Moderator Rudi Cerne mögliche Hintergründe für die neun Morde: «Organisierte Kriminalität», «Auftragskiller», und fragt: «Haben sich die Opfer selbst in kriminelle Geschäfte verwickelt?»

Für Hinweise, die zur Aufklärung der Taten führen, stockt der bayerische Innenminister Günther Beckstein (CSU) am 26. April 2006 die Belohnung auf 300 000 Euro auf – es ist der höchste Geldbetrag, der in der deutschen Polizeigeschichte jemals ausgesetzt wurde.

Während die Medien spekulieren, ermittelt die Soko «Bosporus» auch bereits in eine andere Richtung. Im Mai 2006 sendet der Profiler sein zweites Gutachten an die Ermittler. Der psycho-

logisch arbeitende Kriminalpolizist lenkt den Blick der Sonderkommission weg von der organisierten Kriminalität und von
extremistischen Türken hin zu einem «fremdenfeindlichen Serientäter».

Sein «Täterprofil» zeichnet das Bild von einem oder zwei männ-
lichen deutschen Tätern, die zwischen 22 und 28 Jahre alt sind
und «eine ablehnende Haltung gegenüber Ausländern, speziell
Türken», haben. Wahrscheinlich sind sie schon einmal im Bereich
«Staatsschutz (rechts)» oder bei einer Sachbeschädigung als «stell-
vertretendes Aggressionsdelikt» aufgefallen. Zwischen den Killern
herrsche ein «sehr enges Vertrauensverhältnis im Sinne einer ‹verschworenen Gemeinschaft›». Es sei darum möglich, dass sie auch
vorher bereits zusammen Straftaten begangen hätten.

Vor Beginn der Mordserie könnten die Männer in der rechten
Szene unterwegs gewesen sein; da sie die Aktionen der anderen
Neonazis aber als «zu schwach» angesehen hätten, könnten sie be-
schlossen haben, ihre eigene Mission zu starten. Nach dem Motto:
«Taten statt Worte.»

Erstaunlicherweise passt die Beschreibung ziemlich genau auf
Uwe Mundlos und Uwe Böhnhardt, die Türken hassen, bis zum
Untertauchen fest in der rechten Szene verankert waren und im
Mai 2005 gerade 27 und 31 Jahre alt sind. Sogar das gleiche Motto
nennen sie in ihrem Bekennervideo.

Der Fallanalytiker der Polizei vermutet außerdem, dass die
Männer über «Routine im Umgang mit Schusswaffen» verfügen.
Von Mord zu Mord würden sie sich professionalisieren – benötig-
ten die Täter am Anfang ihrer Serie noch mehrere Schüsse, hätten
sie ihre letzten Opfer meist mit nur einem gezielten Schuss getötet.
Eine «professionelle Ausbildung (evtl. Militär)» hält der Ermittler
für wahrscheinlich. Das Schießtraining könnte aber auch Teil der
Freizeit sein, etwa beim Gotcha- oder Ego-Shooter-Spielen.

Doch in einem zentralen Punkt irrt der Profiler. Weil die Täter drei Menschen in Nürnberg und zwei in München erschossen
haben, glaubt er, der oder die Täter hätten ihren «Ankerpunkt in
Nürnberg».

Nach dieser Analyse beschließt die Soko, alle Rechtsradikalen in Nürnberg zu überprüfen. Die Fahnder wollen Rechtsrock-Konzerte in der Region besuchen, Wehrsportgruppen ausfindig machen und in fränkischen Schützenvereinen ermitteln. Außerdem beantragen sie beim bayerischen Verfassungsschutz eine Liste mit allen Rechtsextremisten, Neonazis, NPD-Mitgliedern und Skinheads, die in den vergangenen zehn Jahren in Nürnberg und Umgebung aktiv gewesen sind, ungefähr 3500 Personen. Der Geheimdienst sperrt sich. Ein Streit zwischen den Behörden beginnt. Monatelang antwortet der Dienst nicht auf die Anfrage der Polizeikollegen. Der Verfassungsschutz gibt die Namen mit Verweis auf Datenschutz nicht heraus. Später behaupten die Geheimdienstler, die Anfrage sei nicht konkret genug gewesen.

Im April 2006 beschwert sich ein Mitarbeiter des Bundeskriminalamts beim Bundesinnenministerium. Er schreibt in einem Brief, dass nach sechs Jahren und neun Morden immer noch kein Täter gefasst ist, und bemängelt das Durcheinander der verschiedenen Ermittlungsgruppen. Die Strafverfolgungsbehörden von fünf Bundesländern und das BKA seien an der Fahndung beteiligt, aber es gebe keine zentrale Ermittlungsführung, Aktenführung und Koordinierung. «Die Erfahrungen aus der bisherigen Zusammenarbeit mit der BAO Bosporus in Nürnberg sind nicht nur positiv, da konkrete Absprachen nicht immer erreichbar waren und/oder nicht eingehalten wurden.»

Dabei will die Soko «Bosporus» die «zentrale Ermittlungsführung» bei der Jagd auf die Česká-Mörder 2006 gern dem Bundeskriminalamt übergeben. Aber das BKA lehnt ab. Vielleicht scheut man die damit verbundene Öffentlichkeit. Denn im selben Jahr wehen in ganz Deutschland Fahnen, die «Die Welt zu Gast bei Freunden» versprechen. Eine öffentliche Aufregung, weil Neonazis gezielt Ausländer erschießen und die Sicherheitsbehörden sie nicht fangen können, soll wohl im Jahr der Fußballweltmeisterschaft in Deutschland unbedingt vermieden werden.

Außerdem gibt es Probleme mit der Polizeisoftware. Das System

«Easy» aus Bayern ist nicht kompatibel zum Programm «Inpol», das alle anderen Landeskriminalämter benutzen. Da die Daten zwischen «Easy» und «Inpol» nicht automatisch abgeglichen werden können, müssen Beamte alle neuen Informationen per Hand einpflegen. Das ist aufwendig und kostet Zeit.

Nach viel Hin und Her übersendet das Landesamt für Verfassungsschutz Bayern schließlich nach acht Monaten die Personalien von 682 Nürnberger Rechtsextremen an die Soko «Bosporus». Die Sonderkommission startet 125 Rasterfahndungen, überprüft insgesamt 112 000 Personen, Millionen Kreditkartendaten und Zehntausende Hotelbuchungen. Insgesamt werten die Ermittler 32 Millionen Datensätze aus und gehen 3500 «Ermittlungsspuren» nach. «Eine heiße Spur war nicht dabei», sagt der ehemalige Leiter der Soko «Bosporus» heute.

Der immense Aufwand ist umsonst, denn die Soko sucht nur am «Ankerpunkt» im Großraum Nürnberg.

Später gibt ein Hauptkommissar der Kriminalpolizei Nordhessen, die den Mord in Kassel untersucht, ein Interview. Darin sagt er: «Meine persönliche Theorie ist, dass es sich bei dem Täter um jemanden handelt, der die Opfer nach ihrer Ethnie und nach dem Umfeld aussucht. Also, er sieht nicht das einzelne Opfer, sondern er sieht hier einen Südländer, einen Türken in einem türkischen Geschäft.» Der Polizist war auf der richtigen Spur.

Doch ihm fehlten wichtige Fakten. Einzig und allein eine Gewissheit zieht sich durch alle ungeklärten Morde an ausländischen Kleinunternehmern der vergangenen sechs Jahre: Die Mordwaffe ist immer eine Česká 83, Kaliber 7,65 Millimeter.

Im August 2006 spricht die *Süddeutsche Zeitung* mit dem Profiler, der die Soko «Bosporus» berät und die Persönlichkeitsprofile des Täters erstellt hat. Er sieht die Beweggründe des Mörders eher im Persönlichen: «Ihn treibt ein ausgesprochenes Zerstörungsmotiv.» Der Profiler glaubt, das Motiv müsse mit einem Erlebnis zu tun haben: «Irgend etwas mag im Umgang mit Türken vorgefallen sein, das ihm extrem negativ oder demütigend erschien.» Der Täter sei wohl eher ein Serientäter, der seine Opfer zufällig auswähle, nach deren türkischem Erscheinungsbild. Für einen Rechtsextremisten gäbe es aber keinerlei Anhaltspunkte: «Neonazis könnten kein politisches Kapital aus den Morden schlagen.»

Im Jahr 2009 nimmt sich der *Spiegel* nochmals der Mordserie an und berichtet mit Verweis auf die Ermittler von einer Verbindung der Morde zur deutschen und türkischen Wettmafia: «Wer nicht zahlen kann, der wird übel zugerichtet.» Der Anwalt eines verdächtigten Türken spricht von «Verleumdung».

Nur wenige Monate vor Bekanntwerden der Terror-Zelle 2011 berichtet der *Spiegel* wieder über die unaufgeklärten Mordfälle. Die Zeitschrift vermutet hinter den Taten nun eine «mächtige Allianz zwischen rechtsnationalen Türken, dem türkischen Geheimdienst und Gangstern». Im August 2011 legt das Magazin nach: Es zitiert eine Quelle der Polizei, die behauptet, die Ermittler zu «einer romantischen Villa nahe des Bodensees führen» zu können. Dort liege die Tatwaffe in einem Tresor. Der *Spiegel* schreibt: «Die Morde, so viel wissen die Ermittler, sind die Rechnung für Schulden aus kriminellen Geschäften oder die Rache an Abtrünnigen.»

Nur neun Wochen, nachdem dieser Artikel im *Spiegel* erscheint, erschießen sich Uwe Böhnhardt und Uwe Mundlos in einem Wohnmobil in Eisenach.

41 Privatleben

Nachdem Uwe Böhnhardt und Uwe Mundlos innerhalb von drei Tagen zwei Menschen in Dortmund und Kassel erschossen haben, kommen sie in ihr unauffälliges Leben nach Zwickau zurück. In Sachsen schneiden sie weiter ihr Bekennervideo, suchen sich neue Brillen bei Fielmann aus und kaufen eine neue Videokamera. Damit fährt das Trio im Sommer 2006 in den Urlaub.

Zschäpe, Mundlos und Böhnhardt schnüren zwei Fahrräder auf das Dach eines Škoda-Kombis und verlassen Zwickau, um im Ostseebad Grömitz auszuspannen. Auf einem Foto aus diesem Urlaub sieht man, wie Beate Zschäpe sich einen Schuh anzieht, während sie auf dem Beifahrersitz im Auto lümmelt. Auf einem anderen Bild schlendern die drei Urlauber in T-Shirts und kurzen Hosen durch die Einkaufsmeile von Grömitz. Vollkommen entspannt. Ganz so, als ob nichts passiert wäre in den Wochen zuvor.

Die Bilder des Urlaubsglücks speichern sie auf ihrem Rechner im Ordner «Urlaub 2006». Auf derselben Festplatte liegen auch andere Dateien, die sie im Juni 2006 speichern. Es sind Szenen für ihr neues Bekennervideo, das sie planen. Im Gegensatz zur ersten Version mit Totenschädel, aggressiver Musik und dunkler Aufmachung produzieren sie jetzt eine freundliche Version im Comicstil – die dadurch einen zynischeren Ton bekommt.

Die Filmchen dafür finden sie bei YouTube. Zwei Personen schreiben das Drehbuch für das Bekennervideo auf kariertem Papier. Es ist handschriftlich verfasst und 49 Seiten lang. In einem «Behördengutachten» des Kriminaltechnischen Instituts des BKA in Wiesbaden erkennt die Wissenschaftliche Direktorin 2011, dass eine der beiden Handschriften des Drehbuchs Uwe Mundlos gehört.

Mundlos und Böhnhardt setzen Filmausschnitte der amerikanischen Zeichentrickserie «Der rosarote Panther» aus den sechziger Jahren anders zusammen und geben dem Comicstrip damit eine vollkommen neue Aussage. In den «Paulchen Panther»-Sequenzen verändert das Trio die Aufschriften auf Läden und Schildern. Einige der Videosequenzen werden später nicht auf der 15-minütigen Bekenner-DVD landen, die Beate Zschäpe nach Auffliegen der Terrorzelle versendet.

Zum Beispiel eine Bilderfolge, in der man den rosaroten Panther mit einer Schaufel sieht, über ihm die Sprechblase «DER ALI MUSS WEG». Ali – mit diesem Klischeenamen verunglimpft das Trio bereits 1998 türkische Mitbürger in einem Gedicht. In einer anderen, später nicht verwendeten Szene mit dem Namen «militär ali3 mit schuss.avi» sieht der Zuschauer ein Plakat mit der Aufschrift «MIT-

STREITER GESUCHT IM KAMPF GEGEN DIE KANACKEN-
FLUT».

Als Uwe Böhnhardt am 5. Oktober 2006 das erste Mal eine Bank
allein überfallen will, kommt es zu einem schweren Zwischenfall.
Er hat sich eine Sparkasse in Zwickau ausgesucht, nur fünf Kilometer von der Wohnung in der Polenzstraße entfernt. Bei seinem
Alleingang geht er besonders brutal vor. Zuerst prügelt er mit ei-
nem Ventilator auf eine Angestellte ein. Der Filialleiter will den Tresor nicht sofort öffnen. Das animiert
einen Kunden, den Bankräuber zu überwältigen. Dabei löst sich
ein Schuss aus Böhnhardts Waffe, das Projektil schlägt in den Fußboden ein. Um den Druck zu erhöhen, bedroht Böhnhardt jetzt
einen Auszubildenden. Er sagt zu ihm: «Wenn nicht sofort der
Filialleiter erscheint, erschieße ich dich!» Darum versucht der Aus-
zubildende den Räuber zu überwältigen. Im Gerangel schießt Uwe
Böhnhardt dem jungen Mann mit dem Revolver Alfa Proj in den
Bauch, der Lehrling erleidet einen Durchschuss. Der Täter flüchtet
mit dem Fahrrad – ohne Beute.

Ende 2006 bekommt Beate Zschäpe unerwarteten Besuch. Eines
Tages stehen uniformierte Beamte der Polizeidirektion Zwickau im
Treppenhaus in der Polenzstraße. Sie klingeln an der Wohnungstür, weil ein paar Wochen zuvor Wasser von der Wohnung ein
Stockwerk darüber in das Versteck des Trios gelaufen ist. Zschäpe
stellt sich als Susann D. vor, beantwortet den Polizisten ein paar
Fragen. Die Beamten ziehen daraufhin wieder ab, ohne Verdacht
zu schöpfen, dass die Mieterin vor ihnen in Verbrechen verwickelt
sein könnte.

Gegenüber der Hausverwaltung besteht Beate Zschäpe darauf,
den Schaden selbst zu beheben. Sie kauft ein Metallregal für das
Badezimmer und bittet darum, die Miete im Gegenzug zu mindern.
Damit, so glaubt sie, sei die Sache überstanden.

Anfang Januar 2007 steht aber plötzlich erneut ein Polizist, diesmal von der Kripo, Kommissariat 23 Jugendkriminalität, vor ihrer

Tür. Er glaubt, dass die Wanne nicht zufällig übergelaufen ist, sondern durch den künstlichen Wasserfall Spuren eines Einbruchs im Stockwerk darüber verwischt werden sollten. Beate Zschäpe möchte er gern als Zeugin vernehmen.

Am 11. Januar 2007 stellt sich Beate Zschäpe um 6:30 Uhr bei der Polizeidirektion Zwickau vor. Wieder tritt sie als Susann D. auf. Niemand will ihren Ausweis sehen, um das zu kontrollieren. Zwanzig Minuten lang vernehmen die Polizisten die junge Frau. Zschäpe verstrickt sich in Widersprüche. Zuerst sagt sie, dass sie gar nicht in der Wohnung lebt, nur auf die Katzen aufpasse. Dann spricht sie von «unserer Wohnung», sagt «zu Hause». Doch auf dem Polizeirevier bemerkt das keiner. Sie wird ja auch nur als Zeugin vernommen. Um 7:15 Uhr ist die Vernehmung beendet, sie darf wieder gehen.

Dass die Zelle an diesem Tag nur sehr knapp einer Enttarnung entgangen ist, scheint die drei nicht weiter zu beschäftigen. Eine Woche nach Beate Zschäpes Besuch auf dem Revier überfallen Uwe Mundlos und Uwe Böhnhardt eine Sparkasse in Stralsund. Zusammen mit dem Überfall ein paar Wochen zuvor auf dieselbe Filiale erbeuten sie mehr als 250 000 Euro.

Drei Monate nach Zschäpes Kontakt zur Polizei erschießen Uwe Mundlos und Uwe Böhnhardt die Polizistin Michele Kiesewetter in Heilbronn.

42 Theresienwiese

Für Michele Kiesewetter ist der Einsatz an diesem April-Mittwoch nichts Besonderes. Die 22-jährige Bereitschaftspolizistin hat schon viel gefährlichere Aufgaben übernommen. Als Mitglied einer Beweissicherungs- und Festnahmeeinheit hat sie nachts schon verdeckt in der Disko «Luna» in Kornwestheim ermittelt. Um eine Razzia beginnen zu können, lässt Kiesewetter dann ihre Kollegen in Uniform von innen durch den Disko-Notausgang herein. Ein paar Monate zuvor hat Kiesewetter undercover Drogen gekauft, zweimal 3,5 Gramm Heroin. Beide Dealer wurden daraufhin festgenommen.

Aber heute, an diesem 25. April 2007, ist sie zum routinemäßigen Streifendiensteinsatz eingeteilt. Mit einem neuen Kollegen soll sie in Heilbronn herumfahren, verdächtige Personen kontrollieren und Platzverweise ausstellen.

Den Abend vor dem Dienst verbringt Michele Kiesewetter mit einem Freund. Die Nacht ist kurz. Nach zweieinhalb Stunden Schlaf steht Kiesewetter wieder auf, duscht sich und zieht ihre Uniform an. Um 8:30 Uhr ist Dienstbeginn. Spontan wird sie heute für die Streife im Rahmen der Polizeiaktion «Sichere City» in Heilbronn eingeteilt.

Michele Kiesewetter wächst in Thüringen auf, in Oberweißbach, einer 1800-Seelen-Gemeinde im Thüringer Wald, deren größte Attraktion eine Standseilbahn aus den zwanziger Jahren ist. Michele ist ein sportliches Mädchen, sie nimmt im Winter an Biathlonwettbewerben teil, im Sommer rennt sie bei Crossläufen mit. Ein anderes Familienmitglied arbeitet bereits bei der Polizei, Kiesewetter gefallen seine Erzählungen. Nach dem Realschulabschluss beginnt sie eine Sozialausbildung an einer Berufsschule, bricht aber sofort ab, als sie eine Zusage als Polizeimeisteranwärterin in Baden-Württemberg erhält. Mit 19 Jahren wird Michele Kiesewetter Polizistin. «Sie hat ihren Beruf geliebt», sagt ihre Mutter, «mit der Einstellung bei der Polizei hat sich für sie ein Traum erfüllt.»

Der Streifendienst am 25. April 2007 beginnt um 9:30 Uhr in Heilbronn. Vormittags kontrollieren Michele Kiesewetter und ihr Polizeikollege die Innenstadt. Zwei Stunden nach Arbeitsbeginn machen sie eine Pause an der Theresienwiese, einem großen Festivalgelände am Neckar unweit des Heilbronner Hauptbahnhofs. Der Festplatz ist bekannt, weil hier Flohmärkte stattfinden, Zirkusse Station machen und das «Unterländer Volksfest» jährlich steigt – ein riesiger Rummel. Auch heute bauen Schausteller auf dem Platz ihre Buden und Wagen auf, das «Heilbronner Frühlingsfest» wird vorbereitet.

Michele Kiesewetter und ihr Kollege rauchen eine Zigarette, tippen SMS-Nachrichten an Freunde und fahren danach auf das Polizeirevier für eine Einsatzbesprechung. Anschließend verlassen sie das Revier gegen 13:45 Uhr wieder ohne konkreten Auftrag. Mit dem 5er-BMW-Dienstwagen fahren sie zurück zur Theresienwiese, parken das Auto im Schatten eines Trafohäuschens und schauen aus dem BMW zu, was auf dem Festplatz passiert. Zur selben Zeit beobachten Gleisarbeiter der Deutschen Bahn zwei Mountainbikefahrer, die in der Nähe des Bahnhofs unweit der Theresienwiese diskutieren.

Die Türen ihres Polizeiautos lassen Kiesewetter und ihr Kollege geschlossen, nur die Fensterscheiben sind geöffnet. Die beiden jungen Beamten unterhalten sich über die Karrieremöglichkeiten bei der Polizei. Der Kollege steckt sich eine Zigarette an, Michele Kiesewetter beißt in ein Brötchen.

In dem Moment sieht Kiesewetters Kollege im Rückspiegel einen Mann, der sich von der Beifahrerseite her dem Polizeiwagen nähert. Er trägt eine dunkle Jeans, schwarze Schuhe und ein Kurzarmhemd. Michele Kiesewetter soll noch gesagt haben: «Da will jemand eine Auskunft», als der Angreifer schon beginnt zu schießen. Die Polizistin hat keine Chance, der Killer jagt ihr von hinten eine Kugel in den Kopf. Er feuert nur einen Schuss aus der 9-Millimeter-Wehrmachtspistole Radom. Dann schießt ein zweiter Täter mit einer russischen Tokarew-Pistole auch auf den Polizisten auf dem Beifahrersitz.

Die beiden Männer öffnen die Autotüren, dabei fallen die verletzten Polizisten blutüberströmt von ihren Sitzen. Die Angreifer reißen am Pistolenholster der Beamten. Sie ziehen ihre Opfer mit solcher Gewalt an der Waffe und am Gürtel – an dem eine Handschelle, ein Munitionsmagazin und eine Taschenlampe hängen –, dass dabei der angeschossene Polizist auf den Schotterboden vor das Auto fällt. Kiesewetters Kollege bleibt regungslos auf dem Rücken liegen, während die Mörder flüchten. Der Polizist wird schwer verletzt mehrere Wochen im Koma liegen. Michele Kiesewetter ist sofort tot.

Später werden die Ermittler des Landeskriminalamts Baden-

Württemberg herausfinden, dass den Tätern die Waffe und die Handschellen genauso wichtig waren «wie der Schusswaffenangriff selbst». Sie glauben, dass es den Mördern auch um die Gegenstände ging: «Die Wegnahme wäre in diesem Zusammenhang als Erbeuten von Trophäen deutbar.» Lampe, Handschellen und die beiden Polizeiwaffen Heckler & Koch P 2000 seien für die Täter «Insignien der polizeilichen Macht/Überlegenheit», heißt es im Ermittlungsbericht des LKA im Jahr 2010. Damit hätten die Angreifer ihre Macht demonstriert, «eigene Überlegenheitsbedürfnisse» befriedigt oder «erfahrene Unterlegenheit gegenüber der Polizei» kompensiert.

Die Ermittler sehen das Motiv für den Angriff im «grundsätzlichen Ressentiment gegen die Polizei als Institution». Kriminaltechniker entschlüsseln 2011 eine Datei auf den Rechnern der Zelle in Zwickau, die den Namen «aktion polizeipistole» trägt. Auch die Generalbundesanwaltschaft geht davon aus, dass das Trio mit dem Mord in Heilbronn den angeblich ohnmächtigen Staat und seine Repräsentanten treffen wollte. «Dass die Täter diese Gegenstände als eine Art Trophäen wollten, bringt möglicherweise zum Ausdruck, dass sie die Herrscher über Vertreter des Staates sind», sagt Rainer Griesbaum, stellvertretender Generalbundesanwalt.

Gegen 14 Uhr entdeckt ein Passant die blutverschmierten Polizisten und bittet einen Taxifahrer, einen Notruf abzusetzen. Sofort wird eine Fahndung ausgelöst, eine Hubschrauberstaffel steigt in die Luft, die Taxizentralen werden benachrichtigt und alle verfügbaren Streifenwagen zur Fahndung losgeschickt.

Während der Ringalarmfahndung rund um Heilbronn herum wird an diesem Tag unter 2000 gesichteten Fahrzeugen um 14:37 Uhr auch ein Wohnmobil registriert, das in Chemnitz angemeldet ist, es hat das Kennzeichen C-PW 87. Dieses Auto hatte Uwe Böhnhardt neun Tage zuvor mit seiner Tarnidentität «Holger G.» bei einer Caravanvermietung in Chemnitz ausgeliehen, Buchungsnummer 0517.

Noch am Tag der Exekution der beiden Polizisten ruft Uwe Böhnhardt bei dem Verleih an und sagt, dass er das Wohnmobil nicht wieder in Chemnitz abgeben kann – so wie es eigentlich vertraglich vereinbart war. Wahrscheinlich haben Mundlos und Böhnhardt Panik bekommen, sie könnten auffliegen, als sie das große Polizeiaufgebot bemerkten.

Wenige Stunden später setzt sich der Besitzer der Caravanvermietung in den Zug nach Heilbronn, um seinen Mietwagen dort wieder entgegenzunehmen. Diese ungeplante Extrareise verärgert den Vermieter so sehr, dass er Uwe Böhnhardt nie wieder einen Wagen verleihen wird. Die vergangenen sieben Jahre hatte die Zelle alle Autos für ihre Urlaubsreisen, Mordtouren und Banküberfälle hier gemietet.

Ein Ermittlungsbericht des LKA Baden-Württemberg beschreibt die beiden Täter später bereits ganz treffend: Es handele sich wohl um zwei Männer, die über «Routine im Umgang mit Schusswaffen» verfügen. Zwischen den Killern herrsche ein «sehr enges Vertrauensverhältnis im Sinne einer ‹verschworenen Gemeinschaft›». Es sei darum möglich, dass sie auch bereits vorher Straftaten zusammen begangen hätten. «Eine Täter-Opfer-Beziehung» liege nicht vor, vielmehr sei «von fremden Tätern auszugehen».

Aber in entscheidenden Punkten irrt das Täterprofil des LKA. Die Fahnder vermuten die Mörder wegen der guten Ortskenntnis in Heilbronn. Darum seien die Täter in der «örtlichen kriminellen Szene» zu suchen. Weil nach dem Mord kein Bekennerschreiben auftaucht, glauben die Polizisten auch nicht an einen «politisch motivierten Anschlag gegen Staatsorgane».

Dass sich die LKA-Ermittler geirrt haben, erfahren sie ein Jahr später. Die Polizei findet 2011 die beiden Tatwaffen, die Wehrmachtspistole Radom VIS 35 und die russische Pistole Tokarew TT 33, im Brandschutt des zerstörten letzten Verstecks des «Nationalsozialistischen Untergrunds» in Zwickau.

Der Mord an der Polizistin ist ihr letzter Mord.

TEIL VIER

DAS STILLHALTEN

43 Fehmarn

Am sonnigen 7. Juli 2007 erreichen drei junge Menschen die Insel Fehmarn. Ihr vollgepackter blauer VW-Bus passiert die Schranke zum Campingplatz und kommt direkt auf dem Stellplatz neben Familie Fischer zum Halt. Zwei Männer und eine Frau steigen aus dem Auto und begrüßen die Fischers. «Das waren ganz freundliche, kinderliebe Menschen, darum hatten wir gleich von Anfang an ein recht angenehmes Urlaubsverhältnis», erinnert sich Karin Fischer. Die jungen Urlauber sind Beate Zschäpe, Uwe Mundlos und Uwe Böhnhardt. Vor 72 Tagen haben die Männer die Polizistin Michele Kiesewetter in Heilbronn hingerichtet.

Im VW-Van des Trios liegen vermutlich die beiden Dienstwaffen Heckler & Koch P 2000 von Kiesewetter und ihrem Kollegen. Die Polizeipistolen hat das Trio wahrscheinlich in der Innenverkleidung des Wohnmobils so gut versteckt wie ihre politische Gesinnung während der Ferienzeit. Über Politik reden die drei in den kommenden Wochen mit den anderen Urlaubern kein einziges Mal.

Die Freundschaft mit dem Trio beginnt für Familie Fischer mit der Einladung zu einer Runde Kartenspielen. «Einer von den dreien hat uns gefragt, ob wir mit Doppelkopf spielen möchten», sagt Karin Fischer später.

Ab dem Jahr 2007 verbringt das Trio jeden Sommer auf dem

Campingplatz an einer Bucht im Südosten der Insel. Mit dem Ende der Mordserie beginnen die regelmäßigen Fehmarn-Urlaube.

Mundlos, Böhnhardt und Zschäpe buchen sich auf dem Campingplatz meistens einen Caravan vom Typ «Hobby Excellent», 15 Schritte bis zum Strand.

Ihren Urlaubsbekanntschaften stellen sich die drei mit den Spitznamen ihrer Tarnidentitäten vor: Gerri ist Uwe Böhnhardt, den Namen Max nutzt Uwe Mundlos, und Beate Zschäpe nennt sich Liese.

«Wir haben teilweise zusammen gegessen, sind gesurft und waren auch gemeinsam einkaufen», erinnert sich Karin Fischer.

Die Tage verbringen die drei Sachsen sehr unterschiedlich, erinnern sich verschiedene Campingfreunde. Gerri ist der Ruhige, wirkt auf viele verschlossen und fällt den anderen Urlaubern am meisten durch seine abstehenden Ohren und seine Tätowierungen auf. Am rechten Arm und am rechten Bein ranken sich Tattoo-Blumen – sie sind garniert mit Blut. «An der Schulter trug er außerdem eine Tätowierung mit Stahlhelm und Totenkopf», erinnert sich Campingnachbar Martin Sperber, «das wirkte sehr martialisch und furchterregend.»

Gerri liebt es sportlich. Mal verabredet er sich zum Badminton mit einem Camper, mal bricht er zu einem längeren Jogginglauf am Strand auf oder nimmt den Sohn einer Urlaubsbekanntschaft in seinem grauen Schlauchboot mit dem 5-PS-Außenbordmotor mit hinaus auf die See. Die Jungs seiner Bekanntschaften beeindruckt er auch schon mal mit einem Nachtsichtgerät. «Er war für mich ein sehr sympathischer, ruhiger, lieber Mensch», sagt Karin Fischer. Er sei auch immer der Fahrer der drei gewesen.

Max, der sein Sixpack gern präsentiert und bei Sonnenschein oben ohne über den Campingplatz läuft, gilt unter den anderen Urlaubern als der Kluge. Seine Tage verbringt er am liebsten auf dem Wasser. Entweder in einem Katamaran oder surfend. Nachdem er einen Surfkurs absolviert hat, kauft er sich ein eigenes Surfbrett und lässt es jeden Tag zu Wasser. Er fällt den anderen Urlaubern vor allem durch seinen offenen Charakter und sein überdurchschnittliches Allgemeinwissen auf. «Er hat immer viel erzählt, ohne wirklich was zu sagen», erinnert sich ein Mitcamper. Wenn er nicht gerade auf dem Surfbrett steht, sitzt Max vor seinem Laptop und arbeitet an dem Computer, für den er extra einen größeren Bildschirm mit auf die Ferieninsel gebracht hat.

Manchmal spielt er mit Gerri zusammen Computerspiele. Besonders mögen sie die PC-Strategie-Games «Heroes of Might and Magic» und «Spider-Man 2», oder sie vergnügen sich mit dem Kriegs-Strategiespiel «Command & Conquer Generals». Meistens sitzt Max aber allein vor dem Rechner, mit dem er vom Zeltplatz aus auch ins Internet gehen kann. Nur einmal gewährt er einem Fremden einen kurzen Einblick in seine digitale Welt. Als das E-Mail-Postfach eines Urlaubers nicht funktioniert, nimmt sich Max dieses Problems an und bringt es nach kurzer Zeit wieder in Ordnung. Wie er das so schnell wieder hinbekommen habe, möchte der Mann wissen. «Ach, das war doch ein Klacks», antwortet Max. Er könne so was, weil sein Vater zu DDR-Zeiten Informatikprofessor an einer Uni gewesen sei und er nach seiner Ausbildung zum Datenverarbeitungstechniker im PC-Laden seines Vaters arbeite, erklärt Max dem Mann.

Die mitreisende Frau, Liese, ist quasi die Mutter der Familie. Sie bekocht ihre beiden großen Jungs, wäscht die verschwitzten T-Shirts von Gerri und Max und verwaltet das Geld des Trios. Sie sei insgesamt «sehr bodenständig» gewesen, sagt eine ehemalige Campingfreundin. Häufig beschäftigt sie sich mit den Kindern ihrer Urlaubsbekanntschaften oder unterhält sich mit anderen Frauen über ihre beiden Katzen. Liese trägt die schwarzen langen Haare meist zum Pferdeschwanz nach hinten gebunden, zieht sich kurze Hosen und T-Shirts an und fällt ansonsten nicht groß auf. Früh treibt sie oft Sport, und ab mittags liegt sie in der Sonne vor dem eigenen VW-Bus, erinnern sich Parzellennachbarn. Abends trinkt sie – im Gegensatz zu ihren beiden Begleitern – auch mal ein Glas Wein. Dann erzählt sie, dass sie begeistert sei vom «Blühenden Barock», einer Art Dauergartenschau in Ludwigsburg, die sie sich bei dem

Besuch einer Freundin angesehen habe. Ludwigsburg liegt nur 37 Kilometer entfernt von Heilbronn – wo die Polizistin Michele Kiesewetter ermordet wurde. Manchmal unternehmen die drei Sachsen tagsüber etwas zusammen. Nach dem Frühstück schnallen sie ihre teuren Mountainbikes vom Mini-Van und radeln in den Wald. Erst spät kommen sie von diesen Fahrradtouren zurück. An manchen Tagen fahren sie zusammen bis zu 140 Kilometer, erinnert sich Urlaubsfreund Martin Sperber.

Aus den Bekanntschaften, die Mundlos, Böhnhardt und Zschäpe während der Ferien knüpfen, werden manchmal richtige Freundschaften. Nach dem ersten schönen Sommer 2007 verabredet sich das Terrortrio jedes Jahr wieder mit Familie Fischer, um die Urlaubstage gemeinsam an der Ostsee zu verbringen.

Zum 18. Geburtstag einer Urlaubsbekanntschaft besuchen die drei das Mädchen sogar zu Hause. An dem warmen Augusttag sitzen sie zusammen im Garten von Familie Bodner in Peine, in einer Eigenheimsiedlung hinter einer hohen Hecke im Schatten des roten Backsteinhauses. Vater Bodner, ein Lehrer, steht am Grill auf der Holzterrasse vor der Gartenlaube. Beate Zschäpe hat viele Gemeinsamkeiten mit der 18-jährigen Franziska Bodner. Auf einem Foto lachen beide in die Kamera und tragen das gleiche schwarze T-Shirt. Darauf steht «AC/DC», in Strasssteinchen.

Neben ihrem Faible für glitzernde Rockband-Verehrung verbindet die beiden Frauen auch eine Vorliebe für blonde TV-Sternchen: Beate Zschäpe ist Fan der Pornodarstellerin Carolin Wosnitza, die durch Auftritte bei «Big Brother» den Zuschauern von RTL2 bekannt wurde. Auf ihrem Laptop sucht Zschäpe öfter nach «sexy cora» im Internet, das ist der Künstlername von Carolin Wosnitza. Franziska Bodner steht auf Daniela Katzenberger, eine Blondine, die durch verschiedene Reality-Soaps auf Vox eine kleine Berühmtheit wurde. Beide Starlets eint, dass sie sich durch Brustoperationen ihren Weg ins Rampenlicht erarbeiteten. Katzenberger und Sexy Cora haben, aus der Provinz kommend, ohne erkennbares größeres künstlerisches Talent ihre Bedeutungslosigkeit abgelegt und wurden so für viele junge Frauen zu Idolen.

Als die Zelle auf Fehmarn Urlaub macht, sind zwei Profiler der amerikanischen Bundespolizei FBI zu Besuch bei der Kriminalpolizei in München. Die deutschen Ermittler fragen die US-Fallanalytiker, ob sie eine Idee haben, wer hinter der Česká-Mordserie stecken könnte. Auf sieben Seiten schreiben die amerikanischen Spezialisten daraufhin 2007 ein Gutachten mit einer «Serienmord-Analyse». Der oder die Täter hätten einen «Groll gegen Türken» und würden darum türkisch aussehende Männer erschießen. Die Profiler glauben nicht, dass die Täter Auftragskiller sind, weil sie stets tagsüber morden – das sei ein zu hohes Risiko für Menschen, die nur an Geld interessiert seien. Vielmehr würden die Mörder aus Nervenkitzel töten und weil sie ein persönliches Motiv haben.

Das FBI empfiehlt, öffentlich nach Personen zu suchen, die ausländerfeindlich eingestellt sind und sich in der Nähe der Tatorte aufgehalten haben. Auch die italienische Pistole Bruni mit dem veralteten Kaliber 6,35 Millimeter, die bei zwei Morden neben der Česká benutzt wurde, könnte ein Ansatzpunkt für die Fahndung sein, schreibt das FBI.

Diese Analyse erreicht die Soko «Bosporus» in Nürnberg aus unbekannten Gründen nicht.

Wenn das Trio nach den Ferien zurück nach Hause kommt, senden Mundlos, Böhnhardt und Zschäpe ihren Urlaubsbekanntschaften auch mal ein Päckchen, prall gefüllt mit Thüringer Bratwürsten, Süßigkeiten, Ostprodukten und einer Foto-CD des letzten Urlaubs. Absender: Liese aus Zwickau. Damals wundern sich die Empfänger noch nicht, dass das Paket von einer Phantasieadresse verschickt wurde. Schließlich hatte Liese ihnen ihre funktionierende Handynummer zum Abschied auf einen Zettel geschrieben. Uwe Mundlos tauschte die E-Mail-Adressen mit den Ferienfreunden aus und mailte zwischen den Urlauben mit ihnen, um die nächsten Termine abzumachen oder wenn die Bekannten Fragen bei Computerproblemen hatten. Das Mail-Postfach und den Skype-Account hatten Uwe Mundlos und Uwe Böhnhardt extra für den Kontakt zu den neuen Freunden angelegt.

Erst als die Fahndungsbilder der drei im Fernsehen gesendet werden, wird den Ostseecampern klar, mit wem sie da abends im Restaurant saßen oder gemeinsam Steaks auf den Grill legten. Einige Details aus den vergangenen Urlauben ergeben für sie erst jetzt einen Sinn.

So wollten Gerri, Max und Liese nie, dass jemand Fremdes ihren Wohnwagen betrat, wohl aus Angst, andere Menschen könnten etwas Auffälliges erspähen. Fürchteten sie, Urlauberkinder könnten beim Spielen im Van die versteckten Pumpguns und Pistolen entdecken? Die Bekannten verstehen jetzt auch, warum die drei Sachsen so viel von früher, von der DDR-Zeit, aber so wenig von ihrem Leben heute erzählten. Als einmal die Polizei den Campingplatz wegen eines Tauchunfalls besuchte, hielten sich die drei sehr zurück, erinnern sich Urlaubsfreunde.

In den Verhören mit der Polizei sagen die Urlauber über das Trio aus, dass Lieses «Geldbörse eigentlich immer reichlich gefüllt» war, mit «vielen Scheinen, von 50-Euro-Scheinen abwärts». Ein Stellplatz war nicht billig. Für fünf Wochen gab das Trio über 5500 Euro aus. «Uns ist aufgefallen, dass sie ihre Rechnungen immer in bar bezahlten», sagt Campingfreund Martin Sperber.

Erst im Januar des Jahres 2007 hatten Uwe Mundlos und Uwe Böhnhardt 196 970 Euro in bar bei einem Bankraub in Stralsund erbeutet. Auch vier Jahre später liegen Urlaub und Banküberfall nahe beieinander. Noch zweieinhalb Monate vor dem Überfall auf die Sparkasse in Eisenach 2011 sonnen sich die Mitglieder des «Nationalsozialistischen Untergrunds» am Strand von Fehmarn. Selbst kurz vor dieser geplanten Serie von Bankrauben fallen Mundlos, Böhnhardt und Zschäpe nicht aus ihren professionellen Rollen. Auf ihre letzte Campingbekanntschaft wirken Gerri, Max und Liese 2011 den gesamten Urlaub über «total nett und einfach sehr sympathisch», sagt die Frau.

Nachdem das Trio 2007 zurück in der Zwickauer Polenzstraße ist, produzieren die Männer das bereits begonnene Bekennervideo zu Ende. Später findet die Polizei auf den Rechnern von Mundlos und Böhnhardt den Ordner «aktuelle version 1107»: In diesem Verzeichnis sind Filmsequenzen abgelegt, die dann in der sichergestellten Bekenner-DVD wiederauftauchen. Vor allem Videodateien von Fernsehausschnitten der ZDF-Sendung «Aktenzeichen XY ... ungelöst» aus dem WDR und dem SWR haben sie gespeichert. Es sind Aufnahmen von Sendungen, in denen über den Mord an Michele Kiesewetter berichtet wird.

Zwischen dem 12. und dem 21. November 2007 brennen Mundlos und Böhnhardt 50 Exemplare einer DVD mit dem Namen «NSU». Darauf ist die endgültige 15-Minuten-Version des Bekennervideos mit dem «Paulchen Panther»-Film zu sehen.

Im Mai 2008 – über zwei Jahre nach dem letzten Mord – kommt die Soko «Bosporus» den Killern das zweite Mal sehr nah. In einem vertraulichen Bericht der Sonderkommission fassen die Ermittler alle Merkmale zusammen, die sich bei den einzelnen Morden und den Bombenanschlägen ähneln: In vier von neun Fällen der Česká-Serie flüchteten Personen auf Fahrrädern. In Nürnberg, München und Dortmund sahen Zeugen, wie zwei junge Männer auf Mountainbikes sich in der Nähe des Tatorts aufhielten. Einer Frau, die Böhnhardt und Mundlos in Nürnberg gesehen haben will, wurden die Viva-Videoaufzeichnungen vom Kölner Bombenanschlag in der Keupstraße 2004 gezeigt. Die Zeugin will Ähnlichkeiten zwischen den Radfahrern in Nürnberg und Köln erkannt haben. Am Ende kommt die Soko zu dem Ergebnis: «Aufgrund der Opferauswahl (Türken)» und «der Verwendung von Fahrrädern» könne «ein Zusammenhang nicht ausgeschlossen werden».

44 Frühlingsstraße 26

Die neue Wohnung richten sich Beate Zschäpe, Uwe Mundlos und Uwe Böhnhardt so normal, so bürgerlich ein, dass sie direkt aus dem Quelle-Katalog stammen könnte. 2008 ziehen die drei aus der Zwickauer Polenzstraße in eine bessere Wohngegend, nach Zwickau-Weißenborn. Einer Nachbarin sagte Zschäpe, dass sieben Jahre in dem Haus reichen würden – außerdem wollten sie fort aus dem Umfeld des Bahnhofsviertels.

An den Fenstern des Verstecks in der Frühlingsstraße 26 hängen Rüschengardinen, auf die Fensterbretter haben sie Blumenkästen gestellt, und vor der Dusche liegt akkurat ein Badvorleger. In den Resten des ausgebrannten gelben Hauses finden Polizisten im Jahr 2011 eine Autogrammkarte von «Cindy aus Marzahn», einen Gutschein für ein Zahnbleaching, ein Halstuch mit Leopardenmuster, ein Bügeleisen der Marke Microstar, eine rote Weihnachtsmannmütze in Übergröße sowie das Buch «Dr. Oetker: 1000 – die besten Backrezepte».

Oft steht Uwe Böhnhardt unangemeldet im Büro der Hausverwaltung und beschwert sich über zu laute Nachbarn, den Gestank der Mülleimer hinter dem Haus oder Eiszapfen, die an der Regenrinne herunterhängen und die er als Gefahr ausgemacht hat. Er beklagt sich über undichte Kacheln und das Wasser, das nicht warm werde. Als in einem Winter eine Wasserleitung platzt, zieht Feuchtigkeit in die Wohnung. Es wird kalt. Böhnhardt erstreitet sich einen Heizlüfter – auf Kosten der Hausverwaltung.

Die Beamten der Spurensicherung finden 2011 heraus, dass gar keine echten Blumen in den Kästen vor dem Küchenfenster wuchsen, sondern nur Plastikblumen aus der Erde ragten. Hinter diesen Kunstblüten hat das Trio eine Überwachungskamera mit Ausrichtung auf den Hauseingang versteckt. Nur wenige Wochen nach dem Einzug kaufen sie dafür die TV 7150 Super Mini Farbkamera 420 TVL in einem Elektronikgeschäft in Zwickau. Zwei weitere Minikameras bringen sie in der Wohnung an – ein Rekorder zeichnet alle Bewegungen auf.

Vor der Keller- und der Haustür installiert das Trio eigenmächtig einen Bewegungsmelder. Ein Repetiergewehr mit abgeschnittenem Schaft sowie eine Maschinenpistole liegen in einem Schrank in der Nähe der Wohnungstür immer griffbereit. Nachdem der «Nationalsozialistische Untergrund» aufgeflogen ist, findet die Polizei elf verkohlte Faustfeuerwaffen, Munition und Handschellen in der Ruine der Wohnung – und eine merkwürdige selbstgebaute Vorrichtung: eine Holzkiste mit Schallschutzdämmung für ein 9-Millimeter-Gewehr. Durch einen Eingriff hätte man aus der geschlossenen Kiste heraus schießen können.

Uwe Böhnhardt hat die Vier-Zimmer-Wohnung in Zwickau im Herbst 2007 durch Zufall entdeckt. Damals wird das Haus gerade grundsaniert, und eine Plane am Gerüst offeriert freie Wohnungen im Gebäude. Unter der Tarnidentität Matthias D. meldet sich Böhnhardt im Oktober 2007 bei der Hausverwaltung. Er fragt nach, ob man zwei der unsanierten Wohnungen im ersten Obergeschoss nicht zu einem 120-Quadratmeter-Apartment zusammenlegen könne.

Verwalter Oliver Schirmer hat nichts dagegen. Dann will sich Böhnhardt noch eine neue Wohnungstür aussuchen. Er möchte sie selbst bezahlen. Auch das genehmigt der Immobilienbesitzer. Daraufhin ordert Uwe Böhnhardt eine Schallschutztür in Buchedekor bei der «Tischlerei Lorenz & Waldeck» in Chemnitz und zahlt die 638,62 Euro dafür in bar. Im Keller baut er später selbst eine massive Stahltür ein.

Während der Arbeiten ist Uwe Böhnhardt häufig auf der Baustelle und schaut, wie die Sanierung des Hauses vorankommt. Nach ein paar Wochen meldet er noch einen Sonderwunsch an: Böhnhardt möchte gern eine Schallschutzdecke in der gesamten Wohnung einziehen. Oliver Schirmer fragt ihn, warum er den Schallschutz braucht. Böhnhardt antwortet: «Ich mache oft Sport auf dem Laufband.» Das klingt plausibel für den Vermieter.

Am 1. März 2008 beziehen die drei ihr neues Domizil in der Frühlingsstraße. Das Gebäude wurde 1928 von der Siedlungsgenossenschaft Zwickau Nord erbaut. Das Haus war das Zentrum der Siedlung, die Kneipe unten im Gebäude hieß noch bis zum Ende der DDR «Siedlerheim». Die Idee der Siedler war es, sich in einer ruhigen Gegend nicht weit entfernt von den Industrieanlagen Zwickaus selbst Arbeiterwohnungen zu bauen. Die Arbeiter zogen in den zwanziger Jahren das Holz für den Häuserbau mit Karren aus dem angrenzenden Wald. Hinter der Siedlungsidee stand der Patron des Kaufhauskonzerns «I. Schocken Söhne Zwickau», der damals über 30 Warenhäuser von Bremerhaven bis Stuttgart betrieb: der Jude Simon Schocken.

Heute gehört der Familie Schocken eines der größten Medienunternehmen Israels, das unter anderem die Tageszeitung *Haaretz* herausgibt. Beim Einzug der neuen Mieter im Frühjahr 2008 erinnert hinter dem Haus in der Frühlingsstraße noch ein Gedenkstein an Simon Schocken.

Gleich in den ersten Tagen, nachdem die Zelle eingezogen ist, stellt sich Beate Zschäpe bei den Nachbarn im Haus vor. Bevor es Tuscheleien gebe, möchte sie klarstellen, dass einer der beiden Mitbewohner ihr Freund ist und der andere Mann dessen Bruder. Für die 120 Quadratmeter zahlt das Trio 740 Euro Miete im Monat.

Die Wohnung ist in zwei gleich große Teile getrennt. Für Fremde sind nur der Flur, die Küche, das Wohnzimmer sowie ein kleines Bad zugänglich. Den zweiten Teil der Wohnung mit Schlafzimmer, Sportraum, dem Katzenzimmer und einem zweiten Bad kennen nur wenige Menschen. Im Sportzimmer steht eine Hantelbank, eine Klimmzugstange ist zwischen zwei Wände montiert. An diesen Sportgeräten trainieren die Männer ihren Bizeps und die Bauchmuskeln. Im Katzenraum mit dem Kratzbaum kuschelt Beate Zschäpe mit Lilly und Heidi.

Der Eingang zu diesem geheimen Teil der Wohnung ist hinter einem Garderobenregal im Flur versteckt.

Aber auch der öffentliche Bereich der Wohnung verwundert Menschen, die einmal in den Räumen gestanden haben. So wie Ursula Busse aus Zwickau. Die Frau mit dem blond gefärbten Haar und dem weißen Strickpullover ist die Chefin vom «Tiertaxi Zwickau». Zusammen mit ihrem Mann betreut sie Hunde, Katzen und anderes Kleingetier in den Wohnungen ihrer Kunden, wenn diese verreisen.

Seit Juli 2008 versorgt sie auch die beiden Katzen von Beate Zschäpe, wenn das Trio sechs Wochen auf Fehmarn ist. Täglich fährt Frau Busse dann mit ihrem weißen Kleintiertransporter mit der Aufschrift «Service rund ums Haus» in die Frühlingsstraße, stellt den Katzen Heidi und Lilly zwei Dosen Futter hin und säubert das Katzenklo. Als kleinen Extraservice lüftet sie die Zimmer durch und gießt die Blumen der Kundin. So steht es auf den Abrechnungen, die Beate Zschäpe von Ursula Busse nach jedem Urlaub erhält.

Die Wohnung des Trios sei spärlich ausgestattet gewesen, zudem hätten die Bewohner die Zimmer mit den Holzfußböden untypisch genutzt, sagt Frau Busse: «In der Stube stand ein Hochbett, und in der Küche befand sich ein silberfarbener, auffallend großer Kühlschrank, der aber leer war.» Da sich in der Wohnung keine persönlichen Gegenstände befanden, konnte sich Busses Mann nie vorstellen, dass dort «jemand richtig wohnt».

Im Schlafzimmer im geheimen Bereich der Wohnung entdeckt die Polizei 2011 ein Laufband und ein Fahrrad. Unweit davon liegen ein Revolver des Typs Ermawerke EGP 88 und eine Pistole F. B. Radom VIS. Vor dem Raum liegt eine Walther PP. Unmengen an Patronenhülsen, Munitionspackungen, Ladestreifen für Patronen und Schrotpatronen sind überall verstreut. Auch eine Ausgabe des Waffenmagazins «Visier» und CDs der unter Rechtsradikalen beliebten Bands «Bollwerk», «Störkraft», «Rabauken» und «Böhse Onkelz» lagern in diesem Teil der Wohnung.

Die später dort aufgefundenen Bücher offenbaren einen eher ungewöhnlichen Lesekanon des Trios. Neben Waffentiteln wie «Revolver und Pistolen» oder der «Enzyklopädie der Pistolen und Revolver» stehen auch Bücher von Rechtsradikalen wie «Dritter Burenkrieg» aus dem rechten Verlag «Nation & Europa» im Regal. Dazwischen finden sich das «Grundsatzprogramm der Christlich-Sozialen Union in Bayern» von 2002, das Buch «Volle Deckung, Mr. Bush» des Dokumentarfilmers Michael Moore und «Der Verfassungsschutz. Organisation – Spitzel – Skandale» des Neonazis Claus Nordbruch.

Fast jeden Tag trainieren die beiden Männer – egal bei welchem Wetter. Nachbarn sehen sie meist nur früh das Haus verlassen und oft mit ihren Mountainbikes in den Wald verschwinden. Die Wanderkarte «Zwickaus Wälder» scheint ihnen bei der Navigation zu helfen. Für die Fahrradtouren benutzen sie ein blaues Cannondale-Mountainbike, ein schwarzes Specialized-Rad, ein rotes Koonga-Mountainbike oder ein silbernes Bulls-Fahrrad, die alle im Keller startbereit stehen.

Während Mundlos und Böhnhardt trainieren, organisiert Beate Zschäpe das Leben der Zelle. Im Gegensatz zu den Männern kennen viele sie im Viertel, stets stellt sie sich als Susann oder mit ihrem Spitznamen Liese vor. Sie ist so beliebt, dass ihr Nachbar Martin Lehmann immer mal frische Gurken aus seinem Garten mitbringt und sie in der ersten Etage abgibt. Auch Nachbar Werner Prüfer schließt Beate Zschäpe eines Tages im Sommer in sein Herz.

Als er und ein paar Freunde hinter dem Haus sitzen und Bier trinken, kommt Zschäpe überraschend vorbei und spendiert der Runde eine Familienpizza. «In der Folgezeit hat sie sich dann des Öfteren zu uns gesetzt und ist auch in meinen Keller gekommen. Sie hat nie Bier getrunken, meistens Prosecco oder irgendwelchen Schaumwein, den sie selbst mitgebracht hat», sagt Prüfer.

Die Männer des Trios gehen nie auf die Stadtteilfeste, Beate Zschäpe schaut hingegen gern vorbei, spendiert ihren Nachbarn auch mal eine Runde Bier und grillt mit ihnen. Mundlos und Böhnhardt bleiben stets im Hintergrund. «Die waren sehr unscheinbar. Alles, was Öffentlichkeitsarbeit war, hat die Frau gemacht. Die Männer waren immer zurückhaltend, haben einem nie direkt in die Augen geschaut, nie gegrüßt», erinnert sich der Nachbar Jörg Bauer aus dem Haus gegenüber.

Durch Partys oder störenden Krach fallen die drei Bewohner nie negativ auf. Nachbar Bauer erinnert sich nur, «dass manchmal die Musik laut war. Das war aber nie lange oder sehr belästigend.» Vielleicht hörten sie dann «Come Over Me» von der finnischen Metallband «Nightwish» – das Lieblingslied von Uwe Böhnhardt im Internetmusikdienst Last.fm. In seinen persönlichen «Top 10»-Charts seines Accounts «Gerri10» finden sich aber auch die deutsche Symphonic-Metal-Band «Krypteria», die Schweizer Gothic-Metaller von «Legenda Aurea», die Gruppe «Amerbian Dawn» und die holländische Metal-Band «Within Temptation». Es ist harte Gitarrenmusik mit einer Note düsterer, nordisch-melancholischer Mystik. Eine zärtliche Frauenstimme streichelt über die lauten Riffs der Metallgitarren. Eines der von Böhnhardt meistgehörten Lieder heißt «Sacrament Of Wilderness».

Doch nicht nur nach außen hin stützt Beate Zschäpe das Terrortrio. Auch auf den Zusammenhalt der drei hat sie entscheidenden Einfluss: «Wir gehen davon aus, dass Frau Zschäpe eine führende Rolle innerhalb des Trios gespielt hat. Sie war eine Art emotionaler Mittelpunkt dieser Gruppe», sagt der stellvertretende Generalbundesanwalt Rainer Griesbaum. «Aus unseren Ermittlungen können wir schließen, dass sie wesentlichen Einfluss hatte zum Beispiel auf die finanziellen Regelungen innerhalb der Gruppe und dass sie aber auch die Ideologie der Gruppe stark vertreten hat.»

«Frau Zschäpe benahm sich den Männern gegenüber wie eine Ehefrau – nur für zwei Männer», sagt Holger G. «Offiziell war sie mit keinem mehr liiert. Mein Eindruck war, dass die drei in einem sehr harmonischen Verhältnis zueinander stehen.»

Tagsüber wäscht Beate Zschäpe die Sachen der drei und hängt sie auf der Leine hinter dem Haus auf. Ein Nachbar sieht Zschäpe zwischendrin öfter am Fenster rauchen, am liebsten kauft sie die Marken «Pall Mall» und «Power Red» vom Discounter Netto. Auch Kochen, Einkäufe und Besorgungen sind die Aufgabengebiete von Beate Zschäpe.

Sie wird Mitglied in einer Videothek des «Deutschen Video Rings», Kundennummer 5273. In den Jahren in der Frühlingsstraße leiht sie für das Trio über 300 Horrorfilme und Thriller, aber auch Komödien und Kinderstreifen aus. Manchmal nehmen die drei Sendungen aus dem Fernsehen auf. Im abgebrannten Haus finden

Polizisten eine DVD, auf der handschriftlich der Name einer Fernsehshow vermerkt ist: «Biggest Loser Finale». Das ist eine Abspeck-Spielshow, bei der seit 2009 regelmäßig übergewichtige Menschen ihre Pfunde verlieren sollen. Der Sender kabel eins schaut den Kandidaten dabei zu.

In den Jahren leiht Zschäpe aber auch sechs Computerspiele mit ihrer Videothekenkarte aus: Echtzeit-Strategiespiele, Kriegssimulationen und Ego-Shooter. Wahrscheinlich bringt sie die Games für Mundlos und Böhnhardt mit, die sich gern auf ihrer Nintendo-Konsole duellieren.

Eine besondere Vorliebe hat Beate Zschäpe für Schuhe. Im Asservatenverzeichnis des Bundeskriminalamtes, das auf 141 Seiten fein säuberlich jeden Gegenstand auflistet, den Polizeibeamte im Geröll des ausgebrannten Hauses fanden, führen sie auch 55 Paar Schuhe auf. Viele der Paare in den Größen 37,5 oder 38 scheinen Zschäpe gehört zu haben, darunter: acht Paar dunkelbraune Wildlederstiefel, Damensandalen «Up Fashion», braune adidas-Sportschuhe und ein Paar rosa Hausschuhe mit «Hello Kitty»-Aufdruck.

Oft ist Zschäpe tagsüber allein. Ihre beiden Katzen sind eine Ablenkung an solchen Tagen, von denen einer wie der andere ist. Einmal wollen sich die drei deshalb einen Hund anschaffen. Dafür müssen sie bei der Stadtverwaltung eine Steuermarke beantragen. Das sei ihnen aber zu riskant gewesen, erzählt Beate Zschäpe. Einen Hund ohne offizielle Marke zu halten, war keine Option für das Trio: «Wir wollten nicht durch ein Steuervergehen auffallen», sagt Zschäpe im Gefängnis.

Einkaufsbummel sind eine Abwechslung im ansonsten eintönigen Alltag von Beate Zschäpe im Untergrund. Im Schutt des Hauses finden die BKA-Ermittler allerlei Krimskrams, den sie offenbar gekauft hat: einen roten Stringtanga, sieben Sonnenbrillen, diverse originalverpackte Zahnbürsten, einen Airwick-Lufterfrischer, einen Jahreskalender vom Drogeriemarkt Müller, ein Waffeleisen, einen Sandwich-Toaster, etliche 3-D-Brillen, blinkende Teufelshörner aus einem Scherzartikelladen, ein Feuerzeug mit dem Aufdruck der Comicfigur «Betty Boop», einen Taschen-Aschenbecher in

Originalverpackung, eine schwarze Faschingszipfelmütze mit auf-
gedrucktem Gesicht, über zehn Halstücher, eine Nasendusche, zwei
elektronische Feuerwerks-Zündanlagen in Originalverpackung,
einige Superböller und das Feuerwerk «Ocean of Lights» sowie verschiedene Schmink- und Kosmetikkoffer.

Wenn sich Beate Zschäpe einsam fühlt, geht sie nur ein paar Stufen
hinunter im Haus, in die «Taverne Thassos». Dann setzt sie sich
in den Gastraum, plaudert mit dem griechischen Besitzer Petros
Paschalis oder bringt eine Freundin zum Essen mit. Paschalis gibt
einen Ouzo aus. Als Dank bringt Zschäpe zu Weihnachten ein
selbstgebasteltes Geschenk vorbei. Als Paschalis Geburtstag hat,
schenkt sie ihm Asterix- und Obelix-Figuren. Zu Ostern überrascht sie das Betreiber-Ehepaar mit einem kleinen Kaktus und
einem Schokoladennest.

«Die Susann war eine sehr freundliche Frau», sagt Petros Paschalis, «sie war eine Ulknudel, die immer ein Lächeln im Gesicht hatte.» Nur an eine schlechte Erfahrung kann sich Paschalis' Ehefrau
erinnern: Als sie einmal im Laden ihres Mannes die Toiletten putzt,
kommt zufällig Zschäpe dazu. Sie schaut der Griechin beim Putzen
zu und sagt dann: «Da können Sie gleich bei mir weitermachen!»
Die Frau des Betreibers empfindet das als gemeine Beleidigung.

Uwe Böhnhardt, den Zschäpe manchmal im Schlepptau hat,
mögen die Tavernenbesitzer nicht besonders. Einmal streiten sie
sich mit ihm, weil Böhnhardt so oft und laut Computerspiele spielt.
Die wummernden Bässe der Kriegs- und Monsterspiele nerven
aber die Gäste der Taverne unter der Wohnung des Trios. Darum
bittet Petros Paschalis seinen Obermieter, ab 17 Uhr nicht mehr
virtuell zu ballern.

Immer wieder donnerstags gibt es eine kleine Variation im Tages-
ablauf des Trios. Dann kommt Susann E. mit ihren neun und fünf
Jahre alten Söhnen vorbei. Zwei Paar Kinderschuhe stehen dann
ordentlich vor der Wohnungstür. Nachbarn wollen gehört haben,
wie die Jungs oft ein Bad nahmen – es wurde dann immer lauter

im Haus. Für diese Nachmittage hält Beate Zschäpe eine ganze Batterie Kinderspielzeug parat. Neben Gesellschaftsspielen bewahrt sie unter ihrem Hochbett auch eine digitale Lego-Kamera, einen Spielzeughubschrauber und ein sogenanntes Catch-Ball-Game auf – ein Set aus zwei kreisrunden Spielgeräten mit Klettfunktion und einem Ball, der sich in diesen Geräten verfangen soll. Im Keller wartet außerdem ein rotes Trotter-Kinderfahrrad auf die beiden Jungs. Wenn Nachbarn Beate Zschäpe nach den regelmäßigen Besuchern fragen, gibt sie Susann E. als ihre Schwester aus. Und so wundert es niemanden, wenn Zschäpe auch einmal etwas allein mit den beiden Jungen unternimmt. Sie dürfen beispielsweise manchmal mit zum Tierarzt, wenn Beate Zschäpe ihre beiden Katzen untersuchen lässt.

In den letzten Jahren im Untergrund ist Familie E. nicht nur regelmäßig in der Frühlingsstraße zu Gast, sondern ist auch eine Stütze für das Trio. Vor allem André E. gilt als einer der wichtigsten Helfer der Zelle in diesen Jahren.

Im Internet betreibt André E. jetzt einen Laden, in dem er Kleidung verkauft, die in der rechtsextremen Szene beliebt ist. Der Online-Shop trägt den Namen «Caput Mortuum» – Totenkopf.

E. hilft dem Trio nicht nur seit spätestens 1999, Wohnungen zu mieten, sondern mit seiner Medienfirma «Aemedig» soll er Mundlos und Böhnhardt auch bei der Produktion des Bekennervideos unterstützt haben. Auf den Festplatten der Zelle, die Kriminaltechniker später finden, liegen Bilder der schwangeren Susann E. neben Fotos der erbeuteten Heckler-&-Koch-Pistole, die das Trio Michele Kiesewetter abgenommen hatte – die Fotos der Dienstwaffe tauchen auch in dem «Paulchen Panther»-Bekennervideo auf.

Mit den Tarnidentitäten «Susann E.» und «André E.» werden Campingplätze für das Trio gemietet, DVDs in einer Zwickauer Videothek ausgeliehen und seit 2005 jährlich BahnCards beantragt. Die letzte Bahn-Rabattkarte, die auf den Namen «André E.» ausgestellt und am 4. November 2011 im ausgebrannten Wohnmobil in Eisenach gefunden wird, gilt bis zum 24. Juni 2012.

Wenn Uwe Mundlos und Uwe Böhnhardt nachmittags gegen 17 Uhr nach Hause kommen, gehen sie zügig die knarzenden Holzstufen ins erste Obergeschoss hinauf und verschwinden in der Wohnung.

Die Abendstunden scheinen sie größtenteils vor Bildschirmen zu verbringen, jeder in seinem eigenen Raum. Beate Zschäpe bringt den Männern immer mal Thriller- und Horrorfilme aus der Videothek mit, sie hören Musik bei Last.fm im Internet und versenden SMS-Nachrichten über free-sms.de. Viel Zeit verbringen die Männer in virtuellen Welten. Auf dem Rechner von Beate Zschäpe ist das Computerspiel «Wer wird Millionär?» installiert. Von zehn Personen sind auf der Festplatte die Spielstände gespeichert – wahrscheinlich alles Gegner, die über das Internet gegen Zschäpe spielten. Unter den zehn Mitspielern befinden sich aber auch die Namen «Max» und «Gerri Mat», also Mundlos und Böhnhardt.

Die Männer spielen aber nicht nur Wissensspiele. Uwe Böhnhardt ist begeisterter Actionspieler, er verbringt viel Zeit in der Online-Version von «World of Warcraft». Insgesamt ist er dort 36 Stunden eingeloggt, und seine Charaktere haben die höchste Spielstufe erreicht – das schaffen nur Spieler, die viel Zeit vor dem Bildschirm verbringen.

Auch Uwe Mundlos war stundenlang in virtuellen Welten unterwegs, bevorzugte aber Strategiespiele. Das berichtet ein junger Mann aus Koblenz, der sich bis kurz vor Mundlos' Tod fast täglich mit dem Terroristen zum Spielen im Internet traf. Alles beginnt, als Thomas Westerboer im internen Spiel-Chat einer Kampfsimulation fragt: «Ist jemand hier des Deutschen mächtig?» Nach wenigen Minuten erhält er die Antwort: «Ja, hier!» Der Spieler, der ihm antwortet, hat sich den Nickname «Heatseeker» gegeben. Heatseeker, so wie der Song von AC/DC aus dem Jahr 1988, als Mundlos sich die ersten AC/DC-Vinylplatten gekauft hatte. Heatseeker ist Uwe Mundlos.

Die beiden Online-Gamer verabreden sich in einem speziellen Chatprogramm, dem Teamspeak. Sie sprechen über ihre Games-Vorlieben und die Spielerfahrung. Thomas Westerboer gehörte einmal zu den zehn besten professionellen «Counter Strike»-Spielern Europas. Das scheint Uwe Mundlos gereizt zu haben. Ab Oktober 2010 verabreden sie sich fast jeden Abend von 19 bis 23:30 Uhr im Teamspeak-Chat. Zusammen spielen sie im Internet Autorennspiele, Zombie-Kampfspiele, Weltraumsimulationen, aber vor allem Kriegsflugzeugsimulatoren gegen andere Teams.

Mundlos spielt am liebsten «Lock on Modern Air Combat», einen sehr realistischen Kampfflugsimulator. Jeder Spieler wählt sich eine Maschine und bekommt einen Auftrag – etwa den Transport von einem Ort zum anderen. Das andere Team muss versuchen, diesen Auftrag durch den Abschuss der Transportmaschine zu verhindern. Zur Auswahl stehen russische MiG-Jets oder russische SU-Kampfflugzeuge. Mundlos' Lieblingsflugzeug ist die SU-27, ein Nahkampfjäger.

«Er war ein perfekter Mitspieler», sagt Thomas Westerboer über Uwe Mundlos, «er hatte bei den Manövern immer die Fähigkeit, taktisch zu denken.» Seinen Gegnern war er stets drei bis vier Schritte voraus. Beide junge Männer sehen sich bei ihren Einsätzen als virtuelle Fliegerstaffel nicht, sie hören sich nur über das Chatprogramm. Obwohl sie fast jeden Tag mehrere Stunden miteinander verbringen, erfährt Westerboer nur sehr langsam etwas über seinen Online-Freund. Nach drei Wochen verrät er seinen Namen «Max», nach vielen Monaten sendet er ein Foto von sich. Nur durch häufiges Nachfragen weiß Westerboer, dass der ruhige Max im Außendienst arbeitet, seine Freundin «Lieschen» heißt, sein Bruder Gerri und dass Max jeden Tag mindestens 70 Kilometer mit dem Fahrrad fährt.

Für den Sommer 2012 hatte Thomas Westerboer geplant, Max in Zwickau zu besuchen. Eine Einladung dazu hatte er bereits.

Nur einmal offenbart sich Max seinem Spielerkumpel ehrlich, als er sagt: «Ich habe in der Vergangenheit Fehler gemacht, die ich sehr bereue. Leider kann ich sie nicht wieder rückgängig machen.»

Beate Zschäpe nutzt das Internet eher, wenn das Trio eine Reise plant, sie die Öffnungszeiten der Deutschen Bank in Zwickau sucht oder um ihren Star «Sexy Cora» zu googeln. Im Protokoll ihres

Surfverhaltens finden sich vor allem Suchanfragen wie «tropical island mit übernachtung», «eintrittspreis von disneyland paris», «prerow zelten» oder «steilwandzelt für 8 personen». Manchmal scheint sie Appetit auf lateinamerikanische Küche gehabt zu haben, um 8:40 Uhr früh googelt sie «argentinisches essen» und neun Tage später um 7:34 Uhr «argentinisches restaurant zwickau». Vormittags, wenn Mundlos und Böhnhardt unterwegs sind, gibt sie «gina lisa sexfilm», «jasmin geil im keller» oder «bb 11 jasmin porno» in das Suchfenster ein.

Nur ein paar Wochen vor dem Banküberfall in Eisenach sucht sie im Netz nach «bungalow eisenach» und «campingplätze eisenach». Später werden Uwe Mundlos und Uwe Böhnhardt einige Tage in Eisenach verbringen, um die Sparkasse auszuspionieren und die Bewohner einer Wohnsiedlung an ihr auffälliges Wohnmobil zu gewöhnen. Am 13. Oktober 2011 sucht Zschäpe «welche daten sind auf der neuen gesundheitskarte» – wahrscheinlich um sich auf die Änderungen einzustellen, wenn sie sich neue Karten organisieren müssen.

Ob das Trio die gesamte Zeit zusammen in der Wohnung in der Frühlingsstraße gelebt hat, ist nicht bekannt. Es gibt Hinweise, die dagegen sprechen. In einem «Sachstandsbericht» der Ermittler heißt es im Dezember 2011: «Geringer Wasserverbrauch in der Wohnung Frühlingsstraße 26 in Zwickau / SN sowie Fund von nur wenigen Kleidungsstücken deuten auf die parallele Nutzung weiterer Wohnungen hin.» Das Bundeskriminalamt vermutet, dass die Terrorzelle in der Endphase möglicherweise einen zweiten, bisher unbekannten Unterschlupf neben der Wohnung in Zwickau hatte. «Das deutet darauf hin, dass die Gruppe eine weitere Unterkunftsmöglichkeit gehabt haben könnte», sagt der Präsident des BKA, Jörg Ziercke.

Auch der Hausverwalter Oliver Schirmer bestätigt, dass der Verbrauch von 55 Kubikmetern Wasser im Jahr 2010 und 65 Kubikmetern im Jahr 2009 eher zu einem Zweipersonenhaushalt passen würde.

45 Besuche

Nach dem Mord an Michele Kiesewetter zieht sich das Trio zurück. Die kommenden vier Jahre morden sie nicht weiter. Die Hinrichtung der jungen Polizistin ist eine Zäsur im Untergrundleben der Zelle. Gab es einen Richtungsstreit innerhalb der Gruppe? Hatten sie mit Polizistenmord eine Grenze überschritten, die nicht mehr alle mittragen wollten?

Uwe Mundlos, Uwe Böhnhardt und Beate Zschäpe reisen in ausgedehnte Urlaube nach Fehmarn, Grömitz und Pelzerhaken an der Ostsee, lernen Surfen und besuchen alte Bekannte, die sie lange nicht gesehen haben.

Zwei Jahre nach dem Mord will Beate Zschäpes Mutter Uwe Böhnhardt in der Nähe des Arbeitsamtes in Jena gesehen haben. Sie berichtet später Siegfried Mundlos, dass Böhnhardt unweit des Bahnhofs Jena-Paradies herumgestanden habe und so wirkte, als würde er auf jemanden warten.

In dieser Zeit besuchen Böhnhardt und Mundlos auch einen ihrer ersten Unterstützer. Max-Florian B., der ihnen 1998 in Chemnitz die ersten Monate Unterschlupf gewährte, ist mittlerweile in die sächsische Landeshauptstadt Dresden umgezogen.

An einem Wochenende irgendwann 2009 gegen 10 Uhr stehen sie vor B.s Tür in einem Altbau in der Dresdner Neustadt, dem alternativen Stadtviertel. Ein paar Tage zuvor hatte Mundlos bei B. angerufen, um sicherzustellen, dass seine Freundin und seine beiden kleinen Kinder nicht da sind. «Sie sollte von den Personen nichts wissen», sagt B.

Böhnhardt und Mundlos wollen ihrem Helfer Geld zurückgeben. Sie hatten ein Konto bei der Commerzbank mit seinem Reisepass eröffnet, irgendwann bekam Max-Florian B. Post von der Bank, weil das Konto überzogen war. «Es war nicht mein Konto, aber es lief auf meinen Namen», erinnert sich B. Weil er die Umstände schlecht hätte aufklären können, überwies er 45 Euro, um das Minus auf dem Girokonto auszugleichen. Jetzt, bei ihrem Besuch, geben sie ihm einen 50-Euro-Schein zurück. Außerdem haben sie zwei kleine Sparschweine aus Ton dabei, die mit jeweils 100 Euro gefüllt sind, als Geburtstagsgeschenk für die Kinder.

Der eigentliche Grund, warum die beiden Männer die 120 Kilometer mit dem Zug aus Zwickau nach Dresden gefahren sind, ist aber ein anderer: Uwe Mundlos muss die Person, deren Identität er benutzt, unauffällig einem «Systemcheck» unterziehen. Wie heißen die beiden Kinder von B.? Wo arbeitet er jetzt? Will er in Zukunft heiraten? Mundlos braucht diese Informationen, um seine Tarnidentität weiter glaubwürdig aufrechtzuerhalten.

Die drei Männer setzen sich an den Küchentisch, trinken Kaffee, B. steckt sich eine Zigarette an. «Wir haben über meine Kinder gesprochen, über die Arbeit, was ich so mache, ob ich noch Computer spiele, so alte Kamellen halt», erinnert sich Max-Florian B. «Sie haben viel zu meinem Leben gefragt.» Ein wenig Angst bekommt B. vor Uwe Böhnhardt. Immer wieder fährt dieser Uwe Mundlos über den Mund, fällt ihm ins Wort, bevormundet den vier Jahre Älteren.

Im selben Jahr veröffentlicht der Rechtsrocker Daniel Giese unter dem Namen «Gigi & die Braunen Stadtmusikanten» die CD «Adolf Hitler lebt!». Das Plattencover zeigt das Kinderfoto eines amerikanischen Jungen, dessen Eltern ihm «Adolf Hitler» als Vornamen gegeben hatten.

Auf der LP sind 17 Lieder, der Stil ist immer gleich: Giese covert deutsche Schlager und «Neue Deutsche Welle»-Hits mit Neonazitexten. Am 13. September 2010 indiziert die Bundesprüfstelle für jugendgefährdende Medien die Platte, weil darauf der Holocaust geleugnet wird. Das Lied Nummer 4 finden die Prüfer nicht beanstandenswert. Es heißt «Döner-Killer»:

Neun mal hat er es jetzt schon getan
Die Soko Bosporus, sie schlägt Alarm
Die Ermittler stehen unter Strom
Eine blutige Spur und keiner stoppt das Phantom.

Sie drehen durch, weil man ihn nicht findet
Er kommt, er tötet und er verschwindet
Spannender als jeder Thriller
Sie jagen den Döner-Killer
Neun mal hat er bisher brutal gekillt
Doch die Lust am Töten ist noch nicht gestillt
Profiler rechnen mit dem nächsten Mord
Die Frage ist nur wann und in welchem Ort.

Hunderte Beamte ermittelten zuletzt
300 000 Euro sind auf ihn ausgesetzt
Alles durchleuchtet, alles überprüft
Doch kein einziger Hinweis und kein Tatmotiv.

Am Dönerstand herrschen Angst und Schrecken
Kommt er vorbei, müssen sie verrecken
Kein Fingerabdruck, keine DNA
Er kommt aus dem Nichts – doch plötzlich ist er da
Wer stillt seinen Hunger und wann geht er wieder jagen
Wann taucht er wieder auf, kein Fahnder kann es sagen.

Wer ist der Nächste, wann ist es soweit
Sie haben ihn längst verloren, den Wettlauf gegen die Zeit
Bei allen Kebabs herrschen Angst und Schrecken
Der Döner bleibt im Halse stecken
Denn er kommt gerne spontan zu Besuch
Am Dönerstand, denn neun sind nicht genug.

Die CD «Adolf Hitler lebt!» erscheint im Musikverlag «PC Records», einem Label der rechten Szene, das von Uwe Mundlos'
altem Bekannten Hendrik L. gegründet wurde. Das Label sitzt in
Chemnitz, der Stadt also, in dem das Trio 1998 untergetaucht war
und seine ersten Helfer fand.
   Was wusste Giese, was wusste die Szene 2010 über die Hintergründe der Mordserie?

Im April 2011 hält ein schwarzer BMW mit Chemnitzer Kennzeichen vor dem Haus von Holger G. im niedersächsischen Lauenau. «Böhni» und «Mundi», wie G. seine alten Freunde aus Jenaer Zeiten nennt, kommen zu Besuch. Auch Beate Zschäpe sitzt auf der Rückbank des Autos. Die drei setzen ihn unter Druck, sie noch mal zu unterstützen: «Du hast uns schon vor zehn Jahren deinen Reisepass gegeben. Für ein Kneifen ist es jetzt zu spät.» Holger G. willigt ein. Uwe Böhnhardt schert ihm daraufhin die Haare, gibt ihm seine Brille mit den ovalen Gläsern und ein Karohemd. G. sieht wirklich ein wenig aus wie Böhnhardt. Noch am selben Tag fahren sie alle vier nach Rodenberg, in ein Fotostudio. Vor einer blauen Wand entstehen acht Passbilder, die Beate Zschäpe bezahlt, während Böhnhardt und Mundlos im Auto warten. Auf dem Passamt beantragt Holger G. nur wenig später einen Reisepass auf seinen Namen, aber mit den Fotos, die Böhnhardt ähneln. Nach ein paar Stunden hat Uwe Böhnhardt eine aufgefrischte Identität, Reisepass Nummer C25JCHFH2, gültig bis 2021.

Nach dem Wegzug aus der Polenzstraße hält Beate Zschäpe weiter Kontakt zu einigen Frauen aus dem Haus, sie sind ihre Freundinnen geworden. «Ab und zu kam sie vorbei, mit dem Fahrrad, und brachte dann immer eine große Flasche Wein mit», erzählt die Nachbarin Peggy Prohlis. «Wir setzten uns dann auf die Wiese hinterm Haus und redeten und lachten, bis es dunkel wurde.» Auch andere Nachbarn seien dabei gewesen, sogar der Hausmeister habe sich manchmal dazugesetzt.

Eine andere Nachbarin, Sandra Mayer, erinnert sich an «das schönste Erlebnis» mit «Liese», das sie «so schnell nicht vergessen werde». Als Sandra Mayer 2010 Geburtstag hat, kommt Beate Zschäpe zur Feier vorbeigeradelt: «Wir haben um halb vier schon angefangen, ein bisschen was zu trinken, und haben natürlich um vier dann schon den ganzen Aldi-Parkplatz von unserem Hof aus unterhalten.» Sie singen laut Schlager, tanzen im Hof. «Die vom Aldi kamen bloß raus und haben gegrinst, viele haben uns einen Vogel gezeigt, aber das war schön, und das haben wir eben bis abends gemacht.»

Keine der Frauen im Haus hat Beate Zschäpes Telefonnummer, sie kennen nicht einmal die neue Adresse der ehemaligen Nachbarin genau. Zschäpe möchte selbst entscheiden, wann sie Kontakt zu den Frauen hat. Manchmal kommt sie wochenlang nicht in der Polenzstraße vorbei, in anderen Wochen ist sie jeden zweiten Tag zu Besuch.

Bei ihrem letzten Besuch 2011 ist Beate Zschäpe anders, als die Freundinnen sie kennen. Als sie um 18 Uhr die Wohnung betritt, fällt den ehemaligen Nachbarinnen auf, dass Zschäpe ruhiger ist als sonst, stärker in sich gekehrt. «An dem Abend war irgendwie der Wurm drin», sagt Sandra Mayer. Heute denkt sie, dass Zschäpe ihr eventuell etwas sagen wollte. Aber sie bleibt stumm. Am Ende des Abends will Zschäpe gar nicht gehen: «Wir haben uns ewig lange in den Armen gelegen, und wir haben diesmal auch geweint, alle beide», erinnert sich Mayer.

Drei Wochen vor diesem letzten Besuch Zschäpes hatten Uwe Mundlos und Uwe Böhnhardt – nach fast fünf Jahren Pause – wieder eine Bank überfallen.

Am 7. September 2011 gegen 8:51 Uhr betreten Mundlos und Böhnhardt die Sparkassenfiliale in der Goethestraße in Arnstadt – einem Ort im Thüringer Wald, nicht weit entfernt von Ilmenau, wo Uwe Mundlos in den Neunzigern drei Jahre lang versuchte, sein Abitur nachzuholen. Vor dem Überfall haben sie die Filiale ausgespäht, auf eine handschriftliche Skizze mit der Raumaufteilung der Sparkasse haben sie «Arnstadt TOP Gebäude!» geschrieben. Als Mundlos und Böhnhardt in die Sparkasse stürmen, ziehen sie ihre Waffen.

Mit zwei Pistolen und einer Handgranate fordern die Männer: «Das ist ein Überfall. Geld her!» Mit besonderer Brutalität wollen sie das Geld erpressen. Einer der Täter schlägt einer Kassenangestellten ein Telefon auf den Kopf, sie wird dabei schwer verletzt, muss im Krankenhaus behandelt werden. Am Ende erbeuten die beiden Männer 15 000 Euro und flüchten auf Fahrrädern.

46 Vorbereitungen

Am 14. Oktober 2011 fahren Uwe Böhnhardt und eine Frau aufs Land. Sie besuchen das Geschäft von Silvio Grebe im vogtländischen Dorf Schreiersgrün. Grebe vermietet Wohnmobile, hauptsächlich an Familien. In der Region kennt fast jeder den Parkplatz mit den vielen weißen Wohnwagenanhängern und Campingmobilen, allzu viele Caravanvermietungen gibt es dort nicht. Grebes Geschäft besteht darin, fabrikneue Wohnmobile eine Saison lang zu vermieten und am Ende des Sommers zu einem günstigen Preis weiterzuverkaufen.

Mitte Oktober will er die Vermietung für dieses Jahr eigentlich schon einstellen, aber der überraschende Besuch des Paares kommt ihm sehr gelegen. Zwei Caravans hat er bisher noch nicht verkaufen können, und einer von ihnen ist noch nicht abgemeldet und damit straßentauglich.

Silvio Grebe ist ein wenig mulmig zumute, als der unbekannte Mann ihn fragt, ob er einen Camper für fast zwei Wochen mieten kann. «Ich hatte von Anfang an ein ungutes Gefühl, ohne dass ich das näher beschreiben könnte», sagt Grebe, «der Mensch kam mir nicht ganz geheuer vor.» Doch als der Kunde die Reservierungsanzahlung von 316 Euro sofort in bar begleicht, willigt Silvio Grebe ein. Das Geschäft am Ende der Saison nimmt er gern noch mit.

Elf Tage nach der Reservierung rollt ein dunkles Familienauto mittags gegen 12 Uhr auf den Caravanhof und stoppt genau vor den Scheiben des Flachbaus. Uwe Böhnhardt, eine Frau und ein kleines Kind im Vorschulalter steigen aus dem Wagen. Es ist nicht viel los an diesem Dienstag: Die Angestellten arbeiten im Büro, der orangefarbene Tresen ist verwaist, der Verkaufsraum leer. Im hinteren Bereich der Präsentationsfläche ist nicht einmal das Licht eingeschaltet. All die Campingvorzelte, Klapptische und die Regale mit dem Campinggeschirr stehen im Dunkeln. Als die Familie den Verkaufsraum betritt, erschrickt das Kind ein wenig, weil eine Klingel beim Betreten des Teppichs im Eingangsbereich aufschrillt. Neben dem Eingang wirbt ein Plakat für «Sunlight»-Wohnwagen: «Deutsche Qualität zum Hammerpreis».

Genau das suchen die drei. Ulrike Samwer, eine Angestellte des Freizeitmarkts, kommt aus dem Büro hervorgelaufen und begrüßt die kleine Familie. Sie wollen mit dem Wohnmobil ein paar Tage Urlaub im Raum Berlin machen, erklärt Uwe Böhnhardt. Samwer zeigt dem Mann den freien Fiat «Sunlight»: Es ist der Mercedes unter den Mietmobilen auf dem Platz, Neupreis 45 000 Euro. Das Mobil hat drei Betten, helle Holzschränke, einen integrierten Boiler zur Warmwasserversorgung, einen Kühlschrank mit Frosterfach, Küchenzeile, Dusche, Toilette, Schlafkabine und sogar beheizte Außenspiegel. Der Wagen sei «scheckheftgepflegt», wirbt Ulrike Samwer.

Danach lässt sich die Verkäuferin den Ausweis des Mannes zeigen. Er weist sich mit dem Namen «Holger G.» aus Lauenau in Niedersachsen aus. Sie prüft das Alter: 37 Jahre. Das ist okay. Personen, die jünger als 23 sind, dürfen noch keine Wohnwagen mieten. Danach diktiert Samwer die Mietbedingungen: Der Mann muss Vorkasse zahlen, eine Kaution von 1000 Euro in bar hinterlegen und zusätzlich zum Preis noch eine Servicepauschale von 85 Euro zahlen. Auch damit ist der Mann gleich einverstanden. Er holt den Rest der offenen Rechnungssumme von 2155 Euro in bar aus seiner Brieftasche und bezahlt alle anfallenden Kosten.

Die Frau und das Kind laufen derweil durch die Gänge und schauen sich den als Dekoration abgestellten Mini Cooper an. Einmal ruft das Kind «Mama».

Bei der technischen Einweisung macht der junge Mann einen sachkundigen Eindruck auf den Chef der Vermietungsfirma. Er habe schon öfter Wohnmobile ausgeliehen, erwähnt Böhnhardt gegenüber Geschäftsführer Grebe. Nachdem die beiden Männer auf dem Übergabeprotokoll alle Positionen von Abwassertank bis Zündung abgehakt haben, erhält der Kunde die Fahrzeugpapiere. Inzwischen ist die Frau mit dem Kind schon wieder in die Familienkutsche gestiegen und verlässt den Caravanhof. Kurz darauf folgt ihr der Mann im Wohnmobil mit dem Autokennzeichen V-MK 1121.

Am 3. November ruft Uwe Böhnhardt noch einmal beim Verleih an und bittet darum, das Wohnmobil eine Woche länger bis zum 7. November behalten zu können. Obwohl dies unüblich ist, willigt eine Mitarbeiterin telefonisch ein.

TEIL FÜNF

DAS ENDE

47 A 4 nach Eisenach

Es ist Mittagszeit, als zwei Männer die alte Holztreppe in ihrem Haus in Zwickau heruntersteigen. Bei jedem ihrer Schritte knarzen die Bretter der Stufen. Für einen Novembertag ist es überraschend warm. Ein lauer Wind weht bei 12 Grad Celsius, als sie auf die Frühlingsstraße im ruhigen Stadtteil Weißenborn treten. Sie besteigen ihr weißes Fiat-Wohnmobil mit Bettnische. Der jüngere der beiden Männer klettert auf den Sitz hinter dem Lenkrad ins Fahrerhaus, der andere steigt auf der rechten Seite ein. Im Wohnbereich des Caravans mit den hellen Holzschränken in Birnbaumdekor liegen ein paar Kindersandalen der Marke Clogs herum, ein Teddybär aus Plüsch ist zu sehen und eine Wasserspritzpistole. Zwei Mountainbikes lehnen im hinteren Bereich des Wohnwagens zwischen Küchenzeile und Sitzecke.

Es wirkt, als starteten die Männer zu einem Familienausflug.

Im Fahrerhaus liegen neun Stadtteilpläne der Thüringer Orte Erfurt, Arnstadt, Weimar, Altenburg und Eisenach, die sie zuvor mit einer Routenplaner-Software erstellt und ausgedruckt hatten.

Was noch niemand weiß: Hinter der Verkleidung des Innenraums haben die Männer ein Waffenarsenal in dem Fahrzeug versteckt. Zwei 9-Millimeter-Pistolen Heckler & Koch P 2000; eine schwarze amerikanische 12-Millimeter-Flinte Typ Mosberg Maverick 88; einen tschechischen Alfa-Proj-Trommelrevolver, geladen mit sechs

Patronen; einen Revolver Melcher; eine kroatische Maschinenpistole Pleter 91; einen Revolver SRS; eine Pistole Erma EGP88; eine Pumpgun Winchester 1300 Defender sowie eine Handgranate. Und eine Česká-Pistole VZOR 70.

Am Heck des Wohnmobils surrt unter der Stoßstange eine Minikamera, sie deckt den Sichtbereich ab, der aus dem Inneren oder durch die Fenster nicht einsehbar ist. Im Gepäck der beiden Männer befinden sich außerdem zwei Masken, eine aus Wolle mit Augenschlitzen und eine aus Plastik mit aufgemaltem weißem Gesicht. Etwas versteckter wurde ein Funkscanner im Caravan installiert, mit dem man jeden Polizeifunk abhören kann. Später werden Ermittler eine detaillierte Liste mit Funkkanälen von Polizei, Feuerwehr und dem Rettungsdienst der Thüringer Polizei finden.

Am 3. November 2011 verlassen Uwe Böhnhardt und Uwe Mundlos so ausgestattet mit ihrem Wohnmobil Zwickau über die Pöblitzer Straße. Zügig fahren sie wenige Minuten später auf die Autobahn A 4 in Richtung Eisenach.

Als Mirko Nowak am nächsten Tag, Freitag, dem 4. November 2011, gegen 8 Uhr die Sparkassenfiliale am Nordplatz in Eisenach über den Personaleingang betritt, ist er gedanklich eigentlich schon im Wochenende. Auf dem Fußballplatz. Der Leiter der Filiale spielt in seiner Freizeit Fußball beim FSV Rot-Weiss Breitungen. In der zweiten Kreisklasse ist der 30-Jährige einer der Topstürmer seines Vereins. Er schließt die Tür auf, geht in sein Büro und bereitet die Öffnung der Sparkasse um 9 Uhr vor. Aber die Gedanken in seinem Kopf schwirren bereits um den Sonntagsgegner, die Kicker der zweiten Mannschaft des FSV 06 Mittelschmalkalden. Wenige Minuten später wird er aus seinen Tagträumen gerissen, als eine Mitarbeiterin in der Tür seines Büros steht. Sie möchte etwas mit ihm beraten.

Am selben Morgen parkt Uwe Böhnhardt gegen 9:10 Uhr das Wohnmobil auf dem Parkplatz des Obi-Baumarkts in Eisenach-Stregda. Die beiden Männer steigen aus, packen die Masken in ihre

Jackentaschen, setzen sich einen Schnürrucksack auf und laden die Fahrräder aus dem Fond des Caravans. Bis zu ihrem Ziel brauchen sie von hier aus nur noch einen Kilometer zurückzulegen. Sie steigen auf ihre Mountainbikes und radeln los.

Gegen 9:15 Uhr beraten sich Mirko Nowak und seine Kollegin noch immer in seinem Büro in der Sparkasse in Eisenach. Plötzlich hören sie Schreie einer Frau aus der Schalterhalle. Nowak erkennt sofort die Stimme einer weiteren Mitarbeiterin und sieht durch die Scheibe seines Büros zwei unbekannte schlanke Männer im Schalterraum stehen. Seine Kollegin fragt: «Was ist denn da los?» «Das ist ein Überfall!», ruft einer der beiden Räuber. «Geld her, Geld her!» Die Männer tragen Masken und Kapuzen auf ihrem Kopf, Fahrradhandschuhe und Jogginghosen. Die Beine ihrer Hosen haben sie in helle Tennissocken gesteckt. Vor dem Schalter bleiben sie hintereinander versetzt stehen und bedrohen die Kassiererin mit dem silbernen Revolver.

Geistesgegenwärtig öffnet Nowak die Tür seines Büros und läuft auf die beiden Männer zu. Im Augenwinkel sieht er einen grauhaarigen Mann mit den Armen hinter dem Kopf verschränkt vor einer Büropflanze knien. Dem Rentner hatten die Bankräuber bereits befohlen, sich dort hinzubegeben und ruhig zu verhalten. Als der Sparkassenchef von den beiden Männern entdeckt wird, sagt einer der beiden zu dem anderen: «Du kümmerst dich um die!», und zeigt auf Nowak und die Mitarbeiterin. Schnellen Schrittes kommt einer der Räuber daraufhin auf den Filialleiter und seine Kollegin zu und drängt sie zurück in das Büro.

«Rein da, rein da!», schreit er die beiden an und fordert sie auf, die Tür zum Notkassenraum zu öffnen, die sich in Nowaks Büro befindet. Auch der zweite Täter kommt jetzt hinzu, die Schaltermitarbeiterin treibt er als Geisel vor sich her.

«Gib mir das Geld, gib mir das Geld», schreit einer der Räuber. Mirko Nowak bekommt es mit der Angst zu tun. «Wir geben denen jetzt alles.» Sofort schließt eine Mitarbeiterin den Notkassenraum auf. Nachdem die Tür geöffnet ist, schiebt Nowak die beiden Kundenberaterinnen in das Zimmer. Eine der Frauen beginnt sofort alles Geld aus der Schublade herauszuholen und es einem der Männer zu reichen. Der stopft die Scheine in eine rote Pennymarkt-Plastiktüte.

«Ich will mehr Geld, öffne den Tresor!», brüllt er Nowak an und fuchtelt zur Unterstützung der Forderung mit seiner Pistole rum. «Ich komme nicht an den Tresor ran», antwortet der Bankmitarbeiter. «Den kriegen wir jetzt nicht auf.»

«Noch so eine Lüge», sagt der Räuber und holt mit seinem Arm aus. Mit dem Knauf seiner Waffe schlägt er Mirko Nowak auf den Schädel. Augenblicklich wird dem trainierten Fußballer schwarz vor Augen, im gleichen Moment geht er zu Boden. Blut spritzt aus der klaffenden Platzwunde. Still bleibt er in seiner Blutlache liegen.

Dann treibt der Täter die beiden Frauen in den Tresorraum im Keller. Hier packen sie nochmals Scheine und 10-Euro-Sondermünzen in den roten Beutel. «Aber nicht das Geld mit der Farbbombe», insistiert der Räuber.

Nicht nur mit der Geldsicherung, sondern auch mit dem Aufbau der Filiale scheinen sich die beiden Bankräuber gut auszukennen. Ein paar Stunden später wird man bei ihnen einen Zettel mit einer handschriftlichen Skizze finden, auf der alle wesentlichen Details der Inneneinrichtung der Bank dargestellt sind.

Neben Schalter, Sitzbank und Schränken ist darauf auch ein Raum eingezeichnet, der den Hinweis trägt: «Vermutlich Tresor (200 € Schein geholt)». Wie die Räuber an diese Insiderinformation gekommen sind, kann nicht mit Gewissheit gesagt werden. Dieses Wissen lässt jedoch auf eine gründliche persönliche Auskundschaftung der Filiale im Vorfeld schließen. Zeugen wollen Beate Zschäpe in der ersten Novemberwoche in der Sparkassenfiliale gesehen haben.

Als eine der Angestellten alles Geld aus dem Tresor übergeben hat, stürmt der Räuber aus dem Raum. Die beiden Kassiererinnen nutzen die Chance und schließen sich hinter der Gittertür im Tresorraum ein. Eine der Frauen drückt den Alarmknopf.

Nachdem fünf Minuten lang Ruhe in der Filiale herrscht, schöpfen sie Mut und laufen als Erstes zu ihrem verletzten Chef. Er liegt noch in seiner Blutlache. Als er wieder zu sich kommt, sieht er eine Kollegin, wie sie die Rollos von innen zuzieht. In dem Moment weiß er: Die Bankräuber sind weg.

Zu diesem Zeitpunkt, gegen 9:20 Uhr, sind Mundlos und Böhnhardt bereits maskiert auf ihren Fahrrädern davongefahren. In ihrer roten Einkaufstüte befinden sich insgesamt 71 915 Euro.

Vier Minuten später sind die ersten beiden Polizeibeamten bei der Sparkasse. Es herrscht große Aufregung. Sofort wird eine Ringalarmfahndung in Eisenach angeordnet. 13 Funkstreifenwagen sind im Einsatz. Alle verfügbaren Polizisten sollen Ausschau halten nach zwei Männern auf Fahrrädern.

Als zwei Beamte einen älteren Mann in der Zufahrt eines Obi-Parkplatzes stehen sehen, stoppen sie ihr Polizeiauto und vernehmen den Pensionär gleich am Straßenrand. Der Mann erinnert sich sofort, noch vor einer Viertelstunde zwei Radfahrer gesehen zu haben, die zügig zu einem auf dem Parkplatz abgestellten weißen Wohnmobil mit «V»-Kennzeichen gefahren sind. Einer der beiden hätte die Fahrräder dann schnell im hinteren Teil des Wohnmobils verstaut, der andere sei hektisch auf den Fahrersitz geklettert und habe den Motor gestartet. Sie seien dann zügig in Richtung des Kreisverkehrs am Obi-Markt Stregda gefahren.

Mundlos und Böhnhardt wissen genau, wo sie hinwollen. Sie hatten in den Tagen zuvor schon eine ruhige Wohngegend in der Nähe ausgemacht, wo sie das Wohnmobil jetzt abstellen wollen. Mit dem Funkscanner können sie über den Funkkanal der Polizei die Ermittlungsarbeit live verfolgen und könnten so erfahren, wann die Luft rein ist, um Eisenach ungefährdet wieder verlassen zu können. Nach einer Stunde endet meist die Ringfahndung der Polizei. Mit dieser Taktik hatten sie vorher schon oft Erfolg. Der Überfall in Eisenach ist bereits mindestens ihr 14. Bankraub.

Die beiden Männer nehmen eine vier Minuten entfernte Siedlung in Eisenach-Stregda ins Visier und steuern ihren Caravan in Richtung der Straße Am Schafrain, wo sie sich verstecken wollen.

Schon gestern Nachmittag hatten Anwohner das Wohnmobil in dieser Straße gesehen. Andere Nachbarn wollen das Gefährt auch bereits in den Morgenstunden des 4. November um 5 Uhr und 8 Uhr bemerkt haben. Das ist Teil der Strategie von Mundlos und Böhnhardt: Sie wollen, dass es so wirkt, als stünde ihr Caravan schon eine ganze Weile in der Straße, damit er jetzt nicht mehr groß auffällt.

Gegen 9:45 Uhr parkt Böhnhardt das Wohnmobil wieder hier. Die nächsten zwei Stunden bleibt alles ruhig. Nur einmal um 10:45 Uhr läuft eine Frau am Wohnmobil entlang und wundert sich über das ungewöhnliche Auto in ihrer Straße. Ausgestattet mit Küche und Toilette können es Mundlos und Böhnhardt hier mühelos Stunden aushalten.

48 Spuren verwischen

Während ihre Kameraden im vermeintlich sicheren Versteck ausharren, fährt Beate Zschäpe in Zwickau ihren Rechner hoch. Sie sitzt am Schreibtisch der konspirativen Vier-Zimmer-Wohnung der Zelle im ersten Stock der gelben Doppelhaushälfte in der Frühlingsstraße 26. Die Wohnung ist seit dreieinhalb Jahren das Zuhause des Trios. Es ist 10:34 Uhr, als Zschäpe den Startknopf ihres Laptops drückt und ein Passwort eingibt, das stark an ihren Tarnspitznamen im Untergrund erinnert: «LISE». Dann beginnt sie im Internet zu surfen.

Zum Zeitpunkt, als Uwe Mundlos und Uwe Böhnhardt im Wohnmobil sitzen und warten, sucht Zschäpe im Internet zuerst nach der *Bild*-Zeitung. Dann googelt sie «promi news».

Bei den Polizisten in Eisenach herrscht unterdessen Verwirrung. Beim Polizeinotruf 110 gehen teilweise sich widersprechende Augenzeugenhinweise ein. An Autobahnknotenpunkten werden alle verfügbaren Kollegen postiert, die nach Wohnmobilen Ausschau halten sollen. Bald werden die Streifenpolizisten wieder abgezogen, um lieber im Stadtgebiet zu patrouillieren. Während Mundlos und Böhnhardt ruhig abwarten, zieht sich das Netz der Ermittler so sehr langsam immer näher um den Stadtteil Eisenach-Stregda zusammen. Die Fahnder vermuten die beiden Bankräuber mittlerweile irgendwo innerhalb einer Zwei-Kilometer-Zone um den Tatort.

Zu dieser Einschätzung ist der Einsatzleiter gekommen, nachdem ihm ein Beamter vom Überfall auf die Sparkasse in Arnstadt einen Monat zuvor berichtet hatte. Dort verlief ein Bankraub nach genau dem gleichen Muster. Die Täter flüchteten mit Fahrrädern und luden diese später in ein Wohnmobil um, in dem sie sich so lange versteckten, bis der Fahndungsdruck nach einigen Stunden nachließ.

Sind es diesmal dieselben Täter?

Von all diesen Überlegungen bekommen Mundlos und Böhnhardt nichts mit, während sie auf der Rückbank ihres Caravans sitzen und versuchen, den Polizeifunk zu dechiffrieren. Sie wissen auch noch nicht, dass sie an dieser Stelle wohl den entscheidenden Fehler der vergangenen 13 Jahre begangen haben.

In den letzten Jahren haben sie stets darauf geachtet, Morde und Banküberfälle in unterschiedlichen Regionen durchzuführen. Damit erschwerten sie es den Fahndern, einen Zusammenhang zwischen den einzelnen Straftaten herzustellen. Aber diesmal waren sie nicht nur so unvernünftig, zweimal in kurzer Zeit hintereinander in Thüringen zuzuschlagen – sondern auch noch im Gebiet ein und derselben Polizeidirektion, der PD Gotha. Arnstadt liegt im Süden des Einsatzgebietes und Eisenach im Norden. Nur weil ein Beamter aus der gleichen Polizeidirektion zufällig in die Ermittlungen beider Banküberfälle einbezogen wurde, konnte er ein wiederkehrendes Muster erkennen.

Oder waren die Männer des selbsternannten «Nationalsozialistischen Untergrunds» doch nicht unvorsichtig geworden, sondern eher Untergrund-müde?

Nur wenige Tage vor dem Überfall in Eisenach hatte sich Beate bei dem Besuch einer Freundin merkwürdig verhalten: «Wir tranken manchmal, grade in der letzten Zeit, auch zwei Flaschen Wein zusammen. Ich hatte den Eindruck, dass sie mir die letzten Male etwas mitteilen wollte», erinnert sich Sandra Mayer, «sie kam mir manchmal richtig abwesend vor.» Auch die letzte Verabschiedung der beiden Frauen – zwei Tage vor dem Banküberfall – verlief anders als gewohnt. «Normalerweise verabschiedete sie sich mit einem kurzen Drücker und einem Küsschen auf die Wange. Aber an diesem Abend hat sie mich richtig festgehalten, und ihr standen die Tränen in den Augen. Das ging bestimmt eine ganze Minute. Sonst war das nie so!»

Gegen 11:50 Uhr entdecken Polizeioberkommissar Olaf Lützner und Polizeihauptmeister Peter Neufeld auf ihrer Streife durch das Neubaugebiet Stregda ein weißes Wohnmobil in der Straße Am Schafrain. Sie fahren mit dem Streifenwagen so nah an das Gefährt, bis sie das Kennzeichen erkennen: V-MK 1121.

Sie fragen sich: Sollen wir das Fahrzeug kontrollieren?

Die Leitstelle gibt den Kollegen den Auftrag, den Caravan «abzuprüfen». Haben Mundlos und Böhnhardt diesen Befehl im Polizeifunk mitgehört? Die Beamten setzen mit ihrem Wagen ein Stück zurück und steigen aus. Zu Fuß nähern sie sich dem Wohnmobil. Es ist 12:04 Uhr.

Beate Zschäpe surft auf ihrem Laptop noch immer im Internet. Genau zu diesem Zeitpunkt tippt sie die Suchanfrage «autounfall sachsen 31 10» in das Google-Fenster. Dann «auto unfall mitteldeutschland». Später sucht sie noch nach «autounfall sachsen» und «zwickau news». Sollte sie nach Nachrichten gesucht haben, ob beim Banküberfall alles glattgelaufen ist, dann sucht sie im falschen Bundesland. Eisenach liegt in Thüringen.

Langsam nähern sich die beiden Polizisten in Uniform dem Wagen. Von außen ist kein Mensch im Inneren des Wohnmobils zu sehen, weil hinter dem Fahrer- und Beifahrersitz ein Sichtschutz angebracht ist.

Mundlos und Böhnhardt merken spätestens jetzt, dass sie gefunden wurden. Entscheiden sie sich für Verteidigung? Uwe Böhnhardt schnappt sich die kroatische Maschinenpistole Pleter 91. Die Pistole, Kaliber 9 Millimeter, gilt in Deutschland als Kriegswaffe. Er stellt sich an das Kunststofffenster des Caravans und zielt auf die Straße. Dann eröffnet er das Feuer auf die Polizisten. So wird es später die Polizei rekonstruieren.

Um 12:05 Uhr fällt der erste Schuss.

Der Schuss verfehlt sein Ziel. Das Projektil landet im Putz einer Hausfassade zwischen einem Auto und einem Papiercontainer, hinter dem einer der Polizisten in Deckung gesprungen ist. Dann wird es wieder still im Wohnmobil.

Einen zweiten Schuss kann Böhnhardt nicht mehr abfeuern, weil die Pistole einen Defekt hat. Die Polizei findet sie später mit einer festgeklemmten Patrone auf der Sitzbank im hinteren Teil des Wohnwagens, direkt neben Böhnhardt. Als er und Mundlos merken, dass die Waffe klemmt, fällen sie vermutlich blitzschnell den Entschluss: Bevor wir verhaftet werden, richten wir uns selbst.

Es fällt ein zweiter Schuss.

Die Polizisten sitzen in Deckung. Kommissar Lützner hockt hinter einem Auto, das an einer Mauer parkt, sein Kollege Neufeld versteckt sich hinter einem gutgefüllten Altpapiercontainer. In diesem Schutz ziehen die Polizisten ihre Waffen aus dem Halfter.

Dann hören sie einen dritten Schuss aus dem Inneren des Wohnmobils.

Plötzlich tritt ein Rentner aus dem Gebäude mit der Hausnummer 2, vor dessen Eingang das Wohnmobil parkt. Die Polizisten fordern ihn auf, sofort zurück ins Haus zu gehen. Neufeld brüllt: «Geh zurück!» Der alte Mann folgt ihren Weisungen auf der Stelle.

Was im Inneren des Wohnmobils genau passierte, wird man vermutlich nie in allen Einzelheiten erfahren. Von den gefundenen Beweisstücken und der Obduktion lässt sich aber auf folgenden

Ablauf schließen: Uwe Mundlos nimmt die Pumpgun Winchester, Modell 1300 Defender, und erschießt Uwe Böhnhardt. Nur wenige Zentimeter vor ihm stehend, zielt er auf ihn und tötet mit einem aufgesetzten Schuss in die linke Schläfe seinen Kameraden, Freund und Mitverschwörer. Böhnhardt fällt nach vorn, in seinen Händen hält er eine Pumpgun.

In dieser Sekunde ist alles vorbei. Mit dem Ende der Lebensbeziehung dieser zwei Männer endet in genau diesem Moment auch ihre wirre rechtsradikale Idee. Böhnhardt sackt in sich zusammen und bleibt vor der Spüle des Caravans liegen.

In seiner Lunge wird später kein Rauch mehr gefunden. Er war sofort tot.

Mundlos sieht, wie der Schädel seines vier Jahre jüngeren Freundes in Tausenden Stücken überall an der Wand festklebt. Er hält kurz inne. Mit Böhnhardt verbrachte er fast so viel Zeit in seinem Leben wie mit seinen Eltern, mit ihm politisierte und radikalisierte er sich. Sie schienen unzertrennlich. Sie waren Uwe und Uwe. Mit der Freundschaft dieser beiden Männer fing 1992 in Jena alles an. Sie teilten sich eine Freundin, sie teilten sich einen Lebensentwurf als Untergrundnazis, und sie teilten sich einen Hass, der sie zu Mördern von mindestens zehn Menschen machte.

Nie wieder würde das Killerduo zuschlagen können. Nie wieder sollten die beiden Neonazis Familien auseinanderreißen und kaltblütig Ehemänner, Väter, Brüder und Onkel töten.

Nach dem Mord an seinem Freund nimmt Mundlos herumliegendes Papier und entzündet die Blätter, um ein Feuer im Wohnmobil zu entfachen. Er erweist dem «NSU» seinen letzten Dienst: Spuren verwischen. Alles vernichten.

Dann versucht er das Fluchtfahrzeug in die Luft zu sprengen. Mindestens zwei der drei Schaltknöpfe des Herdes im Wohnmobil waren nicht in der Position ‹aus›, als Kriminalbeamte den Caravan später untersuchen. Auch das Ventil der Flüssiggasflasche war noch geöffnet. Beim Herunterdrücken der beiden Schaltknöpfe strömte hörbar Gas aus.

Nachdem er den Gashahn geöffnet hat, bewegt sich Mundlos in

den hinteren Teil des Caravans, setzt sich auf den Boden, steckt sich die Pumpgun in den Mund – und drückt ab. Mundlos' Schädel ist total zertrümmert, sein Gaumen wird völlig zerstört. Die Flammen brennen sich in beide Beine. Aus Einschuss- und Austrittsloch von Böhnhardts Kopf fließt Blut. Auch sein Schädel liegt zertrümmert auf dem Boden, während das Feuer auf den Rest der Leiche überspringt. Die Isolierung des hinteren Teils des Wohnmobildaches fliegt weg. Eine Stichflamme und Rauch treten aus dem Dach aus. Der Vorhang am Wohnwagenfenster fängt Feuer. Minuten später steht das gesamte Mobil in Flammen.

Um 12:11 Uhr hört Beate Zschäpe die Mailbox ihres Mobiltelefons ab, der Anruf dauert 51 Sekunden. Gab es eine Nachricht auf ihrem Anrufbeantworter, dass alles gut gelaufen ist in Eisenach? Zumindest surft sie eine halbe Stunde nach dem Anruf im Internet bei «sachsen radio» vorbei. Wie genau Zschäpe von den Ereignissen in Eisenach erfährt, ist nicht bekannt.

Die Informationen aus dem Telefonat, von der Webseite und möglicherweise Meldungen aus dem Radio müssen ihr jedoch Aufschluss gegeben haben, dass etwas schiefgelaufen ist bei dem Überfall ihrer Kameraden. Ab diesem Zeitpunkt scheint ihr Informationsinteresse nach aktuellen Neuigkeiten zumindest gestillt. Und ihr wird schlecht.

Das Internet nutzt sie das letzte Mal um kurz nach ein Uhr mittags. Um 13:07 Uhr sucht sie nach «greenpeace», gegen 13:13 Uhr googelt sie «gegen pelze», und wenig später gibt sie «biobauern zwickau» in die Suchmaske ein.

Aber als Erstes sucht sie im Internet nach «natürliche mittel gegen übelkeit».

49 Nicht zu fassen

In Eisenach laufen die Ermittlungsarbeiten auf Hochtouren. Batterien von Beamten befragen alle erreichbaren Anwohner in Eisenach-Stregda und recherchieren die Arbeitsplätze der Personen, die sie nicht antreffen. Über eine Kfz-Kennzeichenabfrage beim Kraftfahrtbundesamt finden sie relativ schnell die Caravanvermietung in Schreiersgrün. Schon am Nachmittag zeigen Fernsehsender und Online-Dienste erste Fotos des ausgebrannten Wohnmobils.

Beate Zschäpe muss damit gerechnet haben, dass es nicht lange dauern wird, bis sich ihre Nachbarn in der Zwickauer Frühlingsstraße an das weiße Wohnmobil «Sunlight» mit dem ungewöhnlichen «V»-Kennzeichen für «Vogtlandkreis» erinnern, das in den vergangenen Tagen vor dem Haus geparkt hat. Sie muss jetzt schnellstmöglich drei Aufträge erfüllen. Die erste Order lautet: Spuren vernichten.

Wie lange hat sie, bis die Polizei kommt? 30 Minuten? 1 Stunde? Gegen 15 Uhr läuft Beate Zschäpe mit einem Kanister in der Hand durch die spärlich eingerichtete Wohnung. Sie verteilt Motorenbenzin auf dem Hochbett im Wohnzimmer, dem großen silbernen Kühlschrank in der Küche und auch über ihrem Rechner. Dann steckt sie die Wohnung in Brand. Im Haftbefehl gegen sie wird später stehen: «Sie verschüttete eine brennbare Flüssigkeit und entzündete diese. Infolge der Entzündung kam es aufgrund der sich ausbreitenden Gase zu einer Deflagration. Durch den Explosionsdruck stürzten große Teile des Mauerwerks des Wohnhauses ein.»

Vielleicht ist es die Eile. Aber an dieser Stelle begeht Beate Zschäpe aus ihrer Sicht einen großen Fehler: Sie vergisst, die Fenster zu öffnen. Wenn sie diese geöffnet hätte, wäre die gesamte Wohnung im Flammenmeer untergegangen. So aber bleiben viele Akten, Aufzeichnungen und Pamphlete – eigentlich das gesamte Archiv der Nazi-Wohngemeinschaft, die sich «Nationalsozialistischer Untergrund» nennt – erhalten. Für die Ermittler ist dieser Fehler von

großer Bedeutung. Vor allem durch die im Haus gefundenen Asservate können sie Strukturen und Vorgehensweise des «NSU» rekonstruieren.

Ein lauter Knall durchreißt die Stille in Zwickau-Weißenborn kurz
nach 15 Uhr. Es ist ein dumpfer, heftiger Knall, wie bei einer Explosion. «Ich habe mich umgedreht und sah eine Riesenqualmwol-
ke aus dem Haus Frühlingsstraße 26», sagt ein Handwerker. Dann
sieht er erst einmal nichts mehr, weil eine Staubwolke das Gebäude
verhüllt. Große Teile der Mauer werden durch die Verpuffung nach
außen gedrückt und fallen auf die Straße. Ein Eckfenster fliegt aus
der Fassade.

Kurz vor drei Uhr hatte der Trockenbauer das Gebäude verlassen. Der Besitzer des Hauses in der Frühlingsstraße 26 hatte ihn
engagiert, die beiden Dachgeschosswohnungen zu sanieren. Heute
war nicht viel zu tun an diesem Freitag. Mit einem Kollegen dämmte
er die Wohnung, bereitete die Abhängung einer Decke in der kommenden Woche vor und räumte ein wenig auf. Gegen 14:40 Uhr
machten die Handwerker auf dieser Baustelle Feierabend, um einen
Kaffee trinken zu gehen.

Die Bäckerei liegt gleich ein paar Schritte über die Straße. Sie
bestellen ein Stück Kuchen und einen Filterkaffee. Kurz nach drei
gehen sie vor die Tür, um eine Zigarette zu rauchen. Im nächsten
Moment hören die Männer den Knall.

Hätten die Handwerker heute nicht so zeitig Feierabend gemacht, wären sie mit großer Sicherheit jetzt tot. Ein Kaffee rettete
ihr Leben.

In diesem Moment rennt Beate Zschäpe im qualmenden Gebäude
hinüber zur rechten Wohnung im ersten Obergeschoss, zu ihrer
89-jährigen Nachbarin. Sie ist bettlägerig, darum will sie die Frau
warnen, dass das Haus brennt. Zschäpe klingelt an der Tür. Keine
Reaktion. Zschäpe rennt weiter. Von ihrem Bett bis zur Haustür
braucht die Nachbarin vier Minuten. Als sie an der Tür angekommen ist, steht niemand mehr davor. Der Besuch der alten Dame ist

das Letzte, was Beate Zschäpe im Haus noch erledigt, bevor sie es für immer verlässt.

Die Bauarbeiter laufen die 200 Meter zurück zum Gebäude und können jetzt in die Wohnung im ersten Obergeschoss schauen, weil die Fassade weggesprengt ist. «In der Wohnung war es dunkel, und an verschiedenen Stellen des Fußbodens der gesamten Etage züngelten kleine Flammen, welche sehr schnell größer wurden», erinnert sich der Handwerker. Die Flammen sind ziemlich dünn, gelblich und circa 30 Zentimeter hoch – so wie die Flamme eines Bunsenbrenners. Nach dem ersten kurzen, dumpfen Knall folgt noch ein zweiter, hellerer Knall. Dabei gehen auch Fenster zu Bruch, das Glas zerspringt, und Scherben fallen herunter.

Beate Zschäpe sprintet aus dem rauchenden Haus. Links und rechts hat sie je ein Körbchen mit ihren beiden Hauskatzen, Lilly und Heidi, dabei. In ihre Handtasche hat sie eben noch 16 Briefumschläge mit DVDs des «Paulchen Panther»-Bekennervideos gesteckt. Alles muss jetzt schnell gehen.

In der Hektik lässt sie insgesamt 75 000 Euro in der Wohnung zurück. Geld, das sie in den kommenden Tagen gut gebrauchen könnte.

«Was ist denn hier los?», fragt die Nachbarin Manuela Bauer, auf die Zschäpe auf ihrem Weg aus den Flammen stößt. Bauer wohnt in der Frühlingsstraße im Haus gegenüber.

Beate Zschäpe stoppt. Beide Frauen kennen sich nicht besonders gut. Darum ist die Nachbarin überrascht, als Zschäpe sie fragt: «Bei mir brennt's, können Sie mal bitte kurz auf meine Katzen aufpassen?» Als die Nachbarin nickt, stellt Zschäpe die Katzenkörbe in die Einfahrt, wo Manuela Bauer gerade ihr Auto geparkt hat.

«Ach du Scheiße.» Zschäpe dreht sich ein letztes Mal um und sieht, dass bereits das halbe Haus in Brand steht. Sie kann nun nicht länger warten, jeden Moment wird die Polizei eintreffen. Sie rennt sofort weiter. In einem Garten erkennt sie eine andere Nachbarin. «Ruft die Feuerwehr!», zischt Zschäpe ihr im Vorbeirennen zu.

Beate Zschäpe läuft weg aus der Frühlingsstraße, stadteinwärts. Schnell gehend, ja fast joggend versucht sie ab 15:19 Uhr auf ihrem Weg in die Stadt immer wieder eine Nummer zu erreichen. Nervös wählt sie einmal, zweimal eine Zahlenfolge mit ihrem roten Handy: Es ist der Mobiltelefon-Anschluss von André E. Beim dritten Anruf um 15:27 Uhr hat sie Erfolg und erreicht E. endlich. Kurz darauf wird eine SMS von E.s Mobiltelefon an seine Frau Susann E. gesendet. Später wird ein Polizeispürhund, ein sogenannter «Mantrailer», Beate Zschäpes Weg durch Zwickau nachverfolgen. Das Tier läuft zwei Kilometer durch die Stadt, bis zum Platz der Völkerfreundschaft. Dann reißt die Spur ab.

Die Ermittler gehen davon aus, dass André E. die flüchtende Zschäpe in der Nähe dieses Platzes eingesammelt hat. Denn als er den letzten Anruf von ihr erhält, ist sein Handy in der Funkzelle am Platz der Völkerfreundschaft eingebucht. Er kommt mit seinem schwarzen VW Golf und lädt Zschäpe ein. Sie fahren ins Zwickauer Umland, immer achtsam, ob Polizeiautos sie verfolgen.

Beate Zschäpe sagt später, sie habe in diesem Moment überlegt, ob sie sich auch umbringen, sich vor einen fahrenden Zug werfen soll. E. fährt sie wohl zum Zwickauer Hauptbahnhof.

Da so viele Menschen den Knall in der Frühlingsstraße gehört haben, geht der erste Notruf bereits um 15:05 Uhr bei der Polizei Zwickau ein – vier Minuten später ist die Feuerwehr vor Ort. Doch nach der Verpuffung können die Feuerwehrmänner nicht mehr viel von dem Haus retten. Sie löschen die Flammen, damit diese nicht auf andere Gebäude überspringen, aber das Haus muss später komplett abgerissen werden. Der Schaden beläuft sich auf mindestens 100 000 Euro. Die 89-jährige Dame aus der Nachbarwohnung wird gerettet.

Relativ bald erfährt die Polizei von den herumstehenden Nachbarn, dass eine Bewohnerin aus dem brennenden Gebäude weggerannt ist.

Noch wissen die Polizisten im 200 Kilometer entfernten Eisenach nicht, dass ihre Ermittlungen wegen des Banküberfalls am Vormittag und des Selbstmords der Täter am Mittag in einem Zusammenhang stehen mit den Ermittlungen wegen Brandstiftung, die gerade in Zwickau beginnen. Die Eisenacher Kriminalbeamten holen als Erstes zahlreiche Waffen aus dem Wohnmobil. Als Ermittler die Česká-Pistole im Wohnmobil finden, wird ihnen schnell klar, dass die Toten möglicherweise in einem Zusammenhang mit der bis dahin «Döner-Morde» genannten Killerserie stehen. Für die Morde nutzten die Täter stets ein ähnliches Česká-Modell.

Dann bergen sie die ersten Leichenteile, die an verschiedenen Stellen im Innenraum verteilt sind. Gegen 18 Uhr tragen sie einen Körper mit einem zertrümmerten Schädel des ersten Toten aus dem Caravan heraus, wenig später einen zweiten. Uwe Mundlos und Uwe Böhnhardt werden am Abend in die Gerichtsmedizin des Universitätsklinikums Jena gebracht. Noch in der Nacht beginnen zwei Obduzenten mit den ersten Identifizierungsmaßnahmen. Es ist ein großer Zufall, aber es klingt wie Schicksal: Vor 13 Jahren, 9 Monaten und 7 Tagen hatten Böhnhardt und Mundlos Jena verlassen. Jetzt sollte ihre letzte Reise sie als Sterbefallvorgang TH1380-014717-11/8 und TH1380-014715-11/0 wieder zurück in ihre Geburtsstadt bringen.

Beate Zschäpe betritt an diesem Abend des 4. November die beigekachelte Halle des Hauptbahnhofs Zwickau. Kameras der Bundespolizei sind auf sie gerichtet, als sie durch die Bahnhofshalle läuft. Nachdem André E. sie hier abgesetzt hat, ist sie jetzt wieder auf sich allein gestellt. Nach ihrer Festnahme wird sie zu einem Polizisten sagen, die beiden Männer seien ihre Familie gewesen.

Sie muss davon ausgehen, dass es eine Frage der Zeit ist, bis ihr Helfer E. von der Polizei gefunden und verhaftet wird. Auch die anderen Unterstützer werden bestimmt bald von der Polizei abgeholt. Wem kann sie sich jetzt noch offenbaren?

Zu den meisten Freunden, zu ihrer Mutter und der geliebten Oma hatte sie das letzte Mal vor über einem Jahrzehnt Kontakt. In der Szene glauben viele, sie lebe im Ausland oder sei gar auf Kreta gestorben. Sie läuft an den massiven Skulpturen des Dresdner Bildhauers Georg Türke vorbei, steigt über die Treppe zu den Bahnsteigen. Die braunen Steinplastiken aus dem Jahr 1936 stellen einen knienden Autoschlosser und einen Bergmann dar und sind die inoffiziellen Wahrzeichen Zwickaus, das lange eine Auto- und Bergbaustadt war. Vor allem strahlen die überlebensgroßen Figuren aber eine intensive Ruhe aus.

Sollte die Zelle einmal auffliegen, so hatte Zschäpe Uwe Mundlos und Uwe Böhnhardt versprochen, würde sie noch ihre zwei letzten Wünsche erfüllen. Bevor die Polizei sie verhaften kann, muss sie diese beiden Aufträge unbedingt erledigt haben.

Anstatt sich vor einen Zug zu werfen, steigt sie in einen hinein. Wie so oft in den letzten Jahren will sie ihre Stabilität im Schalensitz eines Zuges der Deutschen Bahn wiederfinden.

Die nächste Bahn fährt nach Chemnitz.

Sie hat kein großes Gepäck dabei, als sie in einen roten Regionalexpress einsteigt. Sie trägt eine dunkelbraune Jacke, darunter eine schwarze Fleecejacke, einen schwarzen Pullover, eine schwarze Funktionshose «Yessica», an den Füßen rotbraune Ledersneakers, auf der Nase eine randlose Brille. Ihren gesamten materiellen Besitz führt sie in zwei Plastiktüten und einer Handtasche mit Leopardenmuster mit sich: Pfefferspray, Schmerzmittel «Ibuprofen», Deospray, Feuerzeuge, Tampons, Kaugummis, Zigaretten der Billigmarke «Power Gold» sowie Papiertaschentücher.

Außerdem ist ihr Gepäck noch mit einigen frankierten und adressierten Briefumschlägen beschwert, die sie bald loswerden muss. Das erste Ziel von Beate Zschäpes letzter Reise lautet Chemnitz. Am Morgen des nächsten Tages wird sie gegen 7 Uhr den Hörer einer öffentlichen Telefonsäule abnehmen.

Die genauen Abläufe zwischen 15:34 Uhr und dem Morgen des nächsten Tages sind nicht bekannt.

50 Der Anruf

Am nächsten Tag um 7:54 Uhr klingelt unerwartet das Telefon in der Wohnung von Familie Mundlos in Jena. Der Anruf kommt von einem Chemnitzer Fernsprecher. Frau Mundlos, die Mutter von Uwe, hebt den Hörer ab und hört die Stimme einer jungen Frau. Der Anruf wird nur 3 Minuten und 53 Sekunden dauern:

Mutter: «Mundlos.»

Zschäpe: «Hier ist Beate von Uwe.»

Mutter: …

Sie hat diese Stimme lange nicht gehört, trotzdem kommt sie ihr seltsam vertraut vor. Nur klingt sie jetzt verändert, wesentlich fraulicher und auch selbstbewusster.

Zschäpe: «Der Uwe ist nicht mehr, der Uwe lebt nicht mehr.»

Mutter: «Was ist denn passiert?»

Zschäpe: «Der hat sich in die Luft gesprengt.»

Mutter: «Wie hat er sich denn in die Luft gesprengt?»

Zschäpe: «Was gestern passiert ist, in Verbindung mit Eisenach.»

Mutter: «Ähmm, was ist denn gestern in Eisenach passiert?»

Zschäpe: «Ja, das steht alles in Nachrichten. Schauen Sie doch nach.»

Mutter: «Was war denn gestern in Eisenach?»

Zschäpe: «Eisenach in Verbindung mit dem Banküberfall. Der einzige Grund, warum ich anrufe, ist, weil der Uwe euch sehr liebgehabt hat, und es war ihm wichtig, dass Sie das erfahren.»

An diesem Novembermorgen also verlieren die Eltern von Uwe Mundlos die Hoffnung und finden die Gewissheit. Es sind diese wenigen Sätze, die ihnen klarmachen: Ihr seit fast 14 Jahren vermisster Sohn ist tot.

Mutter: «Und was ist mit Uwe Böhnhardt?»

Zschäpe: «Der hat sich auch in die Luft gesprengt. Die Eltern habe ich bereits vorher angerufen. Die wissen es schon.»

Mutter: «Wirst du noch mal anrufen?»

Zschäpe: «Nein. Ich rufe nie wieder an und komme auch nie wieder zurück.»

51 Die Flucht

Den ersten Wunsch ihrer beiden Komplizen hat sie mit den An-rufen bei den Eltern erfüllt. Sofort nach dem Auflegen des Hörers verlässt sie die Telefonsäule in der Rathausstraße 6. Das hat sie schon mal geschafft. Aber sie hat noch einen zweiten Auftrag, den sie auch gleich erledigen möchte.

Um eine mögliche Verfolgung durch die Polizei zu erschweren, geht sie nicht auf direktem Weg zurück zum Hauptbahnhof von Chemnitz. Ein Spürhund der Polizei wird später ihre einen Kilo-meter lange Route zum Bahnhof rekonstruieren. Demnach nahm Zschäpe einen Umweg, um noch durch eine Grünanlage zu gehen: den Park der Opfer des Faschismus.

Am Bahnhof angekommen, geht Zschäpe die Stufen zum Gleis 5 hinauf und besteigt wieder einen Regionalexpress. Diesmal lautet ihr Ziel Leipzig Hauptbahnhof. Aber auch hier sind Überwachungs-kameras und die Bundespolizei. Sie muss jedoch dringend etwas recherchieren. Als sie nach einer Stunde in der Bogenhalle von Europas größtem Kopfbahnhof ankommt, sucht sie als Erstes eine Internetverbindung.

Es gibt einen Menschen, dem sie noch vertrauen kann.

Im «Burger King» wird sie fündig und erwirbt an einem Münz-automaten einen sogenannten Surfcode. Mit diesem Guthaben kann sie sich für 1¼ Stunden ins Internet einloggen. Bis 11:57 Uhr macht sie davon Gebrauch. Sie recherchiert eine Telefonnummer in Jena und schreibt sie auf das Surfcode-Ticket: «667328 Oma».

Jetzt muss sie aber endlich noch ihren letzten Auftrag erfüllen und die Bekenner-DVDs mit dem «Paulchen Panther»-Video in die Post geben. Sie geht davon aus, dass alle Papiere der Gruppe im Haus verbrannt sind. Aber es existiert eine Art Testament: eine wi-derliche Verhöhnung der neun Migranten, die sie ermordet haben. Die DVDs in ihrer Tasche werden den Menschen erklären, dass diese Morde eine Botschaft hatten. Genauso wie der Phantasiename ihrer Gruppe, der sehr bedeutend und mächtig klingt und nicht nach drei verstörten Neonazis: «Nationalsozialistischer Untergrund». Die Videos sind Bekenntnis zu den Taten und Vermächtnis zugleich. Jetzt werden alle erfahren, was sie getan haben. Die Veröffentlichung soll Uwes und Uwes posthumer Triumph werden – das hat Beate Zschäpe ihnen versprochen.

Nachdem sie aus dem Internetautomaten automatisch ausgeloggt wurde, läuft sie über den vierspurigen Stadtring in die Leipziger Innenstadt. Hier steckt sie die Briefe aus ihrer Tasche in einen Briefkasten. Alle Umschläge waren mit jeweils einer Briefmarke der Edition «1100 Jahre Limburg an der Lahn» frankiert.

Die Post ist ab jetzt auf dem Weg. In den kommenden Tagen werden die Umschläge bei folgenden Empfängern eingehen:

- PDS-Geschäftsstelle in Halle/Saale
- Türkisches Generalkonsulat in München
- Axel Springer Verlag in Halle/Saale
- Television Zwickau GmbH in Zwickau
- *Westdeutsche Allgemeine Zeitung* in Berlin
- Ali-Paşa-Moschee, Türkisch-Islamischer Kulturverein e. V. in Hamburg
- *Nürnberger Nachrichten* in Nürnberg
- PDS-Kreisverband in Großenhain
- *Kommunistische Arbeiterzeitung* in Nürnberg
- Patria Versand in Kirchberg
- Deutsch-Türkischer Kulturverein in Köln
- Islamische Union Verein für Einrichtung und Unterstützung der Selimiye-Moschee in Völklingen

Insgesamt finden die Ermittler Umschläge mit 35 Adressen in den Trümmern der Frühlingsstraße. Doch die zwölf Briefe, die Beate Zschäpe versendet hat, werden ausreichen, die blutige Geschichte des Trios zu erzählen. Mit der Veröffentlichung des Videos wird der «Nationalsozialistische Untergrund» auf einen Schlag bekannt. Für Beate Zschäpe werden ihr Leben und der Tod der Männer nicht umsonst gewesen sein.

Alle Umschläge sind mit der gleichen Gedenkbriefmarke frankiert. Die Verwendung dieser Marke lässt darauf schließen, dass der Versand noch nicht so lange geplant war. Denn das Postwertzeichen wurde erstmals im Januar 2010 von der Deutschen Post verkauft. Auch die Auswahl der Empfänger wirkt sehr erratisch. Es wird nicht ganz klar, was die Zelle mit dem Versand an so unterschiedliche Ziele bewirken wollte. Zwar sandte Zschäpe das Bekennervideo an die Presse, aber warum nicht an relevante Zeitungen und Zeitschriften wie den *Spiegel*, die *Süddeutsche Zeitung* oder den *stern*? Warum verschickten die drei ihr Vermächtnis an die «PDS», die im November 2011 bereits seit über sechs Jahren Linkspartei und später Die Linke hieß? Und wieso bekamen parallel türkische Moschee-Initiativen und der Neonaziversand Patria Post vom Trio?

Nachdem Beate Zschäpe sichergestellt hat, dass ihre Gruppe «NSU» in die Geschichte eingehen wird, läuft sie schnell zurück zum Leipziger Hauptbahnhof, um diesmal einen Intercity-Schnellzug nach Eisenach zu besteigen.

Noch vor Einbruch der Dunkelheit, die sich im deutschen Winter schon vor 17 Uhr über die Republik legt, tut sie etwas sehr Gefährliches. Obwohl sie ahnt, dass die Stadt von Polizisten wimmelt, steigt sie in Eisenach aus dem Zug. Trotzdem will sie noch einmal an den Ort gehen, wo Uwe Mundlos und Uwe Böhnhardt gestern gestorben sind.

Die Anwohnerin Silvia Lehnert sieht Zschäpe in diesen Stunden «auffällig ziellos und mit starrem Blick nach unten» an der Stelle herumlaufen, wo sich vor etwas mehr als 24 Stunden ihre beiden Komplizen selbst richteten. Die unbekannte Person fällt Frau Lehnert auf, während sie mit ihrem Freund zu einem Samstagnachmittagsspaziergang aufbricht. «Sie wirkte, als ob sie unter Schock stand», sagt Silvia Lehnert. Zschäpe läuft planlos umher, so als ob sie mit offenen Augen träumen würde. Der Anwohnerin fällt das verwahrloste Äußere von Zschäpe auf, sie sah aus, als hätte sie «schon ein paar Tage nicht geduscht», sagt Lehnert.

Innerhalb eines Tages hatte Beate Zschäpe alles das getan, was sie noch zu tun hatte: Sie war in vier Städte gereist, hatte die letzten Wünsche ihrer beiden Zellenmitglieder erfüllt und war noch einmal an den Ort ihres Todes gefahren. Was soll jetzt aus ihr werden? Solange sie unterwegs ist, kann sie nicht gefunden werden. Aber sie hat nur wenig Geld.

Ihr Weg führt sie erst mal wieder zum Bahnhof. Beate Zschäpe tut das, was sie in den vergangenen 13 Jahren immer wieder getan hat: Flüchten, reisen, sich verstecken. In den nächsten Tagen fühlt sie sich verfolgt und fängt an zu halluzinieren. Überall sieht sie Fahnder.

Von Eisenach begibt sie sich nach Norddeutschland. In der Nacht zum darauffolgenden Sonntag kommt Beate Zschäpe in Bremen an. Was hat sie hier gewollt? Direkt gegenüber dem Hauptbahnhof befindet sich die Kneipe «Bell's Little Pub», die 24 Stunden geöffnet hat. Laut einem Artikel der *tageszeitung* aus dem Jahr 2009 soll die Bar ein Neonazitreffpunkt sein. Vielleicht hatte Zschäpe gehofft, hier Anschluss an Gesinnungsgenossen zu finden.

Sehr lange hält sie es jedoch nicht in der Hansestadt aus und druckt sich um 3:38 Uhr ein Schönes-Wochenende-Ticket am Fahrscheinautomaten des Bremer Bahnhofs aus. Es kostet nur 40 Euro und gilt in ganz Deutschland für den gesamten Tag. Als Fahrgastname trägt sie mit Kugelschreiber ihre Tarnidentität «Susann E.» ein. Der Name ist einer ihrer mindestens elf Aliasnamen im Untergrund. In ihrer Leopardenlook-Handtasche hat sie auch einen Fahrradpass, der sie als «Susann E.» ausweist.

Die Zangenstempel der Schaffner auf ihrem Ticket zeigen, dass sie noch in den Morgenstunden wieder südwärts reist. An jeder Station denkt sie, der Zug würde nur ihretwegen anhalten. Sie ist fest davon überzeugt, dass sie in jedem Moment festgenommen werden wird. Auf einmal sieht sie Männer, zu deren Ohren verdächtige Drähte führen. Drähte von Funkgeräten. Da eben, einer der Männer schaute sie doch einige Sekunden lang an. Was will er von ihr? Gleich ist es so weit. Der Schaffner hat doch alle Reisenden kontrolliert, nur sie nicht. Das muss ein Zeichen sein, dass er weiß, wer sie ist. In ihrer Wahrnehmung wird sie einen Fahnder nur los, weil sie ihm das Gefühl geben kann, sie würde gleich auf ihn schießen.

Von Bremen geht es in einer 17,5-stündigen Marathonfahrt über Hannover, Uelzen, Magdeburg und Halle zurück nach Eisenach. Von dort soll es nach Weimar weitergehen. Es ist 21:46 Uhr am 5. November 2011.

52 Der Unfall

Auch in Weimar scheint Beate Zschäpe nichts Konkretes vorzuhaben. Vermutlich hat sie nur ein Ziel: nicht auffallen, um der Polizei nicht in die Hände zu geraten. Um 3:51 Uhr druckt sie sich an einem Automaten im Tunnel des Weimarer Bahnhofs einen neuen Fahrschein aus. Ziel diesmal: Halle an der Saale, wo ihre Bahn um 5:50 Uhr einfährt. Es ist Montag, der 7. November 2011.

Am selben Tag in Zwickau. Die Richterin am Amtsgericht Zwickau erlässt Haftbefehl gegen Beate Zschäpe. Es bestehe dringender Tatverdacht gegen sie wegen «schwerer Brandstiftung gemäß § 306 a Abs. 1 Nr. 1 Strafgesetzbuch». Des Weiteren «besteht der Haftgrund der Flucht gemäß § 112 Abs. 2 Nr. 1 StPO, da die Beschuldigte nach den vorliegenden Erkenntnissen flüchtig ist bzw. sich verborgen hält».

In Halle angekommen, streift Beate Zschäpe den gesamten Vormittag ziel- und gedankenlos durch die Innenstadt – nur fort von den Überwachungskameras und dem Bundespolizeirevier am Hauptbahnhof. Sie passiert Straßen, quert Plätze und schlendert an Geschäften entlang. Kurz vor Mittag läuft sie über den zentralen Franckeplatz, der an die historischen Gebäude der Francke'schen Stiftungen angrenzt. Sie leidet unter Schlafmangel.

Zeugen sagen später, Zschäpe habe mit offenen Augen geträumt und nicht auf ihre Umwelt geachtet. Den imposanten weißen Komplex der Stiftungen hat Zschäpe gerade hinter sich gelassen, als sie bei einer roten Ampel, ohne vorher nach links und rechts zu schauen, die Straßenbahnschienen kreuzt. Ein lautes Quietschen ertönt, eine Bahn aus Halle-Neustadt bremst hart ab und kommt zum Stehen.

Im letzten Moment kann Beate Zschäpe nach hinten springen und wird nicht von der Straßenbahn erfasst. Stark zitternd taumelt sie einer älteren Dame mit Hund in die Arme.

Die 66-jährige Petra Mühlpfordt ist erschrocken und nimmt sich Zschäpes sofort an. Mühlpfordt fasst Beate Zschäpe am linken Arm und geleitet sie zu einer Bank, wo sich die beiden Frauen erst einmal setzen. Noch immer zittert die junge Frau am ganzen Körper, darum entscheidet Frau Mühlpfordt, mit ihr in das nahegelegene Krankenhaus St. Elisabeth zu gehen.

Auf dem Weg sagt die zitternde Zschäpe, dass es ihr wieder besser gehe und sie nicht in ein Krankenhaus wolle. Daraufhin setzen sich beide Frauen wieder auf eine Bank. Frau Mühlpfordt versucht die offensichtlich psychisch labile Person zu beruhigen, fragt, ob sie jemanden benachrichtigen dürfe. Beate Zschäpe sagt nicht viel, nur das Nötigste: «Ich bin Beate ... es reicht, wenn Sie da sind und mir Ruhe und Sicherheit geben.»

Wahrscheinlich das erste Mal seit über 13 Jahren stellt sie sich einem fremden Menschen mit ihrem echten Namen vor.

Irgendwann stehen die beiden Frauen auf, Petra Mühlpfordt überredet Zschäpe, mit ihr einen Kaffee trinken zu gehen. Mit festem Griff klammert sich Zschäpe an Frau Mühlpfordts Ellenbogen, zusammen steuern sie das Außencafé des Kaufhof-Kaufhauses auf dem Hallmarkt an. Doch auch als sie sitzen und beide einen Kaffee bestellt haben, bleibt Zschäpe unruhig und fahrig.

«Sonst rauche ich eigentlich nicht.» Sie wühlt in ihrer Handtasche und steckt sich eine Zigarette an. Dann erzählt Zschäpe ihrer Retterin, dass sie aus Leipzig stamme und nur nach Halle zum Bummeln gekommen sei. Die beiden Frauen reden nicht viel, sie lauschen dem Glockenspiel des Roten Turms, der schräg gegenüber vom Café steht. Der Turm ist das Wahrzeichen von Halle an der

Saale und richtet sich monolithisch 84 Meter vom Marktplatz in die Höhe. Stündlich spielen die 76 Bronzeglocken ein anderes Volkslied wie «An der Saale hellem Strande», «Am Brunnen vor dem Tore» oder «Die Gedanken sind frei».

Mittlerweile ist es Nachmittag geworden, und die Luft wird immer kühler, Petra Mühlpfordt möchte gern nach Hause. Ihr Mann würde sie vermissen, wenn er in der nächsten Stunde nach Hause käme.

Nachdem Beate Zschäpe die beiden Kaffees bezahlt hat, spaziert Frau Mühlpfordt dann trotzdem noch ein paar Minuten mit ihr durch die Fußgängerzone Große Ullrichstraße. Mühlpfordt trägt die Leopardenmuster-Handtasche ihrer Bekanntschaft. Immer wieder schaut sich Beate Zschäpe um und macht auf ihre Begleitung den Eindruck, verfolgt zu werden. Sie wirkt innerlich aufgewühlt, verängstigt, eingeschüchtert und verbreitet Unruhe. Gegen 17:30 Uhr verabschieden sich die beiden Frauen voneinander, nachdem Petra Mühlpfordt Zschäpe bis zu einer etwas versteckt liegenden Bank in der Bahnhofshalle des Hauptbahnhofs begleitet hat.

Die nächsten Stunden verbringt Beate Zschäpe vermutlich verunsichert in der Bahnhofsvorhalle. Draußen fällt die Temperatur auf 6 Grad Celsius. Im Inneren des Bahnhofs verströmen die Lampen eines Chinaimbisses, der Geruch der Fleischerei und die Geräusche der «Burger King»-Filiale nicht nur Wärme, sondern auch das Gefühl, nicht allein sein zu müssen. Pendler wuseln umher, Menschen strömen von den Bahnsteigen zum Ausgang.

Gegen halb neun setzt sie sich wieder auf eine Bank und kramt mehrfach Faltblätter mit den Zugverbindungen «Braunschweig–Halle» und «Halle–Dresden» aus ihrer Handtasche und betrachtet sie. Der Zeuge Ralf Schneider erinnert sich, dass sie nervös war, zitterte und sich des Öfteren nach allen Seiten umsah. «Mir fiel auf, dass sie eine sehr schmutzige linke Hand hatte, und später sah ich auch, dass die rechte Hand sehr verschmutzt war.» Außerdem fielen ihm ihre ungepflegten roten Schuhe auf.

Es wird immer kälter und langsam auch dunkel. Zschäpe muss sich jetzt entscheiden, wie es weitergeht. Aus Mangel an Alternativen wählt sie die Option der letzten Tage: Nach einer halben Stunde steht sie auf und läuft in Richtung der Bahngleise 1, 2 und 3. Wieder besteigt sie einen Zug, wieder will sie die Nacht in einem warmen Bahnabteil verbringen. Das nächste Ziel: Dresden. Kurz nach Mitternacht erreicht sie den Hauptbahnhof.

Der vierte Tag auf der Flucht ist vorüber. Bis jetzt konnte sie die Polizei noch abschütteln.

Irgendwann in diesen letzten Stunden in Freiheit muss Beate Zschäpe klargeworden sein, dass sie nicht mehr vor ihrem bisherigen Leben davonlaufen kann. Scheinbar ziellos war sie vier Tage durch Deutschland gefahren. Ihre einzige Verbindung zu der Zeit im Untergrund war ihre BahnCard 25, die auf den Namen «Mandy S.» ausgestellt war. In dieser Nacht vom 7. auf den 8. November 2011 fällt sie einen Entschluss: Sie will sich selbst unbedingt noch einen letzten Wunsch erfüllen.

Von Dresden geht die Fahrt weiter nach Thüringen. Ihre letzte Reise führt auch sie zurück in ihre Heimatstadt, nach Jena. An den Ort, wo ihre toten Lebensgefährten Uwe Mundlos und Uwe Böhnhardt bereits seit drei Tagen auf Metallbetten der Gerichtsmedizin liegen. Am Morgen des 8. November will sie noch einmal ihre Oma sehen. Vom Paradies-Bahnhof fährt Beate Zschäpe dafür nach Jena-Nord.

Hier stehen zehngeschossige Hochhäuser des DDR-Neubautyps P2, in die verdiente Carl-Zeiss-Mitarbeiter seit 1968 einziehen durften – fließend Warmwasser und Wärme aus der Fernheizung inklusive. Es sind gerade einmal vier Neubauten, zu wenig für ein Neubaugebiet. Die Gegend ist kein Hochhausghetto, wie die Zeitungen schreiben. In der Umgebung stehen viele Einfamilienhäuser, solide Mittelklasse statt Hartz-IV-Gebiet. Beate Zschäpe will zu ihrer Oma.

«Immer wenn sie den Namen Beate hörte in den vergangenen Jahren, kamen ihr die Tränen», erinnert sich eine Freundin der Großmutter, die seit der Fertigstellung des Hauses im zweiten Stock lebt.

Niemand rechnete mehr damit, dass die Enkeltochter irgendwann noch einmal auftauchen würde.

Sogar ihre eigene Mutter vermutet, dass Beate gar nicht mehr am Leben ist. «Beate war ein liebevolles, freundliches und hilfsbereites Mädchen. Ich kann nicht glauben, was über sie geschrieben wird», sagt die Nachbarin, die sich nur im Guten an die Zeit erinnert, als Zschäpe noch öfter zu Gast bei der Oma war.

Ein goldenes Namensschild am holzfarbenen Furnier der Eingangstür führt den Nachnamen der Großmutter. Vor der Wohnungstür liegt ein brauner Fußabtreter im kahlen, kalten Treppenhaus.

Seit fast 14 Jahren war Beate Zschäpe nicht mehr hier, hatte keinen Kontakt mehr zu ihrer Oma. Einmal noch will sie sie sehen. Aus unbekannten Gründen kommt es nicht zu einem Treffen. Später erzählt Zschäpe ihrem Anwalt, dass sie am Morgen ihres letzten Tages in Freiheit schon vor dem Hochhaus stand. Sie hat auch noch einmal versucht, die Großmutter anzurufen an diesem Morgen. Später wird sie gegenüber zwei Polizisten bei einer Raucherpause bedauern, dass sie ihre Oma nicht noch einmal besucht hat.

Zu Fuß läuft sie von hier aus zwischen den Häuserblocks in Richtung Jena-Löbstedt. Auch hier lebt eine ihr nahestehende Person: ihre Tante, in deren Wohnung sie als Kind viel Zeit verbracht hat. Die Telefonnummer ihrer Tante wird später auf einer Packung «Ibuprofen» in ihrer Handtasche gefunden. Doch Zschäpe ist müde und schmutzig, ihre Kleider stinken. Die Zigaretten sind fast aufgebraucht. Sie hat keine Kraft mehr.

53 «Ich bin die, die Sie suchen»

Zweihundert Meter von der Wohnung ihrer Tante entfernt trifft Beate Zschäpe um 8:45 Uhr vor einem Nahkauf-Supermarkt auf die Jenaer Schülerin Luise Markett. Beide Frauen haben sich vorher noch nie gesehen. Die 16-Jährige ist überrascht, als Zschäpe sie plötzlich hektisch anspricht: «Können Sie mir Ihr Telefon leihen? Ich will einen Notruf absetzen.» Weil die unbekannte Frau zittert, will die Schülerin ihr helfen, wählt die 110 und übergibt das Handy an Beate Zschäpe. Gegen 8:49 Uhr geht ein Notruf bei der Polizeidirektion Jena ein:

Polizistin 1: «Polizeinotruf Jena.»

Zschäpe: «Ja, guten Tag, äh, hier ist Beate Zschäpe, die Verantwortliche hier für den Einsatz hier in Jena. Könnte ich mal bitte mit dem Obersten davon sprechen?»

Polizistin 1: «Ja, einen Moment.»

Es folgt die Systemansage «Bitte warten».

Zschäpe: «Bitte warten … aber das kostet nichts … Notruf» (zu einer dritten Person).

Polizist 2: «Die Polizei Jena, guten Tag.»

Zschäpe: «Ja, guten Tag, hier ist Zschäpe am Apparat. Sind Sie Hauptverantwortlicher von der Aktion jetzt?»

Polizist 2: «Jetzt, heut Nachmittag?»

Zschäpe: «Erst heut Nachmittag, also nicht von der ganzen Zeit, dem ganzen Tag jetzt schon?»

Polizist 2: «Na, ich weiß ja nicht, was Sie heut am Tag machen. Mehr kennen wir nicht.»

Zschäpe: «Nein, jetzt. Das ist schon seit Tagen hier am Laufen. Jetzt bin ich nur in Jena gelandet. Deswegen geht das hier weiter. Und Sie wissen genau, wovon ich spreche.»

Polizist 2: «Von welcher Behörde sind Sie denn?»

Zschäpe: «Wie … Wie bitte?»

Polizist 2: «Von welcher Behörde sind Sie denn?»

Zschäpe: «Ich bin von keiner Behörde, ich bin diejenige … weswegen Sie hier sind. Deswegen … Diejenige bin ich.»

Polizist 2: «Weswegen Sie hier sind? Um was geht's 'n da?»

Zschäpe: «Weswegen der Einsatz ist.»

Polizist 2: «Was denn für ein Einsatz? Ich weiß bisher nicht, worum es geht.»

Zschäpe: «Die ganze Stadt wird grade abgesperrt, die ganzen Polizeiautos. Wollen Sie mich veräppeln?»

Polizist 2: «Wo sind Sie denn eigentlich, in welcher Stadt?»

Zschäpe: «In Jena.»

Polizist 2: «In Jena. Und Jena wird grade abgesperrt oder was?»

Zschäpe: «Ja. Das wissen Sie doch auch.»

Polizist 2: «Das kann ich aber nicht nachvollziehen.»

Zschäpe: «Ja, okay, dann ist gut.»

Beate Zschäpe ist genervt, ihre Stimme klingt jetzt aggressiv. Sie legt wieder auf. Zschäpe kann es einfach nicht glauben. Sie, die meistgesuchte Frau Deutschlands, möchte sich der Polizei stellen – aber der Beamte nimmt sie gar nicht ernst. Er weiß noch nicht einmal, wer Beate Zschäpe ist.

Was sie zu diesem Zeitpunkt jedoch nicht weiß: Die öffentliche Fahndung nach ihr wird erst in zweieinhalb Stunden beginnen. Sie ist der Polizei noch nicht bekannt. Keiner der Beamten kennt bisher ihren Namen. An all diesen Tagen, als Beate Zschäpe mit dem Zug durch Deutschland fährt, wird gar nicht nach ihr gefahndet. Alle Fahnder, die hinter ihr her gewesen sein sollen, waren nichts als Gespenster.

Der gescheiterte Kontaktversuch gibt ihr nun ein wenig Zeit zum Nachdenken. Ihr wird klar, dass sie einen Anwalt braucht. Der kann sie beraten und wird ihr helfen, sich zu stellen. Aber wie findet sie einen, jetzt, an einem Dienstagmorgen in Jena? Luise Markett muss dringend in die Schule in der Innenstadt. Zschäpe nutzt die Gelegenheit und steigt mit ihr zusammen in die Straßenbahn. Zehn Minuten später verabschiedet sich Beate Zschäpe von der jungen Helferin und verlässt die Bahn an der Haltestelle «Spittelplatz» nahe der Jenaer Innenstadt.

Sie läuft durch die Gassen der Altstadt auf der Suche nach einem Juristen. Die erstbeste Kanzlei, die sie betritt, will sie nicht verteidigen und schickt sie wieder weg. Sie läuft weiter zu einer zweiten Kanzlei. Doch auch hier hat sie kein Glück: Die Anwälte können mit der jungen Frau nichts anfangen, weil sie sich auf Familienrecht spezialisiert haben. Aber sie versprechen, ihr zu helfen, und rufen einen Kollegen an, der sich auf Strafrecht versteht.

Um 11:15 Uhr sendet die Polizeidirektion Südwestsachsen eine «Medieninformation» an die Presse. In der Mitteilung taucht erstmals der Name Beate Zschäpe auf:

«Explodiertes Wohnhaus – Polizei sucht 36-jährige Bewohnerin Zwickau – (ow) Am Freitag, dem 4. November kam es kurz nach 15 Uhr zu einer Explosion in der Frühlingsstraße. Das betroffene Wohnhaus wurde dabei schwer beschädigt, und es breitete sich ein Brand aus. Eine mutmaßliche Bewohnerin des Hauses wurde durch Zeugen beobachtet, wie sie kurz vor der Explosion das Haus verließ. Seit diesem Zeitpunkt verliert sich ihre Spur. Bei der Frau handelt es sich um die 36-jährige Beate Zschäpe. Sie nutzte jedoch mehrere sogenannte Aliasnamen. So war sie ihren Nachbarn im Stadtteil Weißenborn als Susann D. – Spitzname Liese – bekannt. Aber auch den Namen Mandy S. hatte sie in Gebrauch. Die Namen wurden durch die Ermittlungen der Thüringer Polizei bekannt, da es sich nach derzeitigem Kenntnisstand der Ermittler bei den am Freitagmittag in einem Wohnmobil in Eisenach gefundenen beiden toten Männern um die Mitbewohner von Frau Zschäpe handelt. Beate Zschäpe ist dem äußeren Anschein nach 30 bis 35 Jahre alt, von schlanker Statur, etwa 160 Zentimeter groß. Sie hat schwarze Haare, oftmals nach hinten zum Zopf gebunden, und hat eine Brille, wobei sie diese nicht ständig trägt. Wer die 36-Jährige seit ihrem Verschwinden am Freitagnachmittag gesehen hat oder Hinweise auf ihren derzeitigen Aufenthaltsort geben kann, wendet sich bitte an die Kriminalpolizei Zwickau, Telefon 0375/4284480 oder jede andere Polizeidienststelle.»

Ab diesem Moment ist Zschäpe eine öffentliche Person.

Zur gleichen Zeit betritt an diesem Dienstag eine dunkelhaarige Frau die Kanzlei «Naß & Liebtrau» in der Saalbahnhofstraße. Für den Jenaer Anwalt Gerald Liebtrau ist die Frau noch eine Unbekannte. «Ich konnte mit dem, was sie mir erzählte, gar nichts anfangen», sagt er später. «Ich wusste nicht, wer sie war, und ich wusste auch nichts über die Banküberfälle und die ausgebrannte Wohnung in Zwickau.» Ihm war nicht sofort bewusst, welche

Mandantin sich da von ihm vertreten lassen wollte. Als Erstes verlangt er einige hundert Euro Vorschuss, wenn er sie vertreten soll. Zschäpe zahlt in bar. Es ist ihr letztes Geld. In ihrer Geldbörse hat sie jetzt noch 12,23 Euro in Münzen. Es sind nur noch ein paar Wochen bis zu Beate Zschäpes 37. Geburtstag. Sie hat gerade alles verloren. Das berichtet sie dem Strafrechtler Liebtrau. Die beiden sitzen im Besprechungsraum seiner Anwaltskanzlei. Das Zimmer, in dem Beate Zschäpe ihre letzten Stunden in Freiheit verbringt, muss sie an das Jena erinnert haben, aus dem sie vor 13 Jahren geflohen war. Seitdem schien hier die Zeit stehengeblieben zu sein: Eingestaubte Kakteen stehen auf dem Fensterbrett, ein hohes Regal mit vergilbten Leitz-Ordnern lehnt an der Wand, auf dem runden Holztischchen vor ihr liegen Pfefferminzbonbons in einer Schale und alte Ausgaben der Magazine *auto test, frau aktuell* und *ADAC motorwelt*. An der Wand hängt ein Bild mit einer Meeresbrandung in Aquarelltechnik. Die Stühle sind mit Kunststoff in Neunziger-Jahre-Optik bezogen, in Lila und Beige. Während Beate Zschäpe aus ihrem Leben erzählt, fixieren ihre Augen oft den Fußboden, auf dem grau-beigfarbenes Linoleum verlegt wurde. Es fällt ihr schwer, über all das zu sprechen, was andere Menschen wohl nicht verstehen können. Zum ersten Mal offenbart sie sich an diesem Dienstag einem fremden Menschen. Nachdem sie ihrem Anwalt fast zwei Stunden ihr Herz ausgeschüttet hat, sagt sie: «Es wird eng.»

Sie möchte den nächsten Schritt jetzt gern selbst gehen. Am Ende des Gesprächs fragt sie ihn: «Was denken Sie denn, was ich als Strafe befürchten muss?»

Danach, es ist jetzt 13 Uhr, gehen die beiden ein paar Meter um die Ecke, biegen in die Käthe-Kollwitz-Straße ein, überqueren die Hauptverkehrsader Am Anger und stehen vor der Polizeidirektion Jena. Das Jenaer Großstadtrevier liegt nur eine Minute Fußweg von Liebtraus Kanzlei entfernt. An der Wand des Reviers hängt ein Poster, das Eltern ermutigen soll, wachsam zu sein, damit ihre Kinder nicht in Naziorganisationen abrutschen. An der weißen Wand gegenüber klärt ein kleines Fahndungsplakat unter der Überschrift

«Die Kripo informiert» über einen Banküberfall auf die Sparkasse in Gotha am 7. September 2011 um 8:45 Uhr auf. Falls Beate Zschäpe das Poster wahrgenommen haben sollte, hätte sie auf dem Plakat zwei junge Männer entdeckt, die ihrer Familie stark ähneln. Zwei Männer, die aussehen wie ihre Liebhaber und Komplizen, mit maskierten Gesichtern, fotografiert von der Überwachungskamera der Bank.

Die Frau hinter dem Empfangstresen der Polizeiinspektion ist vielleicht fünfzig Jahre alt, trägt aber keine Polizeiuniform. Ihre Aufgabe ist es, Besucher zu begrüßen und an die zuständigen Polizisten im Haus weiterzuvermitteln. Gegen 13:05 Uhr steigen Gerald Liebtrau und seine neue Mandantin Beate Zschäpe die vier weißen Fliesenstufen in der Lobby der Polizeistation hinauf, Liebtrau öffnet die Tür zum verglasten Tresenraum. Und dann steht die Frau am Empfang der Frau gegenüber, die Susann D., Mandy S., Lisa Pohl, Sylvia Pohl, Silvia Rossberg und Susann E. war. Die meistgesuchte Frau Deutschlands reicht der Frau hinter dem Tresen zwei verschlossene Briefumschläge und sagt: «Ich bin die, die Sie suchen.»

ANHANG

DANK

Alles begann mit einer Recherche für das ARD-Magazin «Panorama». Daraus wurden mehrere Filme für Das Erste und den Norddeutschen Rundfunk – und dieses Buch. Ohne die großzügige Hilfe der «Panorama»-Redaktion würde es dieses Buch nicht geben. Wir möchten Stephan Wels, dem Leiter Innenpolitik beim NDR, sehr für seine Begeisterung, seine Ideen und seine Unterstützung bei der Recherche danken.

Der wichtige Rat und die aufopferungsvollen Recherchen von Volker Steinhoff, Dietmar Schiffermüller, Britta von der Heide, Anna Orth, Anke Hunold und Djamila Benkhelouf sind in dieses Buch mit eingeflossen. Für diese Hilfe sind wir dankbar, sie hat das Buch sehr viel besser gemacht.

Dank schulden wir auch Andrea Röpke. Ohne ihre Expertensicht auf das Manuskript, ihre Verbesserungsvorschläge und Korrekturen wäre das Buch um vieles ärmer.

Hans Leyendeckers Recherchen, Anregungen und Ergänzungen haben uns sehr geholfen. Für seine Beratung und das Vorwort möchten wir ihm sehr danken.

Uwe Naumann, unser Lektor bei Rowohlt, hat vom ersten Tag an an unser Buch geglaubt und für uns gekämpft. Dafür gilt ihm unser

Dank. Wir schätzen ihn wegen seiner angenehmen Art im Umgang und als stets interessanten Gesprächspartner. Auch Wiebke Hollersen gebührt Dank für ihre fundierte Textkritik. Wiebkes goldene Schreibregeln haben das Buch viel lesbarer gemacht.

Antonius Kempmann war ein unverzichtbarer Teil unseres Teams und ist ein großes journalistisches Talent. Er kennt die Zehntausenden Aktenseiten sicher besser als wir, seinen Faktencheck und seine Hilfe bei den Recherchen in den Archiven können wir gar nicht hoch genug würdigen. Vielen lieben Dank.

Um für ein Buch in so kurzer Zeit zu recherchieren und es zu schreiben, braucht man neben Informationen vor allem Kraft und Unterstützung. Viele Menschen haben uns sehr geholfen, einige von ihnen wollten nicht mit Namen genannt werden. Wir möchten uns an dieser Stelle ganz herzlich bei allen Unterstützern für ihre Informationen, ihre Zeit und Kraft bedanken, namentlich bei:

Dirk Adams, Hanna Baumann, Christiane Bednarek, Christof Blome, Nils Casjens, Frank Döbert, Joachim Düster, Katrin Finkemeier, Veronica Frenzel, Julia Friedrichs, Udo Frommelt, Martin Fuchs, Redaktion «Gammazine», Arndt Ginzel, Stefan Hachmeister, Jens Hage, Dieter Hausold, Per Hinrichs, Anke Jahns, Detlef Kolloge, Katharina König, Judith Kretschmar, Johann C. Maass, Anton Maegele, Klaus Mähler, Dorothea Marx, Christoph Matiss, Albrecht Maurer, Carsten Meyer, Martin Munz, Conny Neumann, Hans-Otto Niedhammer, Maximilian Popp, Cordula Proescher, Martina Renner, Nicolas Richter, Sebastian Riemer, Christian Schöpwinkel, Helmut Schroeder, Frank Strickstrock, Michael Strosche, Gunder Trepte, Michael Wasner, Volker Weigold, Matthias Wendt, Stephan Wengler, Christine E. Wiegand, Heike Wilhelmi, Stefan Wogowa, Jens Wörmann, Christian Wunder, Katrin Wurch und Karaman Yavuz.

Christian Fuchs dankt der Frau, ohne die alles nichts wäre. In Liebe: Greta Taubert.

Für alle Fehler im Buch sind selbstverständlich die Autoren verantwortlich. Sollten Sie Fehler entdecken oder wollen Sie gern etwas

ergänzen, schreiben Sie uns bitte über den «Feedback»-Briefkasten auf der Facebookseite zum Buch
www.facebook.com/DieZelleBuch

Gern würden wir Ihre Hinweise in die nächste Auflage mit aufnehmen.

Leipzig/Berlin, den 8. Mai 2012
Christian Fuchs/John Goetz

BILDNACHWEIS